PAULO JORGE SANTOS
PROFESSOR AUXILIAR DA FACULDADE DE LETRAS
DA UNIVERSIDADE DO PORTO

DIFICULDADES DE ESCOLHA VOCACIONAL

PUBLICAÇÃO APOIADA PELA FACULDADE DE LETRAS
DA UNIVERSIDADE DO PORTO – DEPARTAMENTO DE GEOGRAFIA

ALMEDINA

DIFICULDADES DE ESCOLHA VOCACIONAL

AUTOR
PAULO JORGE SANTOS

EDITOR
EDIÇÕES ALMEDINA, SA
Avenida Fernão de Magalhães, n.º 584, 5.º Andar
3000-174 Coimbra
Tel.: 239 851 904
Fax: 239 851 901
www.almedina.net
editora@almedina.net

PRÉ-IMPRESSÃO • IMPRESSÃO • ACABAMENTO
G.C. – GRÁFICA DE COIMBRA, LDA.
Palheira – Assafarge
3001-453 Coimbra
producao@graficadecoimbra.pt

Dezembro, 2007

DEPÓSITO LEGAL
268317/07

Os dados e as opiniões inseridos na presente publicação
são da exclusiva responsabilidade do(s) seu(s) autor(es).

Toda a reprodução desta obra, por fotocópia ou outro qualquer processo,
sem prévia autorização escrita do Editor,
é ilícita e passível de procedimento judicial contra o infractor.

*Para a Rita
e para os nossos filhos,
Pedro e André*

*Rien ne m'est sûr que
la chose incertaine.*

FRANÇOIS VILLON
poeta françês do século XV

CAPÍTULO 1

Desenvolvimento e escolha de carreira:
a emergência do constructo da indecisão vocacional

O processo de escolha vocacional, desde o advento das teorias desenvolvimentistas de carreira, assumiu-se como uma temática particularmente importante no âmbito da psicologia vocacional. A investigação sobre a indecisão vocacional, enquanto área delimitada de pesquisa, é bastante antiga e relaciona-se com a ênfase que foi dada às variáveis individuais do processo de decisão. Neste capítulo descreve-se a forma como o processo de decisão vocacional foi analisado e como, neste quadro, a indecisão se transformou num dos constructos mais investigados da psicologia vocacional.

1. Psicologia vocacional e processo de escolha

Presentemente, o processo de decisão ou escolha vocacional constitui um tópico central da psicologia vocacional e, de forma mais específica, de inúmeras abordagens sobre o desenvolvimento e comportamento vocacionais (Hazler & Roberts, 1984; Super, 1984). Na realidade, é possível afirmar que a emergência da psicologia vocacional, no início do século XX, constituindo o resultado de um conjunto complexo de factores económicos, sociais, ideológicos e científicos (Crites, 1981), é indissociável das escolhas com as quais os indivíduos se confrontam face ao conjunto de alternativas educacionais e profissionais que a estrutura de oportunidades lhes oferece. O processo de decisão vocacional é, assim, um elemento presente na psicologia vocacional desde as suas origens.

Todavia, se é certo que as questões relacionadas com a decisão vocacional constituem um elemento incontornável da psicologia vocacional, convém ter presente que, durante muito tempo, a sua importância e centralidade esteve longe de ser reconhecida (Philips & Pazienza, 1988). Classicamente, a intervenção vocacional foi perspectivada como um processo de ajustamento entre as características individuais, cuja génese e cujo desenvolvimento eram percepcionados de acordo com uma perspectiva naturalista do desenvolvimento humano (Campos, 1976, 1980), e o leque de oportunidades educacionais e profissionais. Frank Parsons, o autor cuja obra *Choosing a Vocation*, publicada originalmente em 1909, é normalmente apontada como a obra inaugural no âmbito da psicologia vocacional, sintetizou particularmente bem este processo:

"Numa escolha vocacional amadurecida existem três grandes factores: (1) uma compreensão clara de si próprio, das suas capacidades, aptidões, interesses, ambições, recursos, limitações e as suas causas; (2) um conhecimento dos requisitos e condições de sucesso, vantagens e desvantagens, compensação, oportunidades e expectativas em diferentes tipos de trabalho; (3) um raciocínio verdadeiro [*true reasoning*] sobre as relações entre estes dois grupos de factores." (Parsons, citado por Philips & Pazienza, 1988, p. 2)

A concepção de Parsons sobre a orientação escolar e profissional viria a constituir a base sobre a qual se ergueria a abordagem designada por traço-factor, que, durante décadas, foi a concepção dominante da psicologia vocacional, cuja influência, ainda hoje, é particularmente evidente em algumas teorias vocacionais.

É possível identificar três grandes momentos no processo de intervenção proposto pela abordagem traço-factor (ver Crites, 1981). O primeiro consiste na recolha de informações sobre as características pessoais do cliente, em particular sobre as variáveis mais relevantes para a intervenção vocacional (capacidades, interesses e personalidade). O segundo passa pela interpretação da avaliação psicológica realizada pelo profissional de orientação escolar e profissional. Finalmente, na última fase, disponibiliza-se informação vocacional em função do perfil psicológico avaliado.

Neste contexto, a autonomia da decisão do indivíduo é relativamente limitada. Cabe ao profissional que conduz a intervenção indicar a via ou vias vocacionais mais adequadas em função do perfil individual, perfil este que se baseia numa avaliação psicológica que se pretende científica e objectiva. Resta ao cliente conformar-se com o leque de alternativas que lhe apresentam, em função de um processo que perspectiva a intervenção vocacional como descoberta da vocação (Campos, 1976, 1980), e, quando muito, decidir no âmbito de um quadro relativamente limitado.

Parece-nos importante, todavia, salientar o facto de a escolha vocacional ser vista como um acontecimento isolado, não se dando particular importância aos antecedentes e consequentes dessa escolha. O que este tipo de análise privilegia é o *conteúdo* em detrimento do *processo* da decisão. Daí que, como salienta Crites (1981), o diagnóstico constitua a pedra angular da abordagem traço-factor. Esta ênfase foi bem expressa por Cardoso (1949), que definiu desta forma os objectivos da intervenção vocacional:

"À Orientação Escolar compete estabelecer o diagnóstico das aptidões, estudar a fisionomia mental do indivíduo, as suas inclinações e tendências, o seu estado fisiológico, enfim reunir tudo o que possa definir a sua personalidade para assim poder fixar o género de estudos que melhor se lhe adapte, guiando-o ao longo do curso e depois encaminhando-o para a profissão." (p. 24)

A escolha vocacional começou a tornar-se particularmente relevante quando os modelos desenvolvimentistas de carreira ganharam uma importância crescente a partir da década de 50 (e.g., Super, 1953, 1957).

Convém, todavia, tentar clarificar previamente o que se entende por escolha vocacional e procurar discriminar este conceito de outros com os quais é por vezes confundido. Quando falamos em *escolha* deveremos ter presente que falamos de algo que se distingue de *preferência* ou *aspiração*. Crites (1969) explorou particularmente bem estes conceitos, e a sua análise mantém-se perfeitamente actual. Para este autor, escolha vocacional pode ser definida da seguinte forma: "Um indivíduo (...) faz uma escolha vocacional se ele expressa a intenção de desempenhar uma determinada profissão" (p. 134). Já a palavra preferência indica a opção que o indivíduo prefere quando confrontado com duas ou mais opções, ou seja, aquilo que ele gostaria de fazer e não tanto o resultado de um cálculo subjectivo, que inclui, necessariamente, uma apreciação sobre as possibilidades individuais de êxito face às alternativas vocacionais disponíveis. As escolhas são, deste modo, mais amplas do que as preferências. Escolher uma opção vocacional implica uma preferência dessa opção relativamente a outras, mas a situação inversa não é necessariamente verdadeira. Uma preferência nem sempre implica uma escolha. Aspiração, por seu turno, consiste na opção que o indivíduo idealiza para si próprio como a mais adequada, no pressuposto de não existirem constrangimentos de nenhuma espécie que impeçam ou dificultem a sua escolha. Desta forma, a aspiração constitui um objectivo que não foi modelado pelas características e limitações impostas pela realidade.

Osipow e Fitzgerald (1996), por sua vez, salientam que a escolha deve ser também distinguida da opção vocacional, ao nível educacional e/ou profissional, que o indivíduo efectivamente concretizou.

Em síntese, escolha vocacional implica uma intenção do indivíduo de escolher um determinado objectivo vocacional, objectivo este que pressupõe o resultado de uma decisão que ponderou várias alternativas através de um processo que considerou as possibilidades de sucesso em cada uma delas.

Ainda de acordo com Crites (1969), existem várias condições necessárias para que uma escolha vocacional possa ocorrer. A primeira é que deve existir um conjunto de opções a partir do qual os indivíduos possam escolher. Não havendo alternativas não pode, por definição, existir escolha. A segunda é que deve existir um incentivo para que o processo de escolha vocacional se inicie e concretize. O sistema educativo obriga o estudante a confrontar-se com a exigência de tomar decisões que exercem uma influência importante no percurso futuro de carreira. Por outro lado, as normas sociais determinam que as pessoas adultas desempenhem um papel produtivo na sociedade, o que implica a opção por uma determinada profissão. Por fim, pressupõe-se a existência de uma liberdade de decisão sem a qual não é possível nenhuma escolha.

De acordo com Chartrand e Camp (1991), o processo de decisão vocacional foi analisado a partir de três abordagens distintas. A primeira enquadrou a decisão vocacional num processo evolutivo que ocorreria ao longo de vários estádios de desenvolvimento. A segunda analisou mais detalhadamente a forma como os indivíduos efectuavam escolhas, em particular as de natureza vocacional, tendo em conta vários modelos teóricos. Finalmente, uma última abordagem enfatizou as variáveis individuais que distinguem os decisores. Seguidamente, iremos descrever sucintamente estas abordagens.

1.1. Desenvolvimento e decisão vocacionais

Ao invés de conceber a decisão vocacional como um acontecimento discreto, as abordagens desenvolvimentistas enquadraram-na num processo de desenvolvimento. Desta forma, a realização de uma escolha vocacional deixou de ser analisada isoladamente, ignorando o percurso efectuado pelo indivíduo até ao momento em que tem que formular uma escolha. De igual modo, enfatiza-se a importância das consequências que a escolha acarreta para o indivíduo.

Um dos melhores exemplos deste tipo de análise da escolha vocacional foi proposto por David Tiedeman no início da década de 60 (Tiedeman, 1961). Para este autor, a análise do desenvolvimento vocacional deveria ser orientada em função das várias decisões que a pessoa toma, à medida que se desenvolve. É este conjunto de decisões, que constitui, em si mesmo, o desenvolvimento vocacional, e não uma escolha isolada, que Tiedeman procurou descrever. Para isso, distingue dois períodos, que designou, respectivamente, por *antecipação* e *implementação* ou *ajustamento*. No primeiro identifica os estádios de *exploração, cristalização, escolha* e *especificação*. No decurso do estádio de exploração, os indivíduos analisam as suas características pessoais no âmbito das relações que estabelecem entre elas e as alternativas vocacionais que a estrutura de oportunidades disponibiliza. No decurso da cristalização, começa a emergir uma determinada estabilização dos objectivos individuais. No estádio da escolha, um determinado objectivo vocacional torna-se gradualmente preponderante e orienta o esforço que o indivíduo coloca na sua consecução. Finalmente, no estádio da especificação, o indivíduo clarifica algumas dúvidas sobre a imagem que construiu sobre si próprio e sobre a sua decisão.

No período de implementação ou ajustamento existiriam igualmente três estádios. No primeiro, de *indução*, o indivíduo integra-se no novo ambiente resultante da escolha previamente realizada. À medida que ganha mais confiança, inicia-se um novo estádio – de *transição* – no decurso do qual a interacção com o contexto é mais activa. Por fim, no último estádio, de *manutenção*, o indivíduo experimenta um sentimento de satisfação pela forma como desempenha as tarefas associadas ao seu papel, satisfação esta que resulta, igualmente, da reacção positiva dos que com que ele se relacionam.

Embora este esquema descritivo implique uma sequência de períodos e estádios, Tiedeman (1961) salienta que os indivíduos podem retomar momentos anteriores do percurso. Por exemplo, a cristalização é vista como um processo que conduz a um resultado provisório. Este é susceptível de ser questionado e seguido de um novo processo de exploração e de cristalização.

1.2. Modelos de decisão vocacional

Uma segunda abordagem sobre a escolha vocacional optou por valorizar os modelos de decisão (Brown, 1990; Jepsen & Dilley, 1974). De acordo com Harren (1979) um modelo de decisão consiste "(...) numa descrição de um processo psicológico no decurso do qual se organiza informação, se pondera sobre alternativas existentes e se investe num curso de acção (p. 119). Contrariamente às teorias de desenvolvimento vocacional, tradicionalmente mais amplas e globais, os modelos de decisão centram-se nos processos psicológicos e nas situações específicas que condicionam as escolhas dos indivíduos (Phillips & Pazienza, 1988).

Quando referimos o processo de decisão como unidade de análise, estamos a pressupor a existência de um conjunto de elementos que importa não perder de vista. Jepsen e Dilley (1974) descreveram da seguinte forma estes elementos.

"Um enquadramento conceptual do processo de decisão pressupõe a presença de um *decisor*, uma *situação de decisão* (expectativa social) e *informação* relevante tanto de dentro como de fora da pessoa. A informação, de acordo com a função que desempenha, é organizada em conceitos de decisão. Duas ou mais *alternativas ao nível da acção* são tomadas em linha de conta e vários *resultados* ou consequências para cada acção são antecipados. Cada resultado tem duas características: *probabilidade* ou possibilidade de ocorrência no futuro, e *valor* ou importância relativa para o decisor. A informação é organizada de acordo com uma determinada estratégia, de forma que o decisor possa rapidamente reconhecer um rumo vantajoso de acção e concretizar um *investimento*. Estratégias, também designadas regras ou critérios, orientam a junção dos elementos acima indicados numa determinada ordem, de forma que julgamentos claros possam resultar num investimento." (itálico no original, p. 332)

Os modelos de decisão podem dividir-se, *grosso modo*, em dois grandes tipos: os modelos prescritivos e os modelos descritivos (Brown, 1990; Galotti, 2002; Jepsen & Dilley, 1974). Os primeiros prescrevem modos ideais de efectuar decisões e, embora se constatem diferenças entre as suas formulações, todos eles, em maior ou menor grau, enfatizam a racionalidade do decisor e do processo de escolha. Embora diferentes definições tenham sido propostas, entende-se por racionalidade, ao nível do processo de decisão, a análise sistemática das várias alternativas de escolha disponíveis, incluindo as suas características específicas, positivas e negativas, e a ponderação das múltiplas variáveis de forma que a decisão tomada permita maximizar os interesses e objectivos do decisor (Galotti, 2002).[1]

Os modelos prescritivos foram objecto de um grande número de investigações e, de uma forma relativamente consensual, parece ser hoje admitido que, face a situações de escolha, os indivíduos não se comportam de acordo com os pressupostos que os modelos sugerem (Blanchard, 1996; Dosnon, 2001; Galotti, 1999; Gelatt, 1989; Phillips, 1997). Estes modelos implicam uma capacidade exaustiva de análise e de tratamento da informação por parte dos decisores que, seguramente, terá sido sobrevalorizada. No que respeita ao processo de decisão vocacional, como afirmou Brown (1990):

> "(…) é literalmente impossível para um indivíduo considerar simultaneamente todas as suas características, as exigências de uma profissão, estatísticas referentes a essa profissão, informação sobre o impacto do trabalho na sua vida pessoal e nas suas actividades de lazer, assim como outros dados pertinentes." (p. 418)

Deve ainda salientar-se que a crescente imprevisibilidade das trajectórias profissionais nas sociedades contemporâneas (Arthur, 1994; Azevedo, 1999; Kraus, 1998) impede, objectivamente, um planeamento vocacional efectivo, pelo menos a médio e longo prazo. A incerteza, por um lado, e o acaso, por outro (Betsworth & Hansen, 1996; Mitchell, Levin & Krumboltz, 1999), constituem dimensões presentes no processo de desenvolvimento vocacional. Desta forma, os processos de decisão de inspira-

---

[1] Uma introdução aprofundada sobre as questões que se levantam em torno da racionalidade, nomeadamente em torno das suas múltiplas definições e abordagens, pode ser encontrada em Miguens (2004).

ção racionalista dificilmente podem ser aplicados às questões vocacionais como eventualmente poderia suceder noutras escolhas, nas quais é possível discriminar todas ou quase todas as variáveis susceptíveis de serem consideradas no processo de julgamento.

As emoções, por seu turno, tendem a ser consideradas variáveis alheias ao processo de escolha, meros epifenómenos do processo de decisão. Hoje, sabe-se da existência de fenómenos complexos de interacção entre dimensões cognitivas e emocionais que têm uma forte influência no processo de decisão (Heppner, 1989; Schwarz, 2000). Alguns autores, baseando-se em investigações na área da neurobiologia, sugerem mesmo que os processos de decisão são indissociáveis das emoções (Damásio, 1995).[2]

Por fim, os estilos e características dos decisores não são tomados em linha de conta, partindo-se do princípio, pelo menos implicitamente, de que todos os indivíduos abordam o processo de decisão de forma mais ou menos homogénea. A racionalidade, tal como foi previamente definida, dificilmente poderá funcionar como o único padrão a partir do qual se avalia a qualidade do processo de decisão (Dahlbäck, 1995; Frey & Benz, 2002; Gelatt, 1989; Kahneman, 2003; Zey, 1992).

Os modelos descritivos, por seu turno, procuram descrever a forma como os indivíduos tomam efectivamente decisões e não tanto prescrever modos ideais de funcionamento ao nível do processo de decisão.

Note-se que os dois tipos de modelos podem ser vistos como complementares, e não necessariamente como concorrentes, na medida em que possuem objectivos distintos. De igual forma, a sua avaliação empírica recorre a diferentes métodos. Num caso, trata-se de avaliar até que ponto os modelos descrevem fielmente a forma como os indivíduos tomam decisões em contextos reais, enquanto que, no outro, a avaliação empírica passa pela análise da eficácia de intervenções que visam promover a aprendizagem de estratégias de decisão tidas como superiores (Brown, 1990).

---

[2] Utilizamos o termo *emoções* para designar de forma genérica o que Damásio (2003) subdivide em *emoções* e *sentimentos*.

1.3. Variáveis individuais e processo de decisão vocacional

Uma última abordagem no estudo do processo de decisão vocacional consistiu em analisar as características particulares dos indivíduos que têm que efectuar uma escolha. Como, de forma lapidar, afirmou Brown (1990): "O decisor é a variável-chave do processo de decisão" (p. 398). Independentemente de se poder estudar as etapas de escolha que os decisores percorrem, numa perspectiva descritiva, ou deveriam percorrer, numa perspectiva de pendor normativo, as particularidades dos decisores constituem variáveis que é impossível ignorar quando se estudam os processos de decisão. Existem dois tópicos de investigação que, neste âmbito, foram objecto de uma atenção particular. Referimo-nos aos estilos de decisão e à indecisão vocacional.

Os estilos de decisão, nomeadamente os que se referem às decisões de natureza vocacional, descrevem formas preferenciais que os indivíduos adoptam para tomar decisões. As investigações que se centraram nos estilos de decisão colocaram em evidência a variabilidade dos processos de decisão. Existem várias taxinomias que, no decurso dos últimos anos, foram apresentadas (Phillips, 1993, 1997). Uma das mais conhecidas foi a proposta por Harren (1979), no âmbito do seu modelo descritivo de decisão vocacional de estudantes universitários. O primeiro estilo é o *racional*, que se caracteriza por uma percepção da necessidade de tomar decisões em determinadas circunstâncias. O indivíduo recolhe e analisa de forma sistemática a informação de que necessita sobre o *self* e a situação para, num momento posterior, proceder a um julgamento e efectuar uma escolha pela qual assume a responsabilidade pessoal. O estilo *intuitivo*, por seu turno, caracteriza os indivíduos que aceitam a responsabilidade das suas decisões, mas que não antecipam tanto o futuro quanto os indivíduos que se enquadram no estilo racional. Simultaneamente, os decisores intuitivos baseiam mais as suas decisões, efectuadas de forma relativamente rápida, nos sentimentos e emoções do que num processo que privilegie uma ponderação das várias características positivas e negativas de cada uma das alternativas em análise. Por fim, o estilo *dependente*, contrariamente aos dois anteriores, reflecte uma ausência de responsabilidade pela decisão e uma elevada passividade. As decisões revelam uma forte influência das expectativas de outras pessoas significativas, com as quais o decisor tende a concordar.[3]

---

[3] Poderíamos ainda mencionar outras tipologias de estilos que têm importância para o processo de decisão vocacional. Referimo-nos, especificamente, à tipologia de Johnson

A indecisão vocacional constitui, igualmente, uma das características individuais que tem sido mais estudada no âmbito do processo de decisão vocacional. Uma vez que este constitui o tópico central do presente trabalho iremos desenvolvê-lo de seguida.

2. A indecisão vocacional

A indecisão vocacional constitui um domínio de investigação particularmente importante no âmbito das variáveis individuais relacionadas com o processo de decisão. De acordo com Kelly e Lee (2002), ela é, "(…) a seguir aos interesses, o constructo individual mais importante da psicologia vocacional" (p. 302). De igual forma, a investigação em torno da indecisão vocacional é muito antiga. Crites (1969) referenciou investigações que datam da década de 20 e, como veremos nos capítulos seguintes, o interesse por este tópico manteve-se bastante elevado durante quase todo o século XX. Borgen (1991), por exemplo, numa revisão da literatura publicada nas primeiras duas décadas de existência do *Journal of Vocational Behavior*, constatou que a temática da indecisão vocacional era uma das mais estudadas no período em questão.

Antes do mais, torna-se necessário analisar algumas definições da indecisão vocacional que foram propostas, não sem antes realçarmos o facto de terem sido poucos os autores que apresentaram uma definição do conceito, provavelmente porque se pressupõe, um pouco apressadamente, que este apresenta um sentido inequívoco, não merecendo um esforço de explicitação do seu significado.

Crites (1969) definiu indecisão vocacional como "(…) a incapacidade do indivíduo em seleccionar ou comprometer-se com um determinado rumo de acção que terá como consequência a sua preparação e ingresso numa profissão específica" (p. 303).

(1978), que descreve quatro estilos formados por duas dimensões psicológicas ortogonais. Estas dimensões são a espontânea-sistemática, que descreve a forma como os sujeitos avaliam a informação, e a interna-externa, que avalia a forma como essa informação é processada. Por seu turno, Sagiv (1999) descreveu e validou uma taxonomia de comportamento dos clientes em situação de consulta vocacional que se baseia em modelos de decisão vocacional anteriormente propostos.

Para Dosnon (1996), a "(...) indecisão vocacional é operacionalizada por um acontecimento comportamental, pela ausência da formulação de uma escolha escolar e profissional (...) e pela expressão de incerteza, de uma falta de confiança face a esta escolha" (p. 130).

Forner (2001a) apresenta uma definição um pouco mais elaborada. "Qualificamos de 'vocacional' a indecisão que diz respeito às questões de carreira, às questões de formação e de actividade profissional. (...) Nesta indecisão vocacional podemos distinguir dois aspectos específicos: a indecisão que diz respeito à via de formação a seguir (...) (indecisão 'escolar') e a indecisão que diz respeito à futura actividade profissional (...) ('indecisão profissional') " (p. 305).

Estas definições fazem emergir duas características que devemos salientar. Em primeiro lugar, a indecisão vocacional é definida pela negativa, isto é, o conceito é descrito pelo que o indivíduo é incapaz de fazer, neste caso efectuar escolhas de natureza vocacional.

Em segundo lugar, a dificuldade em efectuar uma escolha vocacional remete-nos para o contexto social mais alargado que enquadra o desenvolvimento vocacional dos indivíduos. As estruturas dos sistemas educacionais e profissionais, cuja organização se encontra dependente da evolução histórico-social, influencia profundamente as ocasiões em que se torna necessário explorar alternativas, tomar decisões e realizar investimentos ao nível educacional e profissional. Com efeito, é em momentos específicos, socialmente determinados, que os indivíduos se vêem confrontados com a necessidade de enfrentar os desafios inerentes às escolhas de natureza vocacional, sendo igualmente nestes períodos que as questões relacionadas com a indecisão vocacional parecem ganhar maior relevância (Dosnon, Wach, Blanchard & Lallemand, 1997; Stead, Watson & Foxcroft, 1993). Recordemos que a escolha vocacional tem sido conceptualizada como uma das principais tarefas da adolescência (Claes, 1990; Erikson, 1968), configurando um processo no qual se verifica uma relação dialéctica entre o projecto pessoal de cada indivíduo e o projecto social vigente (Campos, 1980). A indecisão vocacional encontra-se, desta forma, inextricavelmente ligada a factores sociais, económicos e culturais que condicionam o desenvolvimento e as escolhas vocacionais (Gottfredson, 1981; Heesacker, Neimeyer & Lindekens, 2001; Hodkinson & Sparkes, 1997).

Uma das razões que estarão na base do interesse que a temática da indecisão vocacional suscitou nos investigadores prende-se, sem dúvida, com a dimensão do fenómeno. Os números oscilam bastante e, seguramente, reflectirão a influência do contexto económico e sociocultural que, em cada momento histórico, configura o enquadramento no qual os indivíduos efectuam as suas escolhas vocacionais. Webb (1949) verificou que 57% dos estudantes universitários eram vocacionalmente indecisos. Holland e Nichols (1964) encontraram percentagens mais baixas, que oscilaram entre os 15% e os 18%. Crites (1969), fazendo uma revisão de investigações que decorreram entre a década de 20 e de 60, refere percentagens que variam entre os 20% e os 40%, enquanto que Gordon (1981), revendo estudos mais recentes, aponta valores entre os 18% e os 50%. Num estudo realizado por Titley e Titley (1980), com estudantes universitários do primeiro ano, verificou-se que menos de 20% dos indivíduos demonstraram um elevado grau de certeza vocacional e que mesmo estes, numa percentagem que se aproximava dos 30%, mudavam de área de especialização académica relativamente à sua opção inicial (Titley & Tiley, 1985). Por fim, numa investigação de Anderson, Creamer e Cross (1989), 47% dos estudantes do primeiro ano foram considerados vocacionalmente indecisos.

Embora estejamos perante percentagens que sofrem oscilações consideráveis, parece não oferecer dúvidas que os números apontam para a conclusão de que uma parte substancial dos alunos se considera vocacionalmente indecisa. Alguns autores sugerem mesmo que as percentagens podem ser superiores, tendo em conta que a indecisão vocacional, enquanto característica normalmente considerada indesejável, poderia fazer com que alguns indivíduos se classificassem a si próprios como vocacionalmente decididos sem que na realidade o fossem (Gordon, 1981).

3. Síntese e conclusões

Abordar a indecisão vocacional como constructo psicológico relevante da psicologia vocacional implica tomar em consideração o processo de decisão vocacional que, actualmente, ocupa um lugar central em inúmeras abordagens do comportamento e desenvolvimento vocacionais. Até ao advento das teorias vocacionais desenvolvimentistas a escolha vocacional era percepcionada como um momento isolado, passando posteriormente a ser vista como um processo que começa muito tempo antes da escolha propriamente dita e cuja influência se prolonga muito para além dela.

Ocupando um lugar central no campo da psicologia vocacional, o processo de decisão vocacional foi abordado nas últimas décadas de acordo com várias perspectivas (Chartrand & Camp, 1991). Uma delas privilegiou um enquadramento desenvolvimentista, que pressupunha que a sequência das várias decisões relativas às questões vocacionais configuram, de algum modo, o próprio desenvolvimento vocacional (Tiedeman, 1961). Uma outra debruçou-se sobre os modelos de decisão e a sua aplicação ao contexto vocacional (Brown, 1990; Jepsen & Dilley, 1974). Finalmente, uma terceira perspectiva incidiu nas variáveis individuais que distinguem os decisores.

É neste quadro que a indecisão vocacional, enquanto variável individual, tem vindo a ser estudada nas últimas décadas no campo da psicologia vocacional, tendo-se transformando num tópico clássico de investigação. Para isso contribuíram, sem dúvida, as elevadas percentagens de indivíduos, em especial estudantes do ensino superior, que se consideram vocacionalmente indecisos.

Nos próximos capítulos descreveremos as várias abordagens que a investigação psicológica, realizada no contexto da psicologia vocacional, foi produzindo sobre a indecisão vocacional. Cada uma das abordagens privilegiou diferentes variáveis, objectivos de pesquisa e enquadramento teórico. Em suma, cada uma delas definiu, desta forma, o seu próprio conceito de indecisão vocacional. O conjunto das diversas abordagens permite enquadrar a generalidade das investigações que foram realizadas sobre a indecisão vocacional nas últimas décadas. Ao longo dos próximos capítulos iremos traçar as grandes linhas caracterizadoras das diferentes abordagens e proceder a uma análise crítica das principais conclusões resultantes dos estudos que em torno delas se realizaram.

CAPÍTULO 2
A abordagem diferencial da indecisão vocacional

A abordagem diferencial da indecisão vocacional agrupa um conjunto de investigações que procurou encontrar características que diferenciassem indivíduos vocacionalmente decididos dos indivíduos vocacionalmente indecisos ou, mais raramente, variáveis que conseguissem predizer a indecisão vocacional. Foi no âmbito desta abordagem que se realizou o maior número de estudos sobre a temática da indecisão vocacional. O número e o tipo de variáveis empregues foram muito elevados. Neste capítulo descrevem-se as principais investigações levadas a cabo no âmbito desta abordagem e os resultados, pouco substantivos e por vezes contraditórios, que resultaram de um tão grande esforço de investigação. A concepção de indecisão vocacional que subjaz aos estudos que descreveremos é de um fenómeno globalmente negativo associado a características psicológicas consideradas indesejáveis. De igual forma, o constructo da indecisão vocacional é percepcionado como unidimensional e avaliado de forma categorial ou contínua. Identificam-se, igualmente, algumas limitações presentes nos estudos revistos.

1. Investigações realizadas com um elevado número de variáveis

Um conjunto de investigações, realizadas essencialmente no decurso das décadas de 60 e 70, procurou identificar as variáveis que eventualmente diferenciariam os indivíduos vocacionalmente indecisos e decididos. A estratégia utilizada consistiu em analisar simultaneamente um elevado número de variáveis, por vezes dezenas, e verificar até que ponto os dois grupos se distinguiriam. Nalguns casos os investigadores utilizaram mais do que um grupo de sujeitos com níveis distintos de decisão vocacional. O objectivo, embora nem sempre formulado de forma clara, consistia em identificar os factores responsáveis pela indecisão e, com base neles, desenvolver estratégias adequadas de intervenção vocacional.

Um dos primeiros estudos deste modelo foi conduzido por Ashby, Wall e Osipow (1966), que analisaram três grupos de estudantes universitários. O primeiro era constituído por indivíduos vocacionalmente decididos, o segundo por indecisos e o terceiro por estudantes que se situavam numa posição intermédia. As 23 variáveis que foram objecto de análise relacionavam-se com a caracterização familiar (nível de educação dos pais, número de irmãos, etc.), com os resultados associados ao percurso escolar (nível de conhecimentos aferidos por testes estandardizados, resultados escolares, etc.) e com variáveis psicológicas (interesses vocacionais e características de personalidade). A análise dos dados revelou a existência de apenas duas diferenças significativas entre os grupos de estudantes decididos e indecisos: estes últimos evidenciaram resultados mais elevados ao nível da subescala de dependência do *Bernreuter Personality Inventory* e resultados académicos mais baixos no ensino secundário.

Uma outra investigação particularmente importante foi realizada por Baird (1969). Num trabalho que implicou a realização de dois estudos, este autor começou por reunir uma amostra de, aproximadamente, 12 000 estudantes universitários que foi avaliada em mais 100 variáveis, incluindo interesses vocacionais, competências, objectivos de vida e características de personalidade. A análise dos resultados evidenciou a existência de diferenças muito reduzidas entre alunos vocacionalmente decididos e indecisos. De uma forma genérica, foi possível concluir que os estudantes indecisos do sexo masculino se encontravam ligeiramente menos interessados na área das ciências. De igual forma, os estudantes indecisos de ambos os géneros valorizavam mais a estimulação intelectual associada à frequência do ensino superior do que a preparação para o desempenho futuro de uma profissão. A principal conclusão foi a de que não existiam diferenças substantivas entre estudantes decididos e indecisos.

Num segundo estudo a amostra foi constituída por quase 60 000 estudantes do ensino secundário, número verdadeiramente impressionante para qualquer investigação na área da Psicologia. As variáveis analisadas, embora em número inferior às da primeira investigação, atingiram um número expressivo e incluíram, por exemplo, testes estandardizados de conhecimentos e resultados académicos. A única diferença que emergiu dizia respeito aos objectivos invocados para a frequência do ensino superior e corroborou a conclusão do primeiro estudo. Os estudantes indecisos invocaram menos vezes justificações relacionadas com a preparação para o desempenho profissional futuro e mais vezes explicações relacionadas com a estimulação intelectual.

Baird (1969) concluiu não existir nenhuma evidência empírica que sustente que os estudantes vocacionalmente indecisos sejam indivíduos psicologicamente desajustados, sugerindo, pelo contrário, tendo em conta as teorias do desenvolvimento vocacional, que um período de indecisão não só é inevitável como desejável.

Já na década de 70, Lunneborg realizou duas investigações nas quais procedeu à comparação de amostras de estudantes universitários vocacionalmente decididos e indecisos, tendo incluído nesses estudos um elevado número de variáveis. No primeiro destes estudos Lunneborg (1975) incluiu resultados de várias provas estandardizadas de conhecimentos, aptidões e interesses vocacionais. Estes dados tinham sido recolhidos quando os estudantes tinham frequentado o ensino secundário. Foram ainda considerados indicadores da realização académica no ensino superior. As variáveis que apresentaram correlações negativas mais elevadas com a indecisão vocacional foram, de forma decrescente, os resultados académicos obtidos na universidade e os resultados académicos obtidos na escola secundária, respectivamente. A indecisão vocacional não se encontrava relacionada com o género, a idade e muito pouco com o tipo ou a diferenciação dos interesses vocacionais. Embora algumas correlações fossem estatisticamente significativas, elas eram, de uma forma geral, de baixa magnitude.

A autora realizou ainda duas regressões tendo como variável critério a indecisão vocacional. Na primeira regressão foram utilizados todos os preditores e na segunda somente os referentes às variáveis avaliadas no ensino secundário. A primeira regressão explicou 15% da variância e as variáveis que contribuíram mais para a predição da indecisão vocacional foram os resultados académicos obtidos no ensino superior. Na segunda regressão, que explicou 5% da variância, as duas variáveis que mais contribuíram para a predição da variável critério foram os resultados dos testes estandardizados de Matemática e Língua Inglesa. Embora salientando as baixas percentagens de variância explicada pelas duas regressões, Lunneborg concluiu que a realização académica constituía a variável que se encontrava mais relacionada com a indecisão vocacional.

Baixos resultados académicos encontravam-se associados com níveis mais elevados de indecisão vocacional.[1]

Numa investigação posterior Lunneborg (1976) analisou as diferenças entre estudantes vocacionalmente decididos e indecisos relativamente a um conjunto de 16 variáveis, incluindo, entre outras, os resultados académicos e a satisfação com a vida universitária. Os resultados obtidos mostraram que os estudantes indecisos obtiveram piores resultados académicos, embora a diferença observada não fosse substantiva, encontravam-se menos satisfeitos com a sua experiência universitária e tinham maior experiência de trabalho voluntário. De igual forma, e corroborando a conclusão do estudo de Baird (1969), os estudantes indecisos tendiam a escolher áreas de especialização académica mais por razões de natureza pessoal e menos por razões de preparação para o desempenho profissional futuro.

Numa investigação muito citada na literatura, que recorreu a alunos do ensino secundário e superior, Holland e Holland (1977) compararam estudantes decididos e indecisos utilizando para o efeito um conjunto de 24 variáveis. Praticamente não se registaram diferenças entre os dois tipos de estudantes. A identidade vocacional foi a única variável comum aos dois géneros e às duas amostras que permitiu diferenciar estudantes vocacionalmente decididos e indecisos, com estes últimos a evidenciarem resultados mais baixos. Os autores concluíram que a maioria dos estudantes indecisos não apresenta nenhuma característica psicológica negativa, salvo uma pequena percentagem de indivíduos para quem tomar decisões parece ser particularmente difícil.

Já no decurso da década de 90, Lewallen (1995) procurou ultrapassar a limitação, presente em alguns dos estudos anteriormente citados, relacionada com o facto de terem sido utilizadas amostras provenientes de uma única instituição. Para isso recorreu a mais de 26 000 estudantes universitários oriundos de mais de três centenas de escolas do ensino superior. As variáveis que o autor escolheu para integrar a sua investigação incluíram várias dimensões do envolvimento dos estudantes com a instituição que frequentavam, resultados académicos e nível de sucesso escolar, este

---

[1] A expressão *variância explicada* não tem subjacente qualquer implicação de natureza causal entre variáveis independentes e dependente, designando somente a proporção da variância que na variável critério se encontra associada à variabilidade nas variáveis independentes (ver Venter & Maxwell, 2000; Wampold & Freund, 1987).

último avaliado pela percentagem de alunos que não ultrapassavam a duração do curso frequentado para concluir a sua formação. Das 9 variáveis analisadas somente em três casos se registaram diferenças significativas. Os estudantes indecisos obtiveram resultados académicos mais elevados do que os seus colegas vocacionalmente decididos e completaram em maior percentagem os seus cursos não ultrapassando a duração dos mesmos, por comparação com os estudantes vocacionalmente decididos. Simultaneamente, estes últimos evidenciaram um maior grau de envolvimento académico com os seus colegas no decurso da sua formação. De uma forma geral, estes resultados demonstraram que as diferenças entre estudantes vocacionalmente indecisos e decididos são escassas. Lewallen enfatiza o facto de ser necessário encarar com prudência as diferenças observadas uma vez que, com uma amostra tão numerosa, a significância estatística das diferenças não equivale, necessariamente, a diferenças com significado substantivo ou prático.

Mais recentemente, Rojewski (1997) optou por uma estratégia um pouco diferente das anteriores. O seu objectivo consistiu em avaliar as variáveis que melhor conseguiriam predizer a pertença a dois grupos de estudantes: aqueles que apresentavam expectativas profissionais estáveis e os que se apresentavam indecisos ao longo de um determinado período de tempo (entre o 8.º e o 10.º anos de escolaridade). Um conjunto de 10 variáveis foi escolhido para integrar esta investigação, incluindo, nomeadamente, o nível socioeconómico, os resultados em testes estandardizados de realização académica, variáveis psicológicas, como a auto-estima e o *locus* de controlo, e aspirações educacionais e profissionais. Rojewski constatou que os estudantes vocacionalmente indecisos de ambos os géneros tinham menores probabilidades de acreditar que, quando atingissem a idade adulta, obteriam um emprego satisfatório com um bom nível salarial. No género feminino a auto-estima e o *locus* de controlo encontravam-se relacionados com a indecisão vocacional: as raparigas indecisas tinham uma maior probabilidade de apresentar uma auto-estima baixa e um maior nível de externalidade, o mesmo não sucedendo com os rapazes. Como faz questão de salientar o autor,

"(...) embora diferenças assinaláveis tenham sido encontradas nas variáveis que discriminaram indivíduos decididos e indecisos no início da adolescência, a maioria das variáveis seleccionadas não apresentou um valor preditivo significativo para qualquer dos grupos. Esta conclusão amplia o trabalho inicial de Holland e Holland

(1977), que encontrou poucas diferenças entre estudantes decididos e indecisos pertencentes aos ensinos secundário e superior." (p. 17)

1.1. *Apreciação crítica das investigações realizadas com um elevado número de variáveis*

O conjunto de investigações que temos vindo a referir recorreu a um elevado número de variáveis e, nalguns casos, a amostras verdadeiramente gigantescas. Ele é particularmente importante porque sintetiza bem as limitações que iremos igualmente encontrar em outros estudos. Salientemos, antes do mais, a ausência de um enquadramento teórico que sustente a escolha das variáveis e a análise dos resultados. Tudo parece passar-se como se o objectivo último dos investigadores fosse encontrar diferenças entre os dois grupos de estudantes, quaisquer que elas fossem, e só depois tentar encontrar uma explicação *post hoc* para os resultados encontrados. Daí o facto de, na maioria dos casos, não se fundamentar a escolha das variáveis, normalmente de natureza muito diversa. Como oportunamente afirmou Serlin (1987), a simples descrição de diferenças entre subgrupos de uma determinada população não constitui uma investigação baseada numa teoria, pelo que o seu interesse é mais do que questionável. Em termos metodológicos, este tipo de investigação foi irónica e depreciativamente denominado por Aiken (1994) como a "estratégia da metralhadora" (*shotgun approach*), sendo frequentemente utilizada na esperança de encontrar qualquer resultado estatisticamente significativo que, quando encontrado, tende a ser sobrevalorizado.

Mesmo quando são encontradas diferenças entre indivíduos vocacionalmente decididos e indecisos as semelhanças entre os dois subgrupos não são realçadas. Por exemplo, o estudo de Ashby *et al.* (1966) tende a ser citado quando se pretende realçar as características psicológicas negativas associadas à indecisão vocacional, dando conta do maior nível de dependência psicológica dos sujeitos vocacionalmente indecisos (e.g., Taylor, 1982). Embora esta afirmação seja correcta, ela não toma em conta uma apreciação global dos resultados, seguramente mais complexa, que deveria referir a ausência de diferenças nas restantes variáveis.

Um outro aspecto que nem sempre foi levado em linha de conta pelos investigadores, embora devam salientar-se as excepções que constituíram os estudos de Baird (1968) e de Lewallen (1996), prende-se com a inflação do erro de tipo I que um grande número de testes estatísticos necessariamente implica (ver Garcia-Marques & Azevedo, 1995; Weinfurt, 1995). Infelizmente, alguns autores não tomaram em consideração as consequências da realização de um número elevado de comparações estatísticas. É possível, assim, que algumas diferenças estatisticamente significativas encontradas não correspondam a verdadeiras diferenças na população.

Com base nas investigações que revimos, a única conclusão possível que se pode sustentar é a de que os estudantes vocacionalmente indecisos e decididos são mais semelhantes do que diferentes na esmagadora maioria das variáveis que foram objecto de estudo. Mesmo quando emergem diferenças entre os dois subgrupos constata-se, por vezes, que os resultados são contraditórios. O rendimento académico constitui, provavelmente, o exemplo mais paradigmático: na investigação de Lewallen (1995) os estudantes vocacionalmente indecisos obtiveram melhores resultados académicos, enquanto que no estudo de Lunneborg (1975) o resultado foi o inverso.

2. Investigações realizadas com um reduzido número de variáveis

A maioria das investigações que se debruçou sobre as diferenças entre estudantes vocacionalmente decididos e indecisos não recorreu a um número tão elevado de variáveis quanto os estudos que revimos anteriormente. Na realidade, na maior parte dos casos, as variáveis escolhidas foram relativamente reduzidas em número.

Com o objectivo de melhor percebermos a forma como este esforço de investigação se processou e quais as principais conclusões que se podem retirar dos estudos efectuados, iremos proceder à apresentação das investigações em função de grandes conjuntos de variáveis. Nalguns casos, a mesma investigação poderá ser mencionada mais do que uma vez.

2.1. *Variáveis vocacionais*

2.1.1. *Interesses vocacionais*

Os interesses vocacionais constituem uma das variáveis que teoricamente é mais fácil associar à indecisão vocacional. De um ponto de vista conceptual poder-se-ia esperar que quando os indivíduos apresentam um padrão de interesses relativamente definido tornar-se-á mais fácil, em princípio, efectuar escolhas vocacionais. Quando mencionámos a investigação de Lunneborg (1975) vimos que esta relação não conseguiu ser empiricamente confirmada. De igual forma, no estudo de Holland e Holland (1977), não se encontrou nenhuma associação entre a consistência e a diferenciação de interesses vocacionais e a indecisão vocacional.

Harman (1973) constatou a inexistência de diferenças ao nível dos interesses vocacionais, avaliados pelo *Strong Interest Vocational Blank* (SIVB), entre estudantes universitários vocacionalmente indecisos e decididos, tendo verificado que ambas as subamostras apresentaram níveis baixos na maioria das escalas avaliadas pelo SIVB.

Slaney (1980), por sua vez, analisou a relação entre a consistência, a diferenciação e a congruência dos interesses vocacionais, avaliados pelo *Vocational Preference Inventory*, e a indecisão vocacional. Os sujeitos que constituíram a amostra, formada por estudantes universitários, foram divididos em quatro grupos em função da resposta dada à *Occupational Alternative Question*, uma medida de avaliação da indecisão vocacional que consiste em solicitar uma listagem de profissões que os indivíduos consideram como alternativas possíveis para um desempenho profissional futuro, pedindo-se aos sujeitos que indiquem a sua primeira escolha ou que digam que se encontram indecisos. Assim, existem quatro hipóteses possíveis de resposta: 1) uma primeira opção sem alternativas; 2) uma primeira opção com alternativas; 3) nenhuma primeira opção é indicada mas indicam-se alternativas; 4) não é indicada nenhuma primeira opção ou quaisquer alternativas. Não se verificaram diferenças entre os grupos relativamente à consistência e diferenciação dos interesses vocacionais. A única diferença que emergiu disse respeito ao grupo 4, que evidenciou níveis mais baixos de congruência entre os interesses vocacionais e a escolha de uma área de especialização académica relativamente aos outros três grupos.[2]

---

[2] Temos vindo a usar a expressão *área de especialização académica* para traduzir o termo inglês *major*. Nos Estados Unidos da América e, de uma forma geral, em todos os sistemas educativos de influência anglo-saxónica, a escolha da área de especialização académica faz-se normalmente dois anos depois do ingresso numa instituição do ensino superior. É este facto que explica que a maioria das investigações sobre a temática da indecisão vocacional concretizadas no contexto americano se realize com alunos universitários. A indecisão vocacional tende a ser associada à dificuldade de escolha de uma área de espe-

Por seu turno, Lowe (1981) analisou a relação entre a diferenciação de interesses vocacionais e a indecisão vocacional. Utilizando uma amostra de estudantes universitários verificou que as correlações entre as duas variáveis eram muito próximas do zero para ambos os géneros.

Slaney, Hall e Bieschke (1993) partiram do princípio de que os indivíduos que demonstrassem uma maior instabilidade nos resultados obtidos no *Self-Directed Search* evidenciariam maiores níveis de indecisão vocacional. Para isso utilizaram uma metodologia longitudinal que avaliou uma amostra de estudantes universitários com dois meses de intervalo entre avaliações. Os resultados revelaram que, ao contrário do que os autores esperavam, os sujeitos que apresentaram oscilações mais significativas não evidenciaram níveis mais elevados de indecisão vocacional.

Mais recentemente, Tracey e Darcy (2002) abordaram a questão da eventual relação entre interesses vocacionais e indecisão vocacional a partir de uma perspectiva original. Os autores partiram do princípio de que o modelo de John Holland parece representar bastante bem a forma como a maioria das pessoas pensa e organiza os interesses vocacionais e a percepção das ocupações. Todavia, o modelo de Holland, à semelhança de outros, assenta numa concepção normativa dos interesses que pressupõe que a comparação entre o modelo e os resultados individuais constitui o processo-chave de avaliação dos indivíduos. O que Tracey e Darcy verificaram foi que para os indivíduos cuja organização idiossincrática de interesses se afasta do modelo circular de Holland, percepcionando, por exemplo, a proximidade de tipos que no modelo normativo deveriam encontrar-se em posições opostas (social e realista, por exemplo), os níveis de indecisão vocacional eram superiores. Os autores concluíram que a indecisão vocacional poderá surgir quando os indivíduos apresentam uma natureza atípica da sua representação de si próprios, dos seus interesses e do mundo do trabalho.

Em síntese, estes estudos demonstram, um pouco surpreendentemente, com a excepção do último estudo referido, a ausência de relações entre interesses vocacionais, especialmente ao nível da diferenciação, consistência e congruência, conceitos centrais da teoria de John Holland, e a indecisão vocacional.

---

cialização académica. Neste caso específico isso não aconteceu. Os alunos vocacionalmente indecisos foram aqueles que não conseguiram designar uma profissão que futuramente gostariam de desempenhar mas que, apesar disso, se encontravam, na maioria dos casos, já inscritos em determinadas áreas de especialização académica.

2.1.2. Estilos de decisão vocacional

Os estilos de decisão constituem uma variável que diferencia os indivíduos ao nível do processo de decisão. Por outras palavras, nem todos os indivíduos abordam da mesma forma as tarefas de decisão, nomeadamente as respeitantes às decisões vocacionais, tendo diversos autores proposto várias tipologias para dar conta da diversidade de estilos possíveis (ver Phillips, 1993, 1997). Nalgumas tipologias, determinados estilos são considerados mais eficazes em função da qualidade dos resultados que permitem obter.

No único estudo por nós referenciado sobre a relação entre a indecisão vocacional e os estilos de decisão, Osipow e Reed (1985) recorreram à tipologia de Johnson (1978), que descreve quatro estilos distintos de decisão vocacional formados por duas dimensões psicológicas ortogonais. Estas dimensões são a espontânea-sistemática, que avalia a forma como os sujeitos avaliam a informação, e a interna-externa, que avalia a forma como essa informação é processada. Os decisores espontâneos reagem à totalidade das experiências, tendem a investir psicologicamente em determinadas alternativas como forma de as avaliar e a sua orientação face aos objectivos é marcadamente flexível. Os decisores sistemáticos, por seu turno, tendem a fazer uma apreciação analítica das experiências, avaliando cuidadosamente cada uma das alternativas antes de efectuarem qualquer investimento e perseguindo objectivos de forma metódica. Quanto à dimensão interna-externa os decisores são classificados de externos se necessitam de verbalizar os seus pensamentos como forma de os clarificar, e de internos, quando preferem pensar acerca das coisas antes de falar acerca delas.

Osipow e Reed (1985) verificaram, numa amostra de estudantes universitários, que o nível de indecisão vocacional variava consoante o estilo de decisão. Os mais indecisos de todos eram os decisores espontâneos-externos, seguidos pelos espontâneos-internos, sistemáticos-externos e sistemáticos-internos. Os últimos três grupos não apresentavam diferenças estatisticamente significativas entre si. Este resultado sugere que alguns estilos podem ser mais eficazes do que outros no que respeita à capacidade de tomar decisões vocacionais, embora os autores advirtam para a necessidade de aceitar esta conclusão com bastante prudência em virtude de o instrumento que serviu para avaliar os estilos de decisão apresentar um baixo nível de consistência interna.

2.1.3. Informação vocacional

Uma ideia que parece ser razoável sustentar consiste em associar as dificuldades de escolha à informação vocacional. Tradicionalmente, tem sido defendido que uma das formas privilegiadas de intervenção vocacional consiste na disponibilização de informação vocacional que proporcione aos indivíduos um maior conhecimento de si próprios e do mundo do trabalho com o objectivo de facilitar o desenvolvimento e a escolha vocacionais. Barak, Carney e Archibald (1975) procuraram verificar se o comportamento de procura de informação vocacional se relacionava com o grau de certeza que os indivíduos experienciavam relativamente às suas escolhas escolares e profissionais. Simultaneamente, pretendiam analisar a relação causal entre a primeira variável e a segunda, ou seja, se a informação vocacional facilitaria o processo de decisão vocacional. Os resultados obtidos com uma amostra de estudantes universitários demonstraram que a relação entre as duas variáveis era muito ténue. Os autores concluem que "(...) a informação ocupacional pode ser crucial para muitos indivíduos no seu processo de decisão vocacional, mas o seu papel poderá consistir mais em ajudar a produzir decisões bem informadas ao invés de estimular a decisão *per se*" (p. 157).

Cesari, Winer, Zychlinski e Laird (1982) constataram que os sujeitos decididos e indecisos não apresentavam diferenças ao nível da complexidade cognitiva, avaliada pela diferenciação de constructos com que apreciavam um conjunto de profissões, antes e depois de receberem informação profissional sobre essas mesmas profissões.

Estes resultados seriam posteriormente confirmados por Cesari, Winer e Piper (1984), que verificaram que a influência da informação vocacional na complexidade cognitiva com que os sujeitos avaliavam um conjunto de profissões não dependia do estatuto de decisão dos indivíduos (decidido *versus* indeciso), mas sim do tipo específico de informação veiculada.

Em síntese, a investigação parece sustentar que a informação vocacional não diferencia os indivíduos vocacionalmente decididos e indecisos. Como tal, não se pode presumir que uma intervenção vocacional que se centre preferencialmente na disponibilização de informação consiga fazer com que os indivíduos indecisos ultrapassem a sua indecisão.

Esta conclusão não é nova no campo da psicologia vocacional. Já na década de 60 Thorensen e Mehrens (citados por Schrader, 1970), tinham já sublinhado a falácia subjacente ao princípio que sustenta uma influência unívoca entre informação vocacional e processo de decisão:

"(...) muitos psicólogos continuam a partir do princípio de que, ao providenciar informação educacional e profissional relevante e precisa, os clientes efectuarão, de alguma forma, escolhas adequadas e amadurecidas. Embora possa ser conveniente e reconfortante assumir que os indivíduos, como consequência da informação apresentada, 'considerarão os seus desejos e motivações' tendo em conta essa mesma informação, este pressuposto parece ser muito questionável. 'Dar-lhes os factos' ou fazê-los tomar consciência da informação não promove necessariamente o objectivo de um processo de decisão vocacional amadurecido." (pp. 43-44)

2.1.4. *Saliência e valores vocacionais*

Greenhaus e Simon (1977) analisaram a relação entre a indecisão vocacional, por um lado, e a saliência vocacional e os valores profissionais, por outro. Com esse objectivo dividiram a sua amostra de estudantes universitários em três grupos de elevada, média e baixa saliência vocacional, tendo constatado que os sujeitos vocacionalmente indecisos se concentravam, essencialmente, no grupo de baixa saliência vocacional, não se verificando diferenças entre os outros dois grupos. Quanto aos valores profissionais verificaram que os estudantes vocacionalmente decididos atribuíam maior importância aos valores intrínsecos do que aos valores extrínsecos. Os autores afirmam que os resultados sugerem a existência de dois tipos de indivíduos vocacionalmente indecisos. O primeiro englobaria pessoas com elevada saliência vocacional, que valorizam aspectos intrínsecos do trabalho e que procuram uma opção congruente com as suas características pessoais. O segundo seria formado por pessoas com baixa ou média saliência vocacional, que não valorizam características intrínsecas do trabalho e que, contrariamente aos primeiros, denotam um menor investimento vocacional. Greenhaus e Simon (1977) assinalam, contudo, que as suas conclusões devem ser aceites com prudência pelo facto de alguns resultados terem revelado uma percentagem baixa de variância explicada e de algumas diferenças não terem atingido um nível adequado de significância estatística.

2.2. Aptidão e realização académica

Já tivemos a oportunidade de referir, quando abordámos os estudos que incluíram um grande número de variáveis, que na maioria dos casos não se encontraram diferenças entre estudantes vocacionalmente indecisos e decididos ao nível das aptidões e da realização académica. Outros autores, contudo, continuaram a investigar a relação entre estas duas variáveis. Harman (1973), numa investigação já citada, comparou duas amostras de estudantes, uma vocacionalmente decidida e outra indecisa, ao nível das aptidões avaliadas pelo *American College Test* (ACT), tendo verificado não existirem diferenças entre os dois grupos.

Taylor (1982) analisou as diferenças entre estudantes universitários vocacionalmente decididos e indecisos num conjunto de variáveis. Uma dessas variáveis foi a aptidão, também avaliada pelo ACT, tendo constatado que os alunos vocacionalmente indecisos obtiveram resultados mais baixos do que os seus colegas decididos.

Rogers e Westbrook (1983) avaliaram a validade de constructo de uma escala de indecisão vocacional, a *Career Decision Scale* (CDS; Osipow, Carney & Barak, 1976). Embora esta investigação não tivesse como objectivo explícito analisar a relação entre o nível de aptidão e a indecisão vocacional, constatou-se que a correlação entre o resultado da CDS e o *Scholastic Aptitude Test*, que avalia a aptidão verbal e matemática, era estatisticamente significativa, mas de magnitude modesta (-0,29). Ou seja, níveis mais elevados de aptidão tendiam a associar-se a níveis mais baixos de indecisão vocacional.

Anderson *et al.* (1989), por seu turno, analisaram o percurso académico realizado por um grupo de estudantes universitários desde a sua entrada no ensino superior até à conclusão dos seus estudos. Os alunos foram divididos em três grupos de acordo com as escolhas vocacionais realizadas no início do curso. O primeiro, vocacionalmente decidido, especificou uma área de especialização académica que desejava frequentar e não mudou de opção. O segundo grupo, vocacionalmente indeciso, não indicou qualquer área. Finalmente, o último grupo declarou tencionar escolher uma determinada área de especialização académica, tendo posteriormente mudado de opinião, uma ou mais vezes, e escolhido outra área. Esta investigação demonstrou que este último grupo apresentava o nível mais elevado de conclusão dos seus cursos, por contraste com o dos alunos decididos, que apresentavam o mais baixo (54% *versus* 23%).

Esta investigação analisou ainda outras variáveis, como as classificações escolares do ensino secundário, aptidões matemáticas e verbais e resultados académicos obtidos no ensino superior. Com excepção desta última variável, cujos resultados mais elevados foram obtidos pelo grupo de estudantes decididos, as restantes variáveis não diferenciavam os sujeitos da amostra. Anderson *et al.* (1989) afirmam que a conclusão mais importante do seu estudo é a de que, no ensino superior, os estudantes indecisos não parecem diferenciar-se de forma significativa dos estudantes decididos ou dos que mudam de área de especialização académica.

Tem sido ainda sugerido que indivíduos com níveis elevados de aptidão e realização académica poderiam evidenciar dificuldades no processo de decisão vocacional pelo facto de as suas características serem compatíveis com uma grande amplitude de opções educacionais e profissionais (Pask-McCartney & Salomone, 1988; Rysiew, Shore & Leeb, 1999). Com o objectivo de testar esta hipótese Sajjadi, Rejskind e Shore (2001) recorreram a uma amostra de alunos sobredotados que participaram num estudo longitudinal. A análise dos resultados permitiu verificar que a "multipotencialidade" não se encontrava associada à indecisão vocacional.[3]

Em síntese, é possível afirmar que, de uma forma geral, os resultados das investigações são algo equívocos mas tendem a demonstrar a ausência de uma relação consistente entre a indecisão vocacional e o nível de aptidão e realização académica (Lewko, 1994; Sepich, 1987). A maioria dos poucos estudos nos quais foi possível detectar diferenças a este nível favoreceu os estudantes decididos (Lunneborg, 1975, 1976; Taylor, 1982), embora noutros casos a situação verificada tenha sido a oposta (Lewallen, 1995).

2.3. *Personalidade*

As variáveis relacionadas com a personalidade foram, desde muito cedo, das mais investigadas no âmbito da abordagem diferencial da indecisão vocacional. Ziller (1957) partiu do princípio de que a escolha voca-

---

[3] Uma investigação anterior, realizada por Achter, Lubinski e Benbow (1996), embora sem ter analisado especificamente a indecisão vocacional, constatou que a percentagem de indivíduos sobredotados que apresentaram um perfil indiferenciado, quando analisados os seus resultados ao nível dos interesses, valores e aptidões, era bastante baixa.

cional implica algum grau de risco associado à decisão, pelo que procurou verificar a eventual existência de diferenças nesta variável consoante as áreas de especialização académica que tinham sido escolhidas por uma amostra constituída por alunos universitários. Constatou que os sujeitos vocacionalmente indecisos demonstravam uma menor tendência para o risco.

Elton e Rose (1971) realizaram uma investigação mais complexa do que é habitual no âmbito da abordagem diferencial. Seleccionaram uma amostra de estudantes universitários que, no início do seu percurso académico, foram considerados indecisos ou decididos. Estes últimos foram divididos em dois subgrupos: o primeiro era constituído por alunos que não mudaram de opção vocacional relativamente à sua primeira escolha e o segundo por alunos que tinham mudado de planos vocacionais. Estes três grupos de alunos foram comparados no final do seu percurso escolar, verificando-se a inexistência de diferenças ao nível da personalidade.

Walsh e Lewis (1972), por seu turno, constataram que os indivíduos vocacionalmente indecisos, por comparação com os decididos, em especial os do género masculino, tendiam a ser "(...) socialmente alienados, tensos, impulsivos, imaginativos e desconfiados nas suas relações com outras pessoas" (p. 315).

Harman (1973) não encontrou nenhuma associação entre a indecisão vocacional e as características de personalidade, avaliadas com o *Omnibus Personality Inventory*, numa amostra de alunos universitários. Nesta investigação o instrumento de avaliação utilizado foi o mesmo que Walsh e Lewis (1972) empregaram.

Maier e Herman (1974) analisaram as diferenças ao nível da auto--estima e do dogmatismo em três tipos de estudantes universitários. O primeiro tinha planos vocacionais definidos, o segundo foi considerado vocacionalmente indeciso e o terceiro ocupava uma posição intermédia ao nível da decisão vocacional. O grupo formado por estudantes indecisos evidenciou resultados mais elevados de dogmatismo e mais baixos de auto-estima relativamente aos outros dois grupos. Os autores defendem que os resultados confusos produzidos pela abordagem diferencial tendem a esbater-se quando as investigações se centram em variáveis de personalidade, dimensões nas quais se constatam diferenças mais acentuadas entre grupos de indivíduos vocacionalmente decididos e indecisos.

Também Barret e Tinsley (1977) se interessaram pelo impacto da auto-estima no nível de cristalização do auto-conceito vocacional e na percepção de competência ao nível do processo de decisão vocacional. Os autores verificaram que os indivíduos com auto-estima mais elevada apresentavam auto-conceitos vocacionais mais cristalizados e se percepcionavam como decisores mais competentes

Taylor (1982), por sua vez, procurou analisar a influência do *locus* de controlo e do medo do sucesso na manifestação da indecisão vocacional. A autora constatou que o grupo de estudantes indecisos apresentava uma maior externalidade e um maior medo do sucesso. Uma investigação posterior sobre a relação entre o *locus* de controlo externo e a indecisão vocacional corroboraria a relação anteriormente encontrada (Taylor & Popma, 1990).

Phillips e Bruch (1988) escolheram a timidez como a variável de personalidade susceptível de se encontrar associada a problemas de natureza vocacional, incluindo a indecisão vocacional. Numa amostra constituída por estudantes universitários constataram que os sujeitos mais tímidos de ambos os géneros eram, simultaneamente, os que menos se envolviam em actividades de exploração vocacional e os que evidenciavam níveis mais elevados de indecisão vocacional. Os autores afirmam que este resultado é consistente com as conclusões de outras investigações que demonstraram que a timidez se associa a uma baixa auto-estima e a cognições disfuncionais relacionadas com as capacidades académicas e sociais que, por sua vez, interferem negativamente com o processo de decisão vocacional.

Numa investigação posterior sobre esta mesma temática, Hamer e Bruch (1997) analisaram a relação entre vários factores de personalidade, incluindo a timidez, e vários índices do desenvolvimento vocacional, incluindo a clareza e certeza do auto-conceito vocacional, tendo verificado que os sujeitos mais tímidos eram igualmente aqueles que evidenciavam um auto-conceito vocacional menos cristalizado.

Uma das variáveis que foi estudada por, eventualmente, se encontrar relacionada com a indecisão vocacional, é a orientação para os papéis sexuais. Em sociedades que mantêm distinções relacionadas com o género que condicionam a escolha vocacional, embora menos marcadas do que no passado, é de esperar que esta dimensão tenha merecido alguma atenção por parte dos investigadores. Millard, Habler e List (1984) analisaram a relação entre o género e a orientação para os papéis sexuais, por um lado, e a indecisão vocacional, por outro. Uma análise de variância, tendo como variáveis o género e a orientação para os papéis sexuais, demonstrou a existência de uma diferença marginal para a última variável, não se registando efeitos principais para o género ou para a interacção entre as duas variáveis. Os indivíduos andróginos apresentavam níveis mais baixos de indecisão vocacional. Os autores interpretaram este resultado afirmando que os indivíduos andróginos seriam capazes de considerar um maior número de alternativas e, consequentemente, conseguir encontrar aquelas que se adaptam melhor às suas características pessoais.

Gianakos e Subich (1986) analisaram, igualmente, as mesmas variáveis. Dividiram uma amostra de estudantes universitários em quatro grupos com base no género e na orientação para os papéis sexuais (orientação tradicional ou andrógina). Os indivíduos com uma orientação andrógina para os papéis sexuais revelaram maiores níveis de indecisão vocacional, não se verificando um efeito significativo para o género nem uma interacção entre as duas variáveis. Os autores explicam este resultado pelo facto de as pessoas que se identificam com traços masculinos e femininos explorarem um maior leque de alternativas profissionais antes de efectuarem uma escolha, circunstância susceptível de provocar um maior nível de indecisão vocacional.

Walker e Baker (1993), por seu turno, tentaram replicar, sem sucesso, os resultados da investigação anterior. Todavia, o seu estudo sugere que a relação entre a orientação para os papéis sexuais e a indecisão vocacional poderá ser condicionada por factores de natureza socioeconómica, uma vez que a relação entre indecisão vocacional e orientação para os papéis sexuais constatada por Gianakos e Subich (1986) verificava-se, embora não de forma estatisticamente significativa, na subamostra de indivíduos desempregados. Todavia, o mesmo não ocorria na subamostra constituída por sujeitos que se encontravam a completar os seus estudos.

Em síntese, os resultados destas três investigações são contraditórios, sendo possível sustentar, no plano teórico, relações opostas entre a orientação para os papéis sexuais e a indecisão vocacional. É possível que a relação entre estas variáveis seja uma relação mediada ou moderada por outras variáveis, susceptível de ser avaliada somente no quadro de modelos causais complexos, como alguns estudos tendem a sugerir (ver Wulff & Steitz, 1999). Simultaneamente, a investigação realizada baseou-se numa concepção unitária de androginia, quando perspectivas mais recentes deste constructo têm vindo a defender a sua multidimensionalidade e a relação complexa com vários indicadores do bem-estar e adaptação psicológicas (Woodhill & Samuels, 2003).

Numa investigação particularmente sólida no plano metodológico, Newman, Gray e Fuqua (1999) analisaram as diferenças entre dois grupos de estudantes vocacionalmente decididos e indecisos ao nível das várias dimensões de personalidade avaliadas pelo *Psychological Personality Inventory* (PPI). Este inventário possui 20 subescalas que podem ser sintetizadas em quatro grandes dimensões: a *extroversão*, característica dos indivíduos que possuem uma orientação para os outros, sendo seguros, equilibrados, com elevado grau de iniciativa e de resolução de problemas; o *controlo*, dimensão que caracteriza os indivíduos auto-disciplinados, conscienciosos e respeitadores das regras; a *flexibilidade*, associada aos indivíduos com abertura de espírito, independentes, inventivos e sagazes; finalmente, a *consensualidade*, característica que encontramos em indivíduos agradáveis, optimistas, cooperantes e fiáveis.

Uma análise dos dois grupos de estudantes pôde constatar que os sujeitos vocacionalmente decididos evidenciaram valores mais elevados do que os seus colegas indecisos ao nível dos factores de extroversão, controlo e consensualidade, sendo as diferenças estatísticas de média e de elevada magnitude. Simultaneamente, avaliadas as diferenças ao nível das subescalas do PPI, constatou-se que 12 das 20 escalas que compõem o inventário diferenciavam os dois tipos de estudantes. As diferenças estatísticas eram, igualmente, de média e de elevada magnitude. Os autores resumem, assim, os resultados da sua investigação:

> "Em primeiro lugar, o grupo de elevada indecisão obteve baixos resultados em várias dimensões interpessoais relacionadas com a ascendência social e a liderança potencial. Em segundo lugar, parece existir uma maior tendência nos indivíduos do grupo de elevada indecisão para o não conformismo ou resistência às regras prescritas, normas, expectativas e variáveis afins." (p. 185)

Não é fácil sintetizar as investigações que se debruçaram sobre as diferenças entre estudantes vocacionalmente decididos e indecisos ao nível da personalidade mas, contrariamente a outras dimensões do funcionamento psicológico que já analisámos, pensamos ser possível afirmar que os indivíduos vocacionalmente decididos tendem a apresentar um maior número de características positivas.

2.3.1. Ansiedade e indecisão vocacional

A ansiedade merece uma abordagem específica quando se analisa o papel das variáveis de personalidade na manifestação das dificuldades ao nível da decisão vocacional porquanto foi a variável que integrou um maior número de estudos.

Kimes e Troth (1974) analisaram a relação entre a ansiedade-traço e o grau de certeza vocacional. Com este objectivo dividiram uma amostra de estudantes universitários em cinco grupos, consoante o nível de certeza vocacional. Verificaram que a ansiedade-traço aumentava à medida que o grau de certeza vocacional decrescia, relação particularmente forte nos estudantes que se declararam completamente indecisos, que evidenciavam os níveis mais elevados de ansiedade. Os autores sugerem, mesmo não sendo possível estabelecer uma relação causal entre as variáveis, ser razoável intervir na redução da ansiedade como estratégia de facilitação do processo de decisão vocacional.

Idêntica conclusão foi defendida por Hawkins, Bradley e White (1977), que, igualmente, investigaram a relação entre a ansiedade e a indecisão vocacional. Neste estudo a ansiedade foi avaliada de forma multidimensional, tendo os autores avaliado a ansiedade geral, a ansiedade face à escolha de uma área de especialização académica e a ansiedade face à escolha de uma profissão, variáveis que integraram um conjunto de 10 variáveis independentes. Por seu turno, as variáveis dependentes escolhidas foram o grau de certeza relativamente à escolha de uma área de especialização académica e à escolha de uma profissão. Nas análises de regressão efectuadas verificou-se que pelo menos uma das dimensões da ansiedade contribuiu para predizer significativamente as variáveis dependentes. Por exemplo, a ansiedade relacionada com a escolha de uma área de especialização académica foi a variável que conseguiu predizer de forma mais significativa o grau de indecisão vocacional no que respeita a esta escolha, quatro vezes mais do que qualquer outra variável.

Estas duas últimas investigações sugerem que uma intervenção que vise fazer baixar a ansiedade poderá constituir uma alternativa que deve ser tomada em linha de conta, com o objectivo de aumentar a capacidade de decisão vocacional dos indivíduos. Foi este o objectivo de Mendonca e Siess (1976), que avaliaram a eficácia do treino de controlo da ansiedade e de resolução de problemas na indecisão vocacional. Para isso, distribuíram uma amostra de estudantes universitários em três grupos experimentais (treino de controlo da ansiedade, treino de resolução de problemas e treino combinado) e dois grupos-controlo (um grupo placebo de discussão, para controlar os efeitos atribuíveis às expectativas de mudança, e um grupo que não foi submetido a qualquer intervenção, para controlar os efeitos atribuíveis à passagem do tempo). Os sujeitos foram avaliados, antes e após a intervenção, com escalas de três tipos distintos: medidas de natureza vocacional, como o comportamento vocacional exploratório, medidas de ansiedade, como a ansiedade específica sentida em situações de decisão vocacional, e medidas de avaliação da eficácia na resolução de problemas.

A principal conclusão do estudo foi a de que a combinação do treino de gestão da ansiedade com o treino de resolução de problemas constituiu o método mais eficaz de intervenção em duas áreas principais, comparativamente com a utilização dos dois isoladamente ou com a não intervenção: o comportamento vocacional exploratório e o comportamento de resolução de problemas. Os autores afirmam que a ansiedade e a baixa capacidade de resolução de problemas constituem dois elementos importantes na emergência e manutenção da indecisão vocacional em estudantes universitários.

Mendonca e Siess (1976) sustentam que os resultados da sua investigação sugerem que a ansiedade é inibidora do processo de decisão. Por outras palavras, a ansiedade antecederia a indecisão vocacional. Em termos teóricos esta é uma questão particularmente importante, tendo sido inicialmente abordada por Goodstein (1972). Para este autor, que se insere numa linha marcadamente comportamental ao nível da intervenção psicológica, a ansiedade encontra-se quase sempre presente nos clientes em situação de consulta. Na situação específica da indecisão vocacional a ansiedade poderia desempenhar papéis distintos. No primeiro, a indecisão seria a consequência da incapacidade do sujeito em tomar decisões vocacionais pelo facto de não ter aprendido as competências necessárias para concretizar o processo de decisão. Neste caso, a ansiedade desempenharia um papel menor na etiologia da indecisão vocacional, sendo esta susceptível de ser ultrapassada mediante uma intervenção que vise promover a aprendizagem de competências de decisão. Num segundo caso, a ansiedade desempenha o papel central na emergência e manutenção do problema. O sujeito encontra-se indeciso porque decidir provoca ansiedade. Evitando a decisão o sujeito tenta controlar a ansiedade, tal como sucede nas respostas mantidas através de um sistema de reforço negativo. Em síntese, a ansiedade pode constituir uma causa ou um sintoma da indecisão vocacional e, desta forma, desempenhar papéis distintos na emergência e manutenção das dificuldades de escolha vocacional.

Foi com o objectivo expresso de testar este modelo que McGowan (1977) realizou um estudo com um *design* experimental particularmente rigoroso. Utilizando uma amostra de estudantes indecisos do ensino secundário aplicou o *Self-Directed Search* (SDS), de John Holland, com o objectivo de diferenciar os sujeitos que conseguiam efectuar escolhas vocacionais e aqueles que permaneciam indecisos. De acordo com a hipótese de Goodstein (1972), os sujeitos que conseguissem efectuar uma escolha vocacional deveriam apresentar um nível de ansiedade mais baixo do que aqueles que, apesar de terem sido submetidos a uma experiência de intervenção vocacional, não logravam ultrapassar o seu estado de indecisão. Presumivelmente estes últimos constituíram o grupo de indivíduos para quem o processo de decisão é ansiogénico. Esta hipótese não foi confirmada. O autor salienta que os resultados poderiam ter sido diferentes caso se tivesse proporcionado aos sujeitos a possibilidade de recorrer, para além da utilização do SDS, a intervenções vocacionais individuais ou de grupo. A questão reside em saber, por um lado, qual o tipo de intervenção vocacional que deverá ser disponibilizada aos indivíduos indecisos até que se possa concluir que é a ansiedade o principal factor causal da indecisão ou se, como faz notar Slaney (1988), não seria desejável desenvolver metodologias de avaliação dos sujeitos *a priori*.

A relação entre a ansiedade e a indecisão vocacional seria ainda confirmada por outros investigadores. Fuqua, Seaworth e Newman (1987) avaliaram a relação entre os dois constructos recorrendo a múltiplos instrumentos de avaliação. Partindo dos resultados obtidos em quatro escalas de ansiedade e quatro escalas de indecisão vocacional, procederam a várias análises dos resultados. Em primeiro lugar, verificaram que todas as correlações entre os dois grupos de variáveis eram estatisticamente significativas e, de uma forma geral, de média magnitude. Em segundo lugar, constataram que uma correlação canónica entre os dois tipos de variáveis conseguiu explicar 44% da variância comum. Finalmente, na sequência de uma análise factorial, puderam identificar dois factores, correspondentes à indecisão vocacional e à ansiedade, que explicaram mais de três quartos da variância total, resultado que sustenta a validade discriminante e convergente dos instrumentos de avaliação psicológica utilizados.

Em suma, a ansiedade constitui uma variável cuja investigação tem vindo a demonstrar, de forma consistente, encontrar-se relacionada com a indecisão vocacional. A questão que se coloca, pelo menos desde o influente artigo de Goodstein (1972), prende-se com o papel específico que a ansiedade desempenha na emergência e manutenção das dificuldades no processo de escolha vocacional (Kaplan & Brown, 1987). Newman, Fuqua e Seaworth (1989) apresentaram um conjunto de modelos teóricos susceptíveis de dar conta da relação entre indecisão vocacional e ansiedade. A questão é complexa pelo facto de a maioria dos investigadores que se enquadram na abordagem diferencial terem partido do princípio de que a indecisão vocacional é um constructo unitário. Como teremos oportunidade de verificar posteriormente no Capítulo 4, é relativamente consensual considerar hoje a indecisão vocacional um constructo multidimensional. A ser assim, poderemos considerar plausível a existência de relações distintas entre as várias dimensões da indecisão vocacional e a ansiedade, (Forner, 2001b; Fuqua, Newman & Seaworth, 1988; Hartman, Fuqua & Blum, 1985).

Por outro lado, torna-se necessário ter em conta que a ansiedade não tem necessariamente que desempenhar um papel negativo no processo de escolha vocacional. A escolha de uma profissão tem sido concebida como uma das tarefas mais importantes no âmbito do processo da construção da identidade dos indivíduos (Erikson, 1968). Neste quadro, é de esperar que as decisões relacionadas com a carreira dos indivíduos impliquem algum grau de ansiedade que sempre encontramos associado a escolhas não triviais (Berger-Gross, Kahn & Weare, 1983). A questão que permanece por responder é a seguinte: a partir de que ponto a ansiedade passa a desempenhar um papel debilitante e inibidor do próprio processo de decisão?[4]

2.4. *Variáveis cognitivas*

O papel das variáveis cognitivas nas dificuldades de escolha vocacional foi, igualmente, objecto de grande interesse por parte de alguns

---

[4] A investigação tem demonstrado que, no quadro dos estatutos da identidade propostos por James Marcia (1966, 1980, 1987), os indivíduos que se enquadram no estatuto de identidade moratória evidenciam os níveis mais elevados de ansiedade (Kroger, 1996), facto que tem sido interpretado como a consequência inevitável do processo de exploração associado à construção da identidade.

investigadores. Stead, Watson e Foxcroft (1993) analisaram a relação entre crenças irracionais genéricas, nomeadamente aquelas que foram evidenciadas pela terapia racional-emotiva de Albert Ellis (1962), e crenças irracionais específicas, relacionadas com o processo de escolha vocacional. Este tipo de crenças, e o eventual papel que poderiam desempenhar no desenvolvimento vocacional dos indivíduos, tinha sido já anteriormente evidenciado por outros autores (Lewis & Gilhousen, 1981; Nevo, 1987). Com uma amostra de estudantes universitários, verificaram, contrariamente às suas hipóteses iniciais, a inexistência de relações significativas entre a indecisão vocacional e os mitos relacionados com o processo de escolha vocacional. Porém, constataram que os sujeitos mais indecisos eram os que apresentavam resultados mais elevados numa escala que avaliava a preocupação (sentimentos de preocupação perante problemas de outras pessoas ou problemas pessoais que ainda não ocorreram) e as crenças irracionais genéricas relacionadas com a auto-estima (sentimentos de baixa auto-estima perante situações de crítica, rejeição ou afastamento de outros). Os autores interpretam estes resultados como corroborando a associação da indecisão vocacional com a ansiedade, a baixa auto-estima e as ideias irracionais de preocupação.

Symes e Stewart (1999), por sua vez, analisaram a relação entre a metacognição, um pensamento de ordem superior que envolve um controlo dos processos cognitivos envolvidos na aprendizagem, e a indecisão vocacional. A hipótese que os autores procuraram testar foi a de que, tendo em conta a associação que alguns estudos identificaram entre actividade metacognitiva e estratégias eficazes de resolução de problemas, baixos níveis de actividade metacognitiva estariam associados a dificuldades de escolha vocacional. Os resultados comprovaram a hipótese da investigação somente para a subamostra feminina, tendo sido obtida uma correlação negativa entre as duas variáveis. Os autores sugerem que a intervenção vocacional com indivíduos indecisos poderá passar por estratégias que visem a aprendizagem e aquisição de estratégias metacognitivas.

Por seu turno, Saunders, Peterson, Sampson e Reardon (2000) investigaram o papel da depressão e dos pensamentos vocacionais disfuncionais na predição da indecisão vocacional, enquanto controlavam a variância atribuída à identidade vocacional, ansiedade e *locus* de controlo, variáveis já anteriormente associadas a dificuldades no processo de escolha vocacional. Recorrendo a uma regressão verificaram que o modelo total permitiu explicar 68% da variância critério. Todavia, somente a identidade vocacional e os pensamentos vocacionais disfuncionais se afirmaram como preditores estatisticamente significativos da indecisão vocacional. Os autores concluem que, no âmbito da intervenção com indivíduos vocacionalmente indecisos, para além das estratégias destinadas a promover o desenvolvimento da identidade vocacional, torna-se crucial identificar eventuais pensamentos vocacionais disfuncionais e, mediante técnicas de reestruturação cognitiva, intervir sobre eles com o objectivo de facilitar o processo de decisão vocacional.

Uma das variáveis cuja influência no processo de decisão vocacional foi também estudada foi a auto-avaliação das capacidades de resolução de problemas, constructo psicológico cuja avaliação foi operacionalizada através do *Problem Solving Inventory*, objecto de um grande número de investigações nos últimos 20 anos (ver Heppner, Witty & Dixon, 2004). Larson e Heppner (1985) verificaram, numa amostra de estudantes universitários, que os indivíduos que se percepcionavam a si próprios como possuindo maiores capacidades de resolução de problemas evidenciaram níveis mais baixos de indecisão vocacional.

As estratégias de *coping* constituíram outra variável investigada. O'Hare e Beutell (1987) partiram do princípio de que a escolha vocacional constitui, por norma, um processo ansiogénico. Assim, a utilização de estratégias adequadas de *coping* poderia fazer com que a ansiedade se situe dentro de limites aceitáveis, diminuindo o nível de indecisão vocacional. Recorrendo a uma escala que avaliava várias estratégias de *coping*, os autores verificaram, usando uma amostra de estudantes universitários, que duas delas prediziam a indecisão vocacional. A primeira foi a *auto-eficácia* (capacidade subjectiva de controlo sobre a decisão), negativamente relacionada com a indecisão vocacional, e a segunda foi a *modificação de sintomas/comportamento de evitamento* (tendência a evidenciar comportamentos que visam reduzir ou aliviar sintomas), positivamente relacionada com a indecisão vocacional. Este padrão era idêntico nos dois géneros.

No âmbito das variáveis cognitivas que foram estudadas, por poderem estar potencialmente relacionadas com a indecisão vocacional, as expectativas de auto-eficácia face às tarefas de decisão vocacional constituem aquelas que integraram um maior número de investigações. Estas variáveis, que se encontram conceptualmente fundamentadas na teoria de auto-eficácia de Albert Bandura (1977), referem-se às crenças das pessoas relativamente às suas capacidades para concretizar com sucesso determinadas tarefas ou comportamentos. Segundo Bandura, estas expectativas constituiriam os melhores preditores do envolvimento pessoal em três grandes indicadores comportamentais: comportamento de aproximação *versus* comportamento de evitamento, qualidade do desempenho numa determinada área comportamental e a persistência perante obstáculos e experiências negativas. Elevadas expectativas de auto-eficácia relativamente a um comportamento ou domínio comportamental conduzem a um maior envolvimento do sujeito com esses comportamentos, a um desempenho mais positivo e a uma menor tendência para desistir face às adversidades.

Para além de ter descrito as consequências comportamentais relacionadas com o nível das expectativas de auto-eficácia, Bandura (1977) identificou os processos que originam o desenvolvimento dessas mesmas expectativas: o grau de sucesso nas experiências de aprendizagem, as experiências vicariantes de aprendizagem, a persuasão verbal por parte de outras pessoas e os estados fisiológicos, em particular o grau de ansiedade. Através destas fontes de aprendizagem é possível, simultaneamente, modificar as expectativas de auto-eficácia, pelo que a teoria de Bandura possibilita um sólido enquadramento teórico susceptível de fundamentar programas e estratégias de intervenção.

Taylor e Betz (1983) aplicaram este quadro conceptual às tarefas de decisão vocacional. Para isso seleccionaram as competências identificadas no modelo de maturidade vocacional de Crites (1981) – auto-avaliação, recolha de informação vocacional, selecção de objectivos, elaboração de planos para o futuro e resolução de problemas – e analisaram as expectativas de eficácia relativamente a estas competências, verificando, posteriormente, as relações que se estabeleciam com a indecisão vocacional. Através de uma escala construída para o efeito, a *Career Decision-making Self-eficacy Scale* (CDMSE), as autoras constataram, numa amostra de estudantes universitários, que os estudantes vocacionalmente mais indecisos eram aqueles que evidenciavam as mais baixas expectativas de eficácia relativamente à capacidade para concretizar com sucesso as tarefas relacionadas com o processo de decisão vocacional.

"Pode suceder que os estudantes a quem falta confiança na sua capacidade de realização das tarefas relacionadas com o processo de decisão não se envolvam nessas tarefas e permaneçam indecisos. Por outro lado, os estudantes que são mais decididos poderão sê-lo porque completaram algumas das tarefas necessárias; teoricamente, experiências bem sucedidas de realização devem aumentar as expectativas de auto-eficácia relativamente a essas tarefas (...). Assim, fortes expectativas de auto-eficácia seriam uma consequência do nível de certeza vocacional, assim como um antecedente relativamente à indecisão vocacional." (p. 79)

Numa investigação subsequente, Taylor e Popma (1990) procuraram desenvolver o estudo anterior. Confirmaram que a CDMSE apresentava uma estrutura factorial complexa, não se coadunando, todavia, com o modelo de maturidade vocacional de Crites (1981), considerando antes que aquela avalia uma auto-eficácia vocacional generalizada.[5] Esta investigação constatou, igualmente, uma relação negativa moderada entre as expectativas positivas de auto-eficácia relativamente às tarefas de decisão vocacional e o nível de indecisão vocacional. Recorrendo a um conjunto de preditores, entre os quais a saliência vocacional, o *locus* de controlo e a auto-eficácia, verificaram que somente esta última variável conseguia predizer o nível de indecisão vocacional, apresentando, igualmente, uma correlação mais elevada com a variável critério.

Por seu turno, Bergeron e Romano (1994) verificaram, numa amostra de estudantes universitários, uma relação relativamente forte entre a auto-eficácia face ao processo de decisão vocacional e os níveis de indecisão face à área de especialização académica e à carreira. Os estudantes que evidenciavam menor confiança nas suas capacidades para realizar as tarefas e os comportamentos necessários para tomar decisões vocacionais tendiam a apresentar níveis mais elevados de indecisão vocacional.

Investigações posteriores com a CDMSE viriam a revelar boas características psicométricas e relações consistentes com um conjunto de indicadores de natureza vocacional e não vocacional (Blustein, 1989; Creed, Patton & Watson, 2002; Gianakos, 1999; Luzzo, 1993; Nilsson, Schmidt & Meek, 2002; Prideaux & Creed, 2001), em particular com a indecisão vocacional (Betz, Klein & Taylor, 1996; Betz & Luzzo, 1996). Todavia, a relação entre os dois constructos, deve salientar-se, é de natu-

---

[5] Todas as análises factoriais realizadas com o CDMSE, incluindo a investigação original de Taylor e Betz (1983), não conseguiram evidenciar os cinco factores baseados no modelo de maturidade vocacional de John Crites (cf. Betz, Klein & Taylor, 1996; Betz & Luzzo, 1996; Creed, Patton & Watson, 2002; Hampton, 2005; Peterson e delMas, 1998; Prideaux & Creed, 2001).

reza correlacional. Daí que, como oportunamente afirmaram Betz e Luzzo (1996), a investigação deveria

"(...) ajudar a clarificar o grau em que mudanças nos resultados da CDMSE servem como um catalizador para outras mudanças ao nível do desenvolvimento vocacional. Será que aumentos nos resultados da CDMSE conduzem a um decréscimo da indecisão vocacional ou será que um decréscimo da indecisão vocacional é que leva a um aumento nos resultados da CDMSE?" (p. 424)

A teoria de auto-eficácia serviu ainda como modelo teórico subjacente à avaliação das expectativas de auto-eficácia relativamente às capacidades para executar determinadas tarefas profissionais relacionadas com um conjunto de profissões (Rooney & Osipow, 1992; Temple & Osipow, 1994). Rooney e Osipow (1992) desenvolveram, à semelhança da CDMSE, a *Task-specific Occupational Self-efficacy Scale* (TSOSS), que avalia a percepção da eficácia pessoal relativamente a quatro capacidades distintas: verbais-interpessoais, quantitativas, estéticas e físicas. A relação entre a TSOSS e a indecisão vocacional foi objecto de algumas investigações e, contrariamente ao que sucede com a CDMSE, a relação entre os dois constructos é mais fraca no plano empírico (Osipow & Temple, 1996). É possível que a relação entre a indecisão vocacional e as expectativas de auto-eficácia referentes a tarefas profissionais concretas seja mais complexa quando comparada com as expectativas de auto-eficácia relativamente às tarefas de decisão vocacional. No primeiro caso seria eventualmente mais importante analisar a maior ou menor diferenciação entre os resultados da TSOSS e as dificuldades de escolha vocacional. Assim, um indivíduo com resultados elevados no que respeita às quatro dimensões de expectativas de auto-eficácia poderia, eventualmente, experimentar um maior nível de incerteza quanto aos seus pontos fortes e, desta forma, sentir maiores dificuldades em efectuar escolhas de natureza educacional e profissional.

Em resumo, a relação entre as expectativas de auto-eficácia, particularmente as que dizem respeito às tarefas de escolha vocacional, e a indecisão vocacional parece ser relativamente consistente, tanto no plano teórico como empírico. Como fazem notar Betz e Luzzo (1996), a aplicação da teoria de auto-eficácia de Bandura à investigação sobre a indecisão vocacional integra dois grandes corpos teóricos, um oriundo da psicologia clínica e social e outro da psicologia vocacional. Esta sinergia conceptual tem-se revelado fértil ao nível da investigação, originando uma corrente de investigação particularmente importante nas últimas duas décadas (Betz, 2000; Betz & Borgen, 2000).

3. Síntese e conclusões

É difícil fazer uma apreciação global das investigações que enquadrámos na abordagem diferencial. Em várias revisões da literatura produzidas nos últimos 15 anos (Dosnon, 1996; Downing & Dowd, 1988; Gordon, 1995; Lewko, 1994; Sepich, 1987; Slaney, 1988) a mesma apreciação parece emergir de forma mais ou sistemática: não foi possível obter um conjunto sólido de conclusões que possibilitasse compreender melhor o fenómeno da indecisão vocacional, comparando indivíduos vocacionalmente decididos e indecisos. Slaney (1988), na revisão que publicou no final da década de 80, resumiu particularmente bem este impasse ao afirmar:

"(...) os estudos aqui revistos parecem conduzir a duas conclusões genéricas aparentemente inconsistentes entre si. O primeiro grupo de estudos (...) parece sugerir não existirem diferenças importantes entre os estudantes vocacionalmente decididos e indecisos. Em contrapartida, outro grupo de estudos parece sugerir a existência de diferenças (...), especialmente ao nível da personalidade, que normalmente favorecem os estudantes decididos." (p. 37)

É possível invocar múltiplas razões, que não se excluem mutuamente, para tentar explicar os parcos resultados face a um tão intenso investimento por parte dos investigadores. Em primeiro lugar, a investigação sobre a indecisão vocacional caracterizou-se por um quadro ateórico que privilegiou essencialmente as questões relacionadas com a avaliação (Hall, 1992; Spokane & Jacob, 1996; Tinsley, 1992). Esta crítica, embora possa ser dirigida a muitos estudos, aplica-se com particular pertinência às investigações que recorreram a um elevado número de variáveis que revimos no início deste capítulo. Em todas elas o objectivo principal parecia ser o de se encontrar diferenças entre indivíduos vocacionalmente decididos e indecisos sem que previamente os autores possuíssem um enquadramento teórico no qual sustentassem a investigação. Daí a profusão de variáveis que foram escolhidas, sem que se perceba claramente, em muitos casos, a razão da sua inclusão no plano da investigação. Parece-nos particularmente apropriado invocar a este propósito as palavras de Ludwig Wittgenstein (1995) nas páginas finais de *Investigações Filosóficas*, para sintetizar a falta de clareza teórica das investigações da abordagem diferencial: "Na Psicologia há, de facto, métodos experimentais e *confusão conceptual*" (itálico no original, p. 611).

Deveremos salientar, todavia, que a abordagem diferencial conheceu uma evolução positiva neste aspecto e que, de forma crescente, os investigadores têm vindo a basear os seus estudos em quadros teóricos mais sólidos. Pensamos ser justo destacar neste domínio as investigações que se desenvolveram em torno da teoria de auto-eficácia de Bandura (1977), particularmente as que associaram a indecisão vocacional a um baixo nível de expectativas de auto-eficácia relativamente às tarefas de decisão vocacional.

Um outro factor que provavelmente terá desempenhado um papel particularmente importante ao nível das conclusões ambíguas da abordagem diferencial reside na existência de vários tipos de indivíduos vocacionalmente indecisos. Nas palavras de Sepich (1987), "(…) os resultados contraditórios na literatura podem ser o reflexo de se não tomar em consideração a especificidade do tipo de indecisão vocacional" (p. 18). A indecisão vocacional, enquanto constructo psicológico, teria uma natureza multidimensional (Betz, 1992; Forner, 2001a; Holland & Holland, 1977; Osipow & Fitzgerald, 1996; Phillips, 1992; Phillips & Pazienza, 1988; Sepich, 1987), facto susceptível de explicar os resultados confusos que nalguns casos identificam variáveis que diferenciam estudantes decididos e indecisos e noutros não (Forner & Autret, 2000; Sepich, 1987). Se aceitarmos a premissa de que é impossível englobar num único grupo os indivíduos que não conseguem decidir-se por uma determinada opção vocacional, então teremos que pressupor que as razões que explicam a indecisão podem ser de natureza muito diversa e que cada uma delas poderá apresentar características e especificidades ao nível psicológico que conviria analisar. Colocada assim a questão, o foco de interesse deixa de se centrar no *estado de indecisão*, nomeadamente na sua maior ou menor intensidade, para passar a privilegiar as *causas da indecisão*. Teremos a oportunidade de explorar mais aprofundadamente esta questão no Capítulo 4.

Um outro factor que alguns autores invocaram para um certo impasse a que a abordagem diferencial da indecisão vocacional chegou foi a reduzida sofisticação psicométrica de avaliação da indecisão vocacional (Downing & Dowd, 1988). Em muitos casos, como vimos, a classificação de decidido ou indeciso dependia de os sujeitos terem já escolhido uma área de especialização académica ou uma profissão que gostariam de exercer, embora nalguns estudos a categorização fosse mais complexa e envolvesse um maior número de grupos. Com o aparecimento da *Career Decision Scale* (CDS; Osipow *et al*., 1976) a avaliação da indecisão vocacional passou a ser realizada com uma escala com características comuns a outros instrumentos de avaliação psicológica (Osipow, 1999). A CDS serviu de inspiração para a criação de novos instrumentos de avaliação da indecisão vocacional que surgiriam posteriormente (Chartrand & Camp, 1991) e permitiu relançar significativamente a investigação neste domínio (Osipow & Winer, 1996; Watkins, Bradford, Lew & Himmell, 1986). Esta escala nasceu de um esforço de descrição de um conjunto de categorias ou tipos de indecisão vocacional, com o objectivo de ser utilizada num sistema modular de auto-avaliação e intervenção, tendo sido baseada na experiência ao nível da consulta vocacional por parte de um conjunto de investigadores liderados por Samuel Osipow. Esta circunstância sublinha a natureza empírica da sua construção em detrimento de uma opção teoricamente mais fundamentada (Osipow, 1991a; Osipow & Winer, 1996). Todavia, uma vez que os resultados das análises factoriais revelaram resultados contraditórios, assunto que desenvolveremos em capítulo posterior, a maioria dos investigadores preferiu utilizar os resultados globais da CDS e, como tal, avaliar o *grau* de indecisão em detrimento do *tipo* de indecisão, procedimento, aliás, recomendado pelo principal autor do instrumento (Osipow, 1987, 1991a, 1994).

A CDS é a escala de avaliação da indecisão vocacional mais utilizada (Harmon, 1994; Osipow & Winer, 1996; Taveira, 2000), tendo sido objecto de adaptação a populações da Europa (Dosnon, Wach, Blanchard & Lallemand, 1997; Silva, 1995) e África (Pretorius, 1991). Por este facto, possui a vantagem de ter reunido um elevado número de estudos que atestam a sua validade e fidelidade (Harmon, 1994; Osipow, 1987; Osipow & Schweikert, 1981; Osipow & Winer, 1996).[6]

---

[6] Quando mencionamos a validade e fidelidade da CDS, tal como faremos posteriormente com outros instrumentos de avaliação psicológica, estamos a pressupor que estas características não são do teste mas dos resultados que se obtêm através da sua utilização (Hogan, Benjamin & Brezinsky, 2000; Thompson & Vacha-Haase, 2000; Wilkinson &

Um outro instrumento bastante utilizado na investigação sobre a indecisão vocacional, e que apresenta fortes similitudes com a CDS, é a *Vocational Identity Scale* (VIS; Holland, Daiger & Power, 1980). A VIS faz parte de um esquema de diagnóstico mais amplo que teve como objectivo avaliar as necessidades dos clientes no âmbito da consulta vocacional. O esquema proposto conduziu ao desenvolvimento da *My Vocational Situation* que, segundo Holland *et al.*, avalia as grandes categorias onde normalmente se enquadram as dificuldades do processo de decisão vocacional: a identidade vocacional, a informação ocupacional e as barreiras contextuais. Para cada uma destas categorias foram desenvolvidas escalas, mas foi somente a que avalia a identidade vocacional que viria a conhecer uma ampla utilização ao nível da intervenção e da investigação (Holland, Johnston & Asama, 1993).

A VIS foi desenvolvida a partir de uma base teórica e uma base empírica. A primeira foi a concepção de identidade formulada por Erik Erikson (1963), susceptível de "(...) explicar e integrar muitas hipóteses e descobertas sobre o processo de decisão vocacional" (Holland, Gottfredson & Power, 1980, p. 1191). A segunda consistiu numa linha de investigação sobre a indecisão vocacional de adolescentes e jovens adultos que reuniu vários estudos e que teve como resultado a criação de dois instrumentos considerados os antecessores da VIS: a *Identity Scale* (Holland, Gottfredson & Nafziger, 1975; Holland & Holland, 1977) e a *Vocational Decision--Making Difficulty Scale* (Holland, Gottfredson & Power, 1980). A concepção de identidade vocacional que a VIS avalia assenta numa definição relativamente objectiva de identidade vocacional como:

> "(...) a posse, por parte do indivíduo, de uma imagem clara e estável dos seus objectivos, interesses, personalidade e pontos fortes. Esta característica conduz a processos de decisão relativamente isentos de problemas e à confiança na capacidade individual para tomar boas decisões perante ambiguidades ambientais inevitáveis." (Holland, Daiger & Power, 1980, p.1)

Embora a CDS e a VIS constituam dois instrumentos desenvolvidos com base em pressupostos distintos, um avaliando a indecisão vocacional

---

APA Task Force on Statistical Inference, 1999). Utilizaremos as expressões *validade* ou *fidelidade de um teste* como forma de simplificação do discurso.

propriamente dita e outro a identidade vocacional, a investigação tem demonstrado que os resultados das duas escalas apresentam consistentemente correlações negativas elevadas (Fretz & Leong, 1982; Fuqua, Seaworth & Newman, 1987; Graef, Wells, Hyland & Muchinsky, 1985; Holland et al., 1993; Johnson, Buboltz, & Nichols, 1999; Saunders et al., 2000), o que pode indiciar que provavelmente avaliam aspectos distintos do mesmo constructo. Savickas (1992) classifica estas duas escalas como instrumentos de avaliação da indecisão vocacional de primeira geração, por contraponto aos de segunda geração que abordaremos posteriormente.

O que neste momento nos parece importante salientar é o facto de a indecisão vocacional, independentemente de ser avaliada através de uma perspectiva categorial (e.g., decidido *versus* indeciso) ou através de escalas como a CDS ou a VIS, que enfatizam uma perspectiva contínua, se configurar como um constructo unidimensional no âmbito da abordagem diferencial. Não é particularmente relevante, como faz Savickas (1990, 1992, 1995a), distinguir na evolução do constructo da indecisão vocacional uma fase em que a perspectiva dicotómica era prevalecente e uma outra em que o recurso a escalas de avaliação possibilitou a distribuição dos indivíduos num contínuo que oscila entre um pólo de indecisão e um pólo de decisão. Embora esta evolução tenha tido alguma influência ao nível da investigação, como seja o facto de possibilitar a utilização de algumas análises de estatística multivariada, a percepção do fenómeno da indecisão vocacional permanece basicamente inalterada. Considerar a indecisão vocacional como uma categoria ou como um grau não altera substancialmente os dados conceptuais da questão.

Importa analisar um pouco mais aprofundadamente a centralidade e a concepção da indecisão vocacional que transparecem das investigações que descrevemos no âmbito do presente capítulo. A indecisão vocacional constitui um tópico clássico de investigação (Crites, 1969), sendo um dos constructos mais estudados no campo da psicologia vocacional (Borgen, 1991; Kelly & Lee, 2002). Quais as razões que explicam o estatuto alcançado pela indecisão vocacional como foco de interesse? Pensamos poder invocar duas razões principais. A primeira prende-se com as elevadas percentagens de estudantes que se declaram vocacionalmente indecisos, que mencionámos no capítulo anterior, nomeadamente aqueles que, no âmbito do sistema educativo americano, ingressam no ensino superior sem terem escolhido uma área de especialização académica. Desta forma, a indecisão vocacional e outros fenómenos que a ela tendem a ser associados, nomeadamente a conclusão tardia dos cursos e a desistência dos mesmos (e.g., Abel, 1966), fizeram com que os estudantes vocacionalmente indecisos passassem a fazer parte das preocupações das autoridades académicas e da agenda dos investigadores (Gordon, 1995).

De igual forma, como os estudantes com dificuldades ao nível da escolha vocacional constituem uma parte importante dos clientes dos centros de consulta psicológica em instituições americanas do ensino superior, também ao nível da intervenção a indecisão vocacional tem recebido, desde há muito, uma especial atenção (Baird, 1969; Taylor, 1982). Este último factor terá desempenhado um papel particularmente importante na percepção do estudante indeciso como uma pessoa perturbada, processo este que designamos por *enviesamento patológico*. Na realidade, durante muito tempo, a indecisão vocacional foi vista como uma característica psicológica negativa, concepção que ainda não se esbateu completamente. Na década de 50 Forer afirmava de forma muito explícita: "O indivíduo que não consegue efectuar uma decisão vocacional ou que não tem preferências é provavelmente uma pessoa desajustada no plano emocional" (citado por Crites, 1969, p. 306). O estudante indeciso é visto assim como um indivíduo imaturo, que não consegue realizar uma tarefa psicossocial importante, neste caso efectuar a escolha de um percurso académico e/ou profissional. Esta imagem negativa da indecisão vocacional traduziu-se, como tivemos a oportunidade de verificar, na escolha das variáveis e das hipóteses de investigação da maior parte das investigações que descrevemos no presente capítulo, surgindo, igualmente, em artigos de natureza teórica (e.g., Hornak & Gillingham, 1980).

É esta percepção negativa que julgamos condicionar a valorização, por vezes excessiva, das diferenças que favorecem os estudantes decididos, a decepção que alguns autores revelam ao constatar a ausência de diferenças e, em casos mais raros, a perplexidade face à constatação de resultados que favorecem os estudantes indecisos.[7] Krumboltz (1992) sin-

---

[7] Num artigo de Holland e Nichols (1964), no qual se descreve o processo de validação de uma escala de indecisão vocacional, que não seria posteriormente prosseguido, os autores, perante a constatação de que algumas das características dos estudantes indecisos poderiam ser consideradas positivas, afirmam: "No passado fomos talvez demasiado céleres a equiparar indecisão com doença, confusão e necessidade de consulta. Para algumas pessoas o desvio relativamente à escolha vocacional pode representar um ritmo lento e complexo de desenvolvimento pessoal" (p. 33).

tetizou de forma particularmente feliz esta concepção patológica ao afirmar: "A indecisão vocacional é quase tratada como uma desordem mental (...) (p. 240). De facto, alguns estudos chegaram mesmo a investigar a relação entre psicopatologia e a dificuldade em efectuar escolhas de natureza vocacional (Poreh & Schullen, 1999; Sabourin & Coallier, 1991). Se na esmagadora das investigações que se enquadram na abordagem diferencial estamos perante estudos de natureza correlacional, que não permitem extrair conclusões de natureza causal entre as variáveis em análise, podemo-nos interrogar se, levada até este extremo a associação entre desadaptação psicológica e indecisão vocacional, a própria relevância desta última enquanto constructo psicológico não poderá ser questionada.

Se a percepção da indecisão vocacional veiculada pela generalidade dos investigadores é globalmente negativa, pensamos poder identificar uma outra concepção tácita subjacente ao processo de escolha vocacional, que consiste em considerar o estado de decisão como o ideal a perseguir por qualquer indivíduo. Declarar-se vocacionalmente decidido seria, para cada pessoa, o comportamento modelo do decisor amadurecido que teria enfrentado com êxito a tarefa de efectuar uma escolha vocacional. É esta concepção que explica que em muitos programas de intervenção a indecisão vocacional constitua um índice de avaliação da eficácia (e.g., Elaad, 1993). A intervenção deveria fazer com que a indecisão vocacional diminuísse e o nível de certeza vocacional aumentasse.

Desta forma, parece ficar claro que a concepção da indecisão vocacional que a abordagem diferencial privilegia, e neste aspecto particular não será a única, como veremos posteriormente, enfatiza mais os *resultados* do que os *processos*. O estado de indecisão é considerado negativo e o de decisão positivo, mas a qualidade dos processos que subjazem a estes resultados é largamente ignorada. Assim, um indivíduo que afirma com grande convicção ter já efectuado uma escolha vocacional, mas que baseia a sua decisão em argumentos irrealistas, pouco elaborados ou condicionados por terceiros, é visto de uma forma mais positiva do que uma pessoa que, estando indecisa, se encontra activamente envolvida num processo de exploração vocacional e consegue articular de forma complexa múltiplas variáveis pessoais e contextuais que se encontra a considerar para futuramente efectuar uma escolha (Krieshok, 1998, 2001).

A ignorância dos processos em favor dos resultados, aceitando o valor facial do nível de decisão vocacional, possibilita uma leitura adicional da abordagem diferencial que julgamos relevante. Referimo-nos a um enquadramento das dificuldades de escolha vocacional no âmbito dos processos de desenvolvimento vocacional que, na esmagadora maioria dos casos, parece encontrar-se ausente do pensamento dos investigadores, quer ao nível da concepção dos estudos, quer ao nível da interpretação dos resultados. Ao considerar, implícita ou explicitamente, a escolha vocacional como um acontecimento temporalmente circunscrito, à semelhança das concepções clássicas da psicologia vocacional, as investigações que analisámos no âmbito do presente capítulo ignoram largamente os contributos das teorias vocacionais desenvolvimentistas. Talvez este facto explique, pelo menos parcialmente, a razão pela qual as metodologias longitudinais de investigação sejam virtualmente inexistentes e, ao invés, como vimos, abundem as investigações de natureza correlacional.

Existe ainda uma outra característica das investigações que não tem merecido a devida referência no âmbito das revisões efectuadas sobre a indecisão vocacional. Os estudos revistos podem considerar-se exemplos da tradição diferencial que, segundo Dawis (1992), constitui uma das linhas de evolução estruturantes da área da consulta psicológica.[8] Quando, na maioria dos casos, os estudantes vocacionalmente decididos e indecisos são comparados entre si num conjunto de variáveis que supostamente os diferenciaria, constatámos que, para a esmagadora maioria dos investigadores, a ênfase é colocada na significância estatística ao nível da investigação em detrimento da significância prática ou clínica, cuja importância tem sido enfatizada como uma necessidade incontornável na análise dos resultados ao nível das metodologias quantitativas (Kirk, 1996, 2001; Pederson, 2003; Richardson, 1996; Thompson, 1988, 1989, 2002; Trusty, Thompson & Petrocelli, 2004; Vacha-Haase, 2001; Vacha-Haase & Nilsson, 1998; Wilkinson & APA Task Force on Statistical Inference, 1999). Diversos autores têm vindo a questionar seriamente o papel da significância estatística quando analisada isoladamente, fazendo notar a relevância de uma análise mais aprofundada dos resultados estatísticos, nomeadamente através da avaliação da intensidade da associação entre variáveis dependentes e independentes, ou seja, a magnitude do efeito. Em amostras com um elevado número de indivíduos, a probabilidade de obtenção de resultados estatisticamente significativos, sem que lhes corresponda uma diferença substantiva ou prática, é muito elevada. Se bem que a discussão

---

[8] Neste caso específico, a expressão consulta psicológica pretende traduzir o termo *counseling psychology*.

sobre esta questão seja relativamente recente, sendo raro encontrar autores que a mencionem antes da segunda metade da década de 80, não deixa de ser relevante verificar que somente um número diminuto de investigadores no âmbito da abordagem diferencial apresenta índices de magnitude do efeito (e.g., Newman *et al.*, 1999) ou toma em consideração a dimensão da amostra na leitura que fazem dos resultados (e.g., Baird, 1969).[9]

A par desta situação, que está longe de constituir uma originalidade da investigação sobre a indecisão vocacional, verifica-se, igualmente, uma ênfase dos estudos nas relações lineares directas entre grupos de variáveis. Ora, estas relações podem ser mais complexas se pensarmos na existência de variáveis moderadoras ou mediadoras (Baron & Kenny, 1986). Taylor (1982), há já mais de duas décadas, afirmava que "(…) é necessária investigação sobre outras variáveis que possam moderar a predição da indecisão vocacional" (p. 328). Recentemente, alguns investigadores começaram a testar modelos, recorrendo à modelação de estruturas de covariância, que partiram deste pressuposto (Creed, Patton & Bartrum, 2004; Guay, Senécal, Gauthier & Fernet, 2003). Julgamos que este tipo de estudos poderá fazer com que a investigação sobre a indecisão vocacional conheça um novo desenvolvimento, nomeadamente se tomar em conta algumas das limitações que aqui enumerámos.

As conclusões dos estudos e os resultados por vezes pouco claros obtidos no âmbito da abordagem diferencial contribuíram para fazer emergir duas linhas de evolução que iriam marcar o constructo da indecisão vocacional e a investigação a ele associada. A primeira consistiu na associação da indecisão vocacional a um momento normativo do desenvolvimento vocacional dos indivíduos. Segundo Baird (1969), as teorias do desenvolvimento vocacional, como as de Donald Super e de David Tiedeman, embora não abordando explicitamente a indecisão vocacional, sugerem que a generalidade dos indivíduos, num determinado período do seu desenvolvimento, demonstram algum grau de indecisão vocacional.

"Por exemplo, uma pessoa que decidiu ser engenheiro mecânico quando tinha 12 anos de idade e nunca mudou de ideias tomou, possivelmente, uma decisão cedo de mais. Em contraste, um homem de

---

[9] Para sermos rigorosos teremos que referir que todas as investigações que utilizaram a regressão como principal instrumento de análise estatística apresentaram índices de magnitude do efeito, na medida em que deram conta da percentagem de variância explicada pela equação de regressão através da estatística R^2.

30 anos que ainda se encontra indeciso sobre a sua vocação tem, muito provavelmente, outros problemas. Entre estes dois extremos, todavia, existem razões plausíveis para *esperar* indecisão vocacional entre alunos finalistas do ensino secundário e estudantes dos primeiros anos da universidade. (...) Espera-se que um estudante faça a sua escolha de forma muito cuidadosa, após tomar em consideração as suas próprias capacidades, as opções disponíveis e os seus planos de vida. Assim, existem muitas razões para *esperar* que estudantes normais se encontrem indecisos acerca da sua vocação. Podemos até desejar que *alguns* estudantes se mantenham indecisos por algum tempo. " (p. 433, itálico no original)

Neste quadro a indecisão vocacional é associada, como veremos mais aprofundadamente no capítulo seguinte, a um estádio ou a um processo de exploração no âmbito do desenvolvimento vocacional.

Uma segunda linha de evolução caracterizou-se pela percepção de que os estudantes indecisos são constituídos por vários tipos distintos de indivíduos. Desta forma, partir do princípio de que a indecisão vocacional implica uma uniformidade de características individuais constituiu um erro de apreciação que terá desempenhado um papel não negligenciável na ausência de resultados consistentes. A este propósito Holland e Holland (1977) afirmam que o esforço de investigação

"(...) tem estado demasiado preocupado em encontrar um pequeno número de variáveis explícitas e muito pouco preocupado em descobrir os grandes padrões sugeridos por um vasto número de variáveis pouco definidas. Poderá ser útil considerar as pessoas indecisas como abrangendo múltiplos subtipos ao invés de um único tipo (...).” (p. 412)

Veremos, no Capítulo 4, como esta sugestão foi seguida no campo da investigação da indecisão vocacional, dando origem a uma linha de estudos particularmente profícua.

CAPÍTULO 3
A abordagem desenvolvimentista

A abordagem desenvolvimentista procurou enquadrar a indecisão vocacional no contexto do processo de desenvolvimento psicológico baseando-se nas teorias do desenvolvimento vocacional (Ginzberg, Ginsburg, Axelrad & Herma, 1951; Super, 1953, 1957) e psicossocial (Erikson, 1968; Marcia, 1966, 1980, 1987). A indecisão vocacional passou a ser associada ao processo de exploração associado à construção de projectos vocacionais consistentes e, de uma forma mais ampla, ao processo de construção da identidade. Neste capítulo descrevem-se as principais teorias desenvolvimentistas, ao nível vocacional e da identidade, que, segundo alguns autores, retiram à indecisão vocacional a conotação negativa que a abordagem diferencial enfatizou.

1. Indecisão vocacional e desenvolvimento psicológico

O constructo da indecisão vocacional, enquadrado num quadro teórico desenvolvimentista, ganha uma complexidade acrescida e a escolha vocacional passa a ser vista como uma etapa de um processo de desenvolvimento e não como um acontecimento pontual, desligado das lógicas que presidem àquele e dos modos de estruturação dos projectos sociais que o condicionam. O sujeito indeciso, de acordo com esta perspectiva, encontra-se envolvido num processo de exploração vocacional e de escolhas provisórias que antecedem um investimento mais amadurecido. Considerando a escolha vocacional como um período no decurso do desenvolvimento e não como um acontecimento isolado, a indecisão, em particular a do adolescente e do jovem adulto, configura uma situação normativa

(Baird, 1969; Dosnon, 1996; Forner, 2001b; Slaney, 1988; Taveira, 2000). Como a maioria das pessoas passa, sem dificuldades de maior, do grupo de indecisos para o grupo dos decididos, não é de esperar, nem efectivamente se encontram, diferenças muito pronunciadas entre os dois grupos ao nível de uma larga variedade de características psicológicas, como tivemos a oportunidade de evidenciar no capítulo anterior.

Quais as razões que explicam a fase de indecisão vocacional? A primeira resposta é que, neste período, o indivíduo encontra-se envolvido num processo de exploração vocacional, avaliando as suas características pessoais no confronto com determinadas áreas de formação e/ou de carácter profissional (Taveira, 2000).

Uma segunda razão que explica a indecisão de muitos indivíduos prende-se com o simples facto de não lhes ser exigido que façam uma escolha. Na investigação de Holland e Holland (1977), que referimos anteriormente, mais de 60% dos estudantes indecisos do ensino secundário e universitário apontaram como causa da sua indecisão o facto de não serem obrigados a realizar uma escolha imediatamente. Os autores concluem que "(…) uma considerável proporção de estudantes indecisos fazem aquilo que os adultos inteligentes também fazem – adiar algumas decisões até à chegada da realidade. Tal estratégia não é necessariamente estúpida, ignorante ou imatura" (p. 412).

Estas explicações, susceptíveis de explicar a indecisão vocacional de um elevado número de indivíduos remetem-nos para duas dimensões que serão posteriormente desenvolvidas. A primeira tem a ver com o papel essencial que a exploração, em particular a exploração vocacional, desempenha no processo de desenvolvimento psicológico. A segunda prende-se com a estrutura de oportunidades que condiciona quer o leque de alternativas educacionais e profissionais disponíveis, quer os momentos, socialmente determinados, nos quais os indivíduos são chamados a tomar decisões, em especial as de natureza escolar que se encontram relacionadas com a estrutura curricular dos sistemas de educação e de formação.

As consequências desta forma de analisar a indecisão vocacional alteraram profundamente a percepção que muitos investigadores desenvolveram sobre o tema. A indecisão vocacional passa a ser vista a partir de um prisma mais positivo, por comparação com o que acontecia na abordagem diferencial. Para Krumboltz (1992), uma grande parte da ansiedade que é experienciada quando se abordam as questões relacionadas com as escolhas vocacionais deriva da forte pressão social para que os indivíduos formulem planos vocacionais desde muito cedo.[1] Por isso, advoga que a conotação negativa que se associa à própria expressão *indecisão vocacional* seja substituída por um sentido positivo que dê conta do carácter de maior flexibilidade e abertura a novas experiências e possibilidades ao nível vocacional.

Hall (1992), por seu turno, invocando as teorias do desenvolvimento vocacional, salienta que ninguém deve sentir-se estigmatizado por aquilo que constitui, na realidade, um processo normal de decisão vocacional: "Ao conceptualizar a indecisão de uma forma mais ampla (e mais positiva) como exploração, nós podemo-nos abrir a formas muito mais promissoras de compreensão dos processos complexos do crescimento vocacional" (p. 250).

Grites (1981, 1983) refere, igualmente, a enorme pressão exercida por pais, professores e pares sobre os estudantes para que estes tomem rapidamente uma decisão quanto à escolha de uma área para prosseguimento de estudos. Por isso, recomenda que a intervenção vocacional com estudantes indecisos se estruture a partir de um modelo desenvolvimentista que combata o estigma negativo que a indecisão normalmente acarreta, enfatizando a necessidade de complexificar o processo de escolha vocacional através da consideração de múltiplos factores que devem integrar esse processo. Uma vez chegados a uma determinada decisão, os sujeitos podem, se eventualmente for necessário, reiniciar novo processo de decisão sem que essa situação tenha que ser necessariamente experienciada como um fracasso.

A abordagem desenvolvimentista aplicada à indecisão vocacional foi ainda pretexto para, embora muito raramente, questionar a qualidade dos processos subjacentes às escolhas dos indivíduos vocacionalmente decididos. Já no início da década de 50, Dysinger (1950) opunha-se à visão simplista que dividia os indivíduos em vocacionalmente decididos e indecisos.

"As estatísticas oferecem, por vezes, uma classificação dos jovens em dois grupos – aqueles que tomaram e aqueles que não tomaram uma decisão vocacional. Tais classificações são, na realidade, sumários de ambiguidades e são somente úteis com o objec-

---

[1] É muito comum ouvir-se adultos perguntarem a crianças *"o que é que queres ser quando fores grande?"*, o que denota uma pressão subtil que se exerce, desde muito cedo, para que os indivíduos formulem planos vocacionais.

tivo de efectuar levantamentos algo grosseiros. O grupo que ainda não tomou a decisão pode muito bem incluir muitos que efectuaram progressos louváveis no seu planeamento, enquanto que o grupo que já tomou a decisão pode incluir muitos cujo planeamento é imaturo. " (p.198)

Em síntese, nesta abordagem a incapacidade de efectuar decisões vocacionais é vista como o resultado de um processo de desenvolvimento que corresponde a um momento de exploração vocacional, de acordo com as teorias vocacionais desenvolvimentistas (Super, 1957), ou a um momento de construção da identidade vocacional, tendo em conta a abordagem psicossocial do desenvolvimento psicológico (Erikson, 1968; Marcia, 1966, 1980, 1987). São estas duas grelhas teóricas que, de seguida, iremos analisar de forma muito sucinta.

2. Desenvolvimento e indecisão vocacionais

2.1. *A teoria vocacional desenvolvimentista de Donald Super*

A teoria *life-span, life-space*, de Donald Super (Super, 1953, 1957, 1980, 1984; Super, Savickas & Super, 1996) constitui uma das importantes, abrangentes e duradouras contribuições para a psicologia vocacional (Borgen, 1991; Osipow & Fitzgerald, 1996; Salomone, 1996). A teoria foi sendo desenvolvida ao longo de mais de quatro décadas e abordou múltiplos aspectos do desenvolvimento vocacional. Segundo Harris-Bowlsbey (1984), "(...) Super analisou o tema do desenvolvimento vocacional a partir de, pelo menos, três perspectivas principais: a) o desenvolvimento do auto-conceito; b) os estádios de vida e as tarefas desenvolvimentais que constituem a carreira; c) a amplitude e a riqueza da carreira" (p. 147). A análise da teoria de Super em toda a sua complexidade ultrapassa os objectivos do presente trabalho. Assim, tendo em conta que o nosso tema central é a indecisão vocacional, iremos cingir-nos à temática dos estádios do desenvolvimento vocacional.

Inspirado no trabalho da psicóloga Charlotte Büehler, Super propôs uma evolução do desenvolvimento vocacional ao longo de vários estádios.

Nas suas próprias palavras: "(...) eu usei o conceito de estádios de vida para sublinhar as tarefas desenvolvimentais que tendem a ser dominantes em certas idades, tais como as da infância, adolescência e início da idade adulta" (Super, 1982, p. 255). Um desenvolvimento mais harmonioso para o indivíduo pressupõe a resolução com sucesso das tarefas desenvolvimentais associadas a um determinado estádio, situação que potencia favoravelmente a resolução das tarefas que lhes sucedem no contínuo desenvolvimental.

A teoria de Super descreve cinco estádios de desenvolvimento vocacional. O primeiro estádio, associado à infância, designa-se *crescimento*. Neste período, cada indivíduo confronta-se com várias tarefas: tornar-se consciente e preocupado sobre o seu futuro pessoal como trabalhador; aumentar o seu controlo pessoal sobre a sua própria vida; desenvolver atitudes e hábitos produtivos relacionados com o trabalho; finalmente, aumentar a sua confiança no desempenho de tarefas e na tomada de decisões.

O segundo estádio, *exploração*, corresponde à adolescência e início da idade adulta. No decurso deste estádio, particularmente importante no quadro da compreensão da indecisão vocacional, a primeira tarefa a dominar é a *cristalização*. Explorando de forma ampla o mundo vocacional, o indivíduo começa a desenvolver e a consolidar algumas ideias sobre formas específicas através das quais se poderá integrar como membro activo no mundo do trabalho. A segunda tarefa corresponde à *especificação* de uma escolha profissional, que resulta de um processo de amadurecimento do auto-conceito. Segue-se, finalmente, a *implementação* desse auto-conceito, ou seja, a tradução da percepção do indivíduo relativamente às suas características pessoais num determinado projecto de carreira, o que implica uma formação específica, mais ou menos formal, e o início do desempenho de uma profissão.

A investigação sobre o estádio de exploração ocupou uma parte importante da investigação de Super e dos seus colaboradores. O objectivo era o de estudar aprofundadamente os processos através dos quais aumentava a capacidade de realizar escolhas vocacionais amadurecidas. Ao nível da adolescência e início da idade adulta, esta capacidade foi designada *maturidade vocacional*, revelando-se particularmente profícua a investigação em torno deste constructo.

O estádio seguinte, que corresponde à primeira fase da idade adulta, é o da *consolidação*. No decurso deste estádio o indivíduo defronta-se com a tarefa de *estabilização*, que consiste na assimilação de uma determinada cultura organizacional e na realização de tarefas profissionais de acordo com determinados padrões; com a tarefa de *consolidação*, que consiste no desenvolvimento de atitudes e hábitos positivos relativamente ao trabalho, assim como no estabelecimento de boas relações pessoais ao nível profissional; por fim, confronta-se com a tarefa de *avanço*, relacionada com o desempenho de funções de maior responsabilidade e exigência.

Na segunda fase da idade adulta o indivíduo entra no estádio de *manutenção*. Este estádio implica que a pessoa questione a sua carreira profissional, nomeadamente o seu desejo e motivação para continuar a exercer a profissão que desempenha até ao fim da sua vida activa ou, em contrapartida, a possibilidade de entrar num período de transição vocacional. Se a opção escolhida for a primeira, existem três tarefas desenvolvimentais a dominar. A primeira é *sustentar* uma determinada posição profissional num quadro de exigências familiares e profissionais acrescidas. A segunda é *actualizar* os saberes e as competências profissionais de forma a manter um nível adequado de competitividade. A última tarefa consiste em *inovar*, ou seja, realizar as tarefas profissionais anteriormente desempenhadas de uma forma diferente, realizar novas tarefas e encontrar novos desafios. Estas três tarefas desenvolvimentais podem ser vistas como três estilos distintos de lidar com o estádio de manutenção (Savickas, 2002).

No decurso do último estádio de desenvolvimento, designado *declínio* ou *desinvestimento*, o indivíduo começa a experienciar uma desaceleração do nível de investimento na sua profissão, que se traduz num menor ritmo de realização das tarefas profissionais e, eventualmente, na delegação de tarefas a colegas mais jovens. Finalmente, a pessoa começa a perspectivar a sua reforma, que posteriormente concretiza, abandonando o papel de trabalhador.

O modelo vocacional que descrevemos é designado na teoria de Super por *maxi-ciclo* e corresponde à sequência longitudinal que marca a sucessão de estádios. Todavia, esta sucessão linear de estádios descreve uma carreira-tipo, que retrata melhor o género masculino e os estratos socioeconómicos mais elevados. Para dar conta da não-linearidade subjacente às carreiras de alguns indivíduos, Super introduziu o conceito de *mini-ciclo* na revisão que apresentou da sua teoria no decurso dos anos 80 (Super, 1984). Sempre que alguém enfrenta uma transição entre estádios de desenvolvimento (do estádio de estabelecimento para o estádio de manutenção, por exemplo) ou uma mudança significativa na sua vida profissional (abandonar uma determinada profissão e enveredar por outra), passaria novamente por um ou mais estádios do maxi-ciclo.[2]

As sociedades contemporâneas implicam, ao nível do mundo do trabalho, um muito maior número de transições, por comparação com o que ocorria no passado. A capacidade de adaptação que actualmente se exige para enfrentar as mudanças ao nível da vida profissional, crescentemente mais instável, levou Super (1984) a designar por *adaptabilidade vocacional* a capacidade de lidar com as tarefas vocacionais normativas e não normativas que as populações adultas têm que enfrentar, constructo que tem vindo a ganhar uma importância crescente na psicologia vocacional (Savickas, 1997a, 2005; Super *et al.*, 1996).

O modelo vocacional que revimos dá conta da sequência geral do desenvolvimento vocacional dos indivíduos. Uma outra dimensão que importa considerar, e que Super (1957) analisou com detalhe na sua mais conhecida obra, *The Psychology of Careers*, é o de *padrão vocacional*, conceito que teve a sua origem na sociologia, mais especificamente no âmbito da investigação sobre a mobilidade profissional. Por padrão vocacional entende-se a sequência de profissões que o indivíduo experimenta ao longo da sua vida activa. Os padrões vocacionais distinguir-se-iam pelo seu grau de estabilidade. Actualmente, num clima de rápida mudança económica, social e tecnológica, o número de pessoas que experimentam padrões vocacionais mais instáveis tem vindo a crescer (Super, 1984). Assim, estes padrões, que no passado eram, na maioria dos casos, associados a processos de ajustamento vocacional menos conseguidos, são hoje percepcionados como normais e potencialmente reveladores de índices mais expressivos de adaptabilidade vocacional.

A teoria de Super não aborda especificamente o constructo da indecisão vocacional. Todavia, tendo em conta a descrição que atrás fizemos, é razoável pensar que a dificuldade em tomar decisões vocacionais coincide com o estádio da exploração, específico dos adolescentes e jovens adultos, ou com a exploração vocacional que se verifica quando indivíduos adultos enfrentam uma transição vocacional (Smart & Peterson, 1997). A escolha vocacional, de acordo com o enquadramento desenvolvimentista proposto por Super, não constitui um acontecimento isolado.

---

[2] Para uma apreciação crítica da teoria de Super, em particular desta articulação entre maxi-ciclos e mini-ciclos ver Salomone (1996).

Nas suas próprias palavras: "(…) a decisão vocacional tende a ser uma série de mini-decisões de vários graus de importância" (Super, 1984, p. 206).

Assim, de acordo com a abordagem desenvolvimentista, em particular com aquela que foi proposta por Super, a indecisão poderá ser explicada tendo em conta o desenvolvimento vocacional. Se os adolescentes e jovens adultos se encontram envolvidos num processo de exploração vocacional, então será de esperar que os seus projectos sejam pouco elaborados e o nível de indecisão vocacional elevado. Mas esse é o custo inevitável de uma decisão futura que se pretende amadurecida. Se a escolha vocacional depende de um processo de desenvolvimento no qual a exploração vocacional desempenha um papel central, então a indecisão vocacional constitui o resultado inevitável, mas apropriado e potencialmente benéfico, se coincidir com a exploração do *self* e do meio que permita alicerçar futuras decisões. O mesmo se pode afirmar no que respeita aos adultos em períodos de transição vocacional.

2.1.1. Estudos empíricos

Tivemos a oportunidade de referir que a teoria desenvolvimentista de Donald Super não articula a indecisão vocacional no quadro mais vasto dos seus postulados teóricos. De facto, a maior parte das teorias vocacionais desenvolvimentistas remete o constructo da indecisão vocacional para uma posição algo periférica (Kelly & Lee, 2002). Esta situação, todavia, não impediu que alguns autores tivessem realizado investigações transversais e longitudinais sobre a indecisão vocacional, com o objectivo de estudar a sua evolução, tomando como ponto de partida um quadro desenvolvimentista.

Neice e Bradley (1979) analisaram a variação da indecisão vocacional recorrendo a um conjunto de cinco grupos de estudantes que frequentavam diferentes níveis de ensino, desde o 9.º ano de escolaridade até ao ensino superior. A conclusão da investigação foi a de que "(…) a idade era um factor extremamente importante na certeza vocacional. À medida que a idade aumentava, existia uma tendência excepcionalmente forte para aumentar o nível de certeza. Esta conclusão está de acordo com as predições dos teóricos desenvolvimentistas" (p. 275).

Numa investigação transversal mais recente, Patton e Creed (2001) avaliaram a evolução da maturidade vocacional e da indecisão vocacional numa amostra de estudantes australianos que frequentavam turmas do 8.° ao 12.° anos de escolaridade. No que respeita à maturidade vocacional, verificou-se uma evolução que traduzia uma relação linear positiva com a idade. Contudo, o mesmo não se passava com a indecisão vocacional, sendo o padrão evidenciado muito complexo. A indecisão diminuía dos 12 para os 14 anos, crescendo seguidamente até à idade dos 17 anos, aumento este verificado unicamente na subamostra feminina. Esta oscilação dos valores da indecisão vocacional, que traduz uma evolução não linear, por contraponto com a que se verificou com a maturidade vocacional, parece traduzir, segundo os autores, a influência da estrutura do sistema educativo e dos consequentes pontos de decisão impostos aos estudantes. Quanto mais distante se encontram estes pontos de decisão, menor era o grau de indecisão vocacional. Quando se aproximavam os momentos de efectuar escolhas de natureza educacional, ditadas pela estrutura curricular, o nível de indecisão aumentava.

Numa outra investigação de metodologia transversal, Watson, Creed e Patton (2003) compararam a indecisão vocacional evidenciada por estudantes australianos e sul-africanos que frequentavam turmas do 8.° ao 12.° anos de escolaridade. No que respeita aos estudantes australianos, verificou-se que os alunos do 9.° e 10.° anos de escolaridade apresentavam níveis mais baixos de indecisão vocacional relativamente aos seus colegas do 12.° ano. Quanto à subamostra sul-africana constatou-se que os estudantes do 8.° e do 11.° anos apresentavam níveis mais baixos de indecisão vocacional do que os estudantes do 12.° ano. Comparando a indecisão vocacional dos estudantes dos dois países, verificou-se que os estudantes sul-africanos eram vocacionalmente mais indecisos do que os seus colegas australianos, principalmente ao nível dos rapazes.

A oscilação dos níveis de indecisão vocacional revelou, à semelhança da investigação anterior, um padrão complexo. Não se encontrou uma diminuição linear da indecisão vocacional e, em ambas as subamostras, os estudantes vocacionalmente mais indecisos foram os do 12.° ano. Parece, assim, que o ano terminal do ensino secundário, com a possibilidade de prosseguimento de estudos ou de ingresso na vida activa, aumenta os níveis de incerteza relativamente aos planos vocacionais.

As investigações de carácter transversal possuem limitações que se encontram há muito diagnosticadas e que podem ser parcialmente ultrapassadas mediante o emprego de metodologias longitudinais (Sprinthall & Sprinthall, 1993). No campo da psicologia vocacional, para além do clássico *Career Pattern Study*, cujo principal responsável foi Donald Super, não se realizaram muitos estudos de natureza longitudinal.[3] No campo específico da indecisão vocacional referenciamos uma única investigação longitudinal. Trata-se de um estudo conduzido por Watson e Stead (1994), no decurso de um período de dois anos, com alunos que, no primeiro momento de observação, se encontravam no 8.°, 9.° e 10.° anos de escolaridade. Os autores observaram que se notava uma tendência para um menor nível de indecisão vocacional, embora as diferenças entre os resultados fossem pouco expressivas. Assim, verificava-se um decréscimo do 8.° para o 10.° ano de escolaridade e deste último para o 12.° ano. Todavia, não se registaram diferenças entre os valores de indecisão vocacional entre os alunos do 9.° e 11.° ano, o que levou os autores a concluir que a arquitectura do sistema educativo, nomeadamente ao nível curricular, poderá exercer uma influência no desenvolvimento vocacional dos alunos do ensino secundário, em especial a que se expressa através do nível de certeza relativamente aos seus planos vocacionais.

O conjunto de investigações que abordámos tem uma particularidade que merece ser realçada: a indecisão vocacional foi sempre avaliada com a CDS (Osipow *et al.*, 1976), circunstância que facilita a comparação dos resultados das investigações. Com a excepção do estudo de Neice e Bradley (1979), a evolução conjunta da idade e da indecisão vocacional apresenta um padrão complexo e não linear. Os valores da indecisão vocacional revelam oscilações, traduzindo o que, na interpretação dos autores, parece ser a influência dos contextos de vida no desenvolvimento e comportamento vocacionais. Se tomarmos em linha de conta a multidimensionalidade dos factores causais que explicam o desenvolvimento vocacional, esta variação não é particularmente surpreendente, excepto se, como afirmam Vondracek *et al.* (1983), nos reclamarmos de " (…) teorias vocacionais relativamente simplistas que parecem ver os processos de desenvolvimento como unitários e cumulativos" (p. 193).

Em particular, a arquitectura do sistema educativo, ao confrontar os indivíduos com momentos de diversificação curricular, que implicam escolhas de natureza educacional, e de transição, parece condicionar o nível de certeza que os alunos experienciam relativamente aos seus planos educacionais e profissionais. Se o desenvolvimento psicológico nunca se

---

[3] Excepções podem ser encontradas em Jepsen (1975), Jepsen e Choudhuri (2001) e Helwig (2004).

processa num vácuo social, o desenvolvimento vocacional tem talvez a particularidade de assentar numa estrutura educacional e ocupacional que impõe aos indivíduos momentos em que a escolha é praticamente incontornável. E estes momentos constituem, como afirmam Schulenberg, Shimizu, Vondracek e Hostetler (1988), "(...) oportunidades para a indecisão vocacional (...)" (p. 64).

2.2. Desenvolvimento psicossocial e indecisão vocacional

O desenvolvimento vocacional foi analisado, com especial ênfase, a partir da década de 80, tendo como principal quadro teórico integrador a perspectiva psicossocial do desenvolvimento humano baseado na teoria de Erik Erikson (1963, 1968) e no modelo de estatutos da identidade propostos por James Marcia (1966, 1980, 1987). Nalguns casos, que analisaremos posteriormente, uma das variáveis específicas analisadas foi a indecisão vocacional.

Erikson (1963, 1968) foi o autor de uma das mais importantes teorias psicológicas desenvolvimentistas. Ele propôs que no decurso do ciclo de vida humano o desenvolvimento se processa de acordo com um *princípio epigenético* que estrutura o desenrolar de vários estádios de vida segundo um determinado plano. Cada um dos estádios reflecte uma interacção, com características próprias, entre os indivíduos e as estruturas sociais mais amplas que constituem o contexto de vida no qual aqueles se desenvolvem. Esta interacção, que constitui "(...) o princípio cardeal das ideias de Erikson sobre o desenvolvimento" (Sprinthall & Collins, 1994, pp. 195-196), implica uma crise relacionada com as tarefas desenvolvimentais que o indivíduo enfrenta em cada momento. Se a crise for resolvida com sucesso, então o indivíduo encontra-se mais bem preparado para enfrentar as crises dos estádios seguintes. Deve salientar-se que *crise*, no contexto eriksoniano, tem um significado preciso que devemos ter presente: "[A palavra] crise é aqui usada num sentido desenvolvimental para expressar não uma ameaça de catástrofe, mas um ponto de viragem, um período crucial de vulnerabilidade crescente e de potencial aumentado (...)" (Erikson, 1968, p. 96).

O conjunto dos estádios propostos por Erikson (1963, 1968) organiza-se em torno de orientações polares (positiva *vs.* negativa) que configuram momentos de crise, no sentido atrás definido. Uma resolução bem sucedida de cada uma das crises configura um predomínio da orientação positiva face à negativa, originando a emergência de um conjunto de *virtudes básicas*. Cada estádio pressupõe, assim, o confronto com um conjunto de tarefas de desenvolvimento que implicam uma síntese do ego que mobiliza dimensões biológicas, psicológicas e sociais num determinado enquadramento histórico-social.

Cronologicamente, os estádios e as virtudes associadas são os seguintes: confiança *vs.* desconfiança (esperança), autonomia *vs.* vergonha/ /dúvida (vontade), iniciativa *vs.* culpabilidade (propósito), realização *vs.* inferioridade (competência), identidade *vs.* confusão de papéis (fidelidade), intimidade *vs.* isolamento (amor), generatividade *vs.* estagnação (solicitude) e integridade *vs.* desespero (sabedoria).

O conceito de identidade ocupa um lugar central na obra de Erikson. Para poder responder aos desafios inerentes à construção da identidade, a generalidade dos adolescentes são confrontados com um período de moratória psicossocial no decurso do qual constroem a sua identidade em vários domínios (profissão, ideologia política, valores, etc.). Este período decorre, numa parte dos casos, pelo menos, num contexto mais amplo que possibilita e, idealmente, promove nos adolescentes a possibilidade de experimentação de papéis (escola, família, etc.). É o que Erikson designa por *moratória institucionalizada*.

No contexto da teoria eriksoniana a definição de identidade é rica e, simultaneamente, complexa. Em *Identity: Youth and Crisis*, um dos mais conhecidos livros de Erikson, o autor apresenta-nos a seguinte definição:

> "(…) a identidade inclui, embora não se restrinja, o conjunto de todas as sucessivas identificações dos primeiros anos, quando a criança queria ser, e muitas vezes era forçada a ser, como as pessoas das quais dependia. Identidade é um produto único, que agora se depara com uma crise para resolver a partir de novas identificações com pares da mesma idade e com figuras proeminentes fora da família." (p. 87)

As riquíssimas elaborações sobre a identidade que podemos encontrar na obra de Erikson configuram um conceito complexo e multidimensional que dificilmente se deixa reduzir a uma única definição. Quatro perspectivas tendem a evidenciar-se nas definições da identidade que são apresentadas: 1) um sentido consciente de identidade individual; 2) um esforço inconsciente para manter a continuidade do carácter da pessoa;

3) um trabalho ao nível da síntese do ego; 4) finalmente, uma solidariedade sentida e expressa para com a identidade e os ideais de um grupo.

Foram vários os autores que viram na teoria de Erikson um quadro teórico particularmente importante para compreender mais aprofundadamente o desenvolvimento vocacional. Munley (1977), por exemplo, sustentou que a teoria do desenvolvimento psicossocial pode ser particularmente importante para a psicologia vocacional pelo facto de perspectivar uma abordagem global do desenvolvimento humano que enquadra o desenvolvimento vocacional. Simultaneamente, ao tomar em linha de conta os factores sociais e culturais que interagem com o indivíduo no decurso do seu desenvolvimento, a teoria de Erikson possibilita uma integração mais natural de variáveis sociais e antropológicas que condicionam o desenvolvimento vocacional.

Munley (1977) assinala ainda uma outra contribuição da teoria de Erikson para o campo da psicologia vocacional, que se relaciona com o conceito de identidade, provavelmente o mais conhecido da sua teoria. Dificuldades relativas às escolhas vocacionais, nomeadamente as que se verificam nos casos de indecisão vocacional, podem reflectir dificuldades no processo de construção da identidade, tarefa central da adolescência. O próprio Erikson (1968) afirmou que, geralmente, "(...) é a incapacidade em estabelecer uma identidade ocupacional que mais perturba os jovens" (p. 132). Galinsky e Fast (1966), por seu turno, realçaram a centralidade do domínio vocacional no quadro mais amplo do processo de construção da identidade, ao referir que "(...) um dos caminhos mais rápidos através do qual são expressas as preocupações relativas à identidade é o processo de realizar uma escolha vocacional" (p. 89).

Mais recentemente, outros autores defenderam que a convergência entre a psicologia vocacional e a psicologia da identidade constitui uma matéria que merece ser considerada seriamente pelos investigadores de ambas as disciplinas (Blustein, 1994; Blustein & Noumair, 1996; Raskin, 1994; Taveira, 2000; Vondracek, 1992, 1994). Seria, inclusive, do interesse estratégico da psicologia vocacional, com o objectivo de aumentar a sua visibilidade e importância, reforçar a sua ligação a outras áreas da psicologia, em especial as que enfatizam uma perspectiva desenvolvimentista ao longo do ciclo de vida (Vondracek, 2001). A teoria do desenvolvimento psicossocial constitui uma das possibilidades mais óbvias.

O trabalho de James Marcia (1966, 1980, 1987) sobre o desenvolvimento da identidade baseou-se na teoria de Erikson. Marcia (1980) conceptualizou a identidade como uma estrutura do *self* auto-construída, ou seja, como "(...) uma organização dinâmica de pulsões, capacidades, crenças e história individual" (p. 159). Ele analisou o constructo da identidade tendo por base dois processos psicológicos fundamentais: a *exploração* e o *investimento* (Marcia, 1966). Por exploração, designada originalmente por crise, entende-se o processo de análise e ponderação entre várias alternativas possíveis, como seja, por exemplo, ao nível do domínio vocacional. O investimento pressupõe uma adesão a um determinado objectivo ou princípio, assim como o desencadear de acções concretas para implementar projectos e escolhas ou agir de acordo com esses mesmos objectivos ou princípios.

Marcia (1966, 1980, 1987) propôs uma tipologia de estatutos de identidade tendo em conta a presença ou ausência dos já referidos processos de exploração e investimento. Pretendeu, desta forma, operacionalizar a avaliação da identidade baseando-se num aspecto específico da teoria de Erikson (Waterman, 1999). Os indivíduos que experimentaram um período de exploração de alternativas e apresentem investimentos consistentes integram o estatuto de *identidade construída*. Aqueles que se encontram activamente envolvidos num processo de exploração sem, contudo, evidenciarem investimentos, pertencem ao estatuto de *identidade moratória*. Os indivíduos que apresentam investimentos sem terem passado previamente por uma fase de exploração, normalmente fortemente condicionados pelos pais ou figuras de tipo parental, pertencem ao estatuto de *identidade outorgada*. Por fim, nos casos em que não se verifica nem exploração nem investimento, fala-se do estatuto de *identidade difusa*.

Marcia (1966) começou por explorar os domínios ocupacional e ideológico, avaliando a presença ou ausência de exploração e investimento através da utilização de uma entrevista semi-estruturada, a *Identity Status Interview*. Posteriormente, outros autores incluíram domínios adicionais susceptíveis de aumentar a compreensão relativamente à formação da identidade nas mulheres: os papéis de género, atitudes relativamente à sexualidade e perspectivas sobre o casamento e a parentalidade.

O modelo de estatutos de identidade afirmou-se como uma das mais importantes teorias que, ao longo de quatro décadas de existência, inspirou mais investigações no campo da psicologia do desenvolvimento, contando-se por centenas os estudos que se desenvolveram em seu torno (Kroger, 1996, 2000; Waterman, 1999). De uma forma genérica, a investigação em torno dos estatutos da identidade tem revelado resultados consistentes com a teoria, demonstrando que os indivíduos distribuídos pelos diversos estatutos se diferenciam num conjunto de características psicológicas (Costa, 1991; Kroger, 1996; Marcia, 1980; Waterman, 1999). É necessário ter presente que os estatutos de identidade devem ser vistos como o resultado de um processo dinâmico de construção da identidade e que uma evolução de um estatuto para outro não só é comum, como constitui um dos principais tópicos de investigação sobre a identidade (Costa, 1991; Waterman, 1999).

Também importante é o facto de os indivíduos poderem ser classificados em diferentes estatutos consoante os domínios avaliados (Waterman, 1999). Esta possibilidade abriu caminho para se investigar mais especificamente determinados domínios da identidade. Em particular, no campo da psicologia vocacional, tem vindo a ser preconizada e concretizada a utilização do modelo de estatutos de identidade aplicado ao domínio vocacional (Dellas & Jernigan, 1981; Melgosa, 1987; Taveira & Campos, 1987). No campo da consulta, por exemplo, Raskin (1989) propôs que a intervenção tomasse em linha de conta o estatuto de identidade vocacional dos clientes de forma a providenciar uma resposta adequada ao seu nível de desenvolvimento e às suas necessidades específicas.[4]

2.2.1. *Estudos empíricos*

Enquadrando o desenvolvimento vocacional no âmbito mais amplo do desenvolvimento psicossocial, em especial o relacionado com a construção da identidade, foram vários os autores que desenvolveram investigações procurando aprofundar a comunalidade subjacente aos dois domínios do desenvolvimento. Munley (1975), por exemplo, constatou que estudantes universitários com escolhas vocacionais ajustadas demonstravam uma resolução mais favorável das seis primeiras crises do modelo desenvolvimentista de Erikson (1968), enquanto que os sujeitos indecisos revelaram uma resolução menos favorável dessas mesmas crises. Utilizando um instrumento que avaliava especificamente a dimensão da identidade, o autor verificou ainda que o grupo de estudantes com escolhas

---

[4] Taveira (2000) e Taveira e Moreno (2003) apresentaram, igualmente, um conjunto de sugestões de intervenção ao nível da consulta vocacional que toma em linha de conta, entre outras variáveis, o estatuto de identidade vocacional.

vocacionais ajustadas apresentava uma resolução mais favorável da crise da identidade do que o grupo de estudantes indecisos. De igual forma, os indivíduos que apresentavam resultados mais elevados de maturidade vocacional eram, igualmente, aqueles que tinham resolvido com mais sucesso as seis primeiras crises de desenvolvimento até à adolescência. Finalmente, os sujeitos com níveis elevados de maturidade vocacional evidenciavam uma resolução mais favorável da crise da identidade.

Savickas (1985), por seu turno, procurou avaliar até que ponto a identidade vocacional, avaliada com a VIS (Holland *et al.*,1980), se relacionava com a formação da identidade e com o nível de desenvolvimento vocacional. Com uma amostra de estudantes universitários verificou que a identidade vocacional se relacionava quer com o nível de desenvolvimento vocacional, avaliado nas dimensões de cristalização, especificação e implementação vocacionais, quer com o nível de desenvolvimento da identidade. A identidade vocacional emergiu, assim, como um constructo unificador entre o desenvolvimento vocacional e o desenvolvimento psicossocial.

Uma investigação de Blustein e Phillips (1990) analisou as relações entre os estatutos de identidade, a partir do modelo de Marcia (1966, 1980, 1987), e os estilos de tomada de decisão. Estes últimos foram conceptualizados a partir da tipologia de Johnson (1978), cujas características já assinalámos no capítulo anterior, e a tipologia de Harren (1979), também já descrita, que considera a existência de três estilos de decisão: racional, intuitivo e dependente.

Os resultados desta investigação, que recorreu a uma correlação canónica, permitiram verificar que o estatuto de identidade construída tendia a aparecer associado ao estilo racional, enquanto que o estatuto de identidade outorgada se encontrava associado ao estilo dependente. Simultaneamente, o estatuto de identidade difusa aparecia associado a estratégias dependentes e intuitivas e encontrava-se inversamente associado ao estilo racional. Os sujeitos classificados no estatuto de identidade moratória encontravam-se modestamente associados aos estilos intuitivo e dependente.

Quanto à tipologia de Johnson (1978), os resultados encontrados foram consistentes com os anteriores. O estatuto de identidade construída aparecia associado ao estilo sistemático de recolha de informação e ao estilo interno de processamento da mesma. Os estatutos de identidade outorgada e difusa não se encontravam associados a estes estilos. Estes resultados sugerem que os estilos de decisão adoptados pelos sujeitos se encontram relacionados com determinados padrões de desenvolvimento psicológico, reforçando a pertinência de considerar o estatuto da identidade no quadro da consulta vocacional, tal como propôs Patrícia Raskin (1989, 1994) de forma oportuna e detalhada.

Foi neste quadro de investigação das relações entre o desenvolvimento vocacional e o desenvolvimento psicossocial, que a indecisão vocacional foi escolhida como uma variável de análise. Um dos primeiros estudos que procuraram investigar a relação entre o desenvolvimento psicossocial e a indecisão vocacional foi o de Weyhing, Bartlett e Howard (1984). Estes autores analisaram a relação entre o nível de indecisão vocacional, por um lado, e a qualidade da resolução das crises de realização *versus* inferioridade, identidade *versus* difusão de identidade e de intimidade *versus* isolamento, por outro. Para avaliar o nível de desenvolvimento psicossocial foram utilizados dois instrumentos: um avaliava a qualidade da resolução das crises já referidas e outro dizia respeito especificamente à qualidade da resolução da crise da identidade. Os resultados permitiram verificar a existência de correlações significativas entre o nível de indecisão vocacional e as várias subescalas que avaliavam as variáveis de natureza psicossocial: a resoluções mais conseguidas nos vários momentos de crise postulados pelo modelo de Erikson (1968) correspondiam níveis mais baixos de indecisão vocacional.

A análise dos resultados incluiu, ainda, a comparação do nível de indecisão vocacional entre grupos formados pelos sujeitos colocados nos quartis superior e inferior no que respeita às variáveis psicossociais em análise. Todos os resultados indicaram que os indivíduos que se encontravam nos quartis superiores, denotando um maior nível de desenvolvimento psicológico, apresentavam níveis inferiores de indecisão vocacional, quando comparados com os sujeitos nos quartis inferiores. A única excepção dizia respeito à qualidade da resolução da crise da intimidade *versus* isolamento. Weyhing *et al.* (1984) concluíram que o desenvolvimento vocacional ocorre no âmbito de uma moldura desenvolvimentista mais ampla e que, nalguns casos, a indecisão vocacional pode ser o resultado de uma resolução menos conseguida das crises de realização *versus* inferioridade e identidade *versus* difusão de identidade.

Uma outra investigação de Gordon e Kline (1989) procurou analisar a relação entre os estatutos de identidade, a partir do modelo de estatutos de Marcia (1966, 1980, 1987), e a indecisão vocacional. Em princípio, seria de admitir que a indecisão vocacional fosse diferente consoante o estatuto de identidade em causa: mais elevada nos estatutos de identidade moratória e difusa do que nos estatutos de identidade construída ou outorgada (J. E. Marcia, comunicação pessoal, 12 de Dezembro de 2000). Gordon e Kline recorreram a uma amostra de estudantes universitários formada por duas subamostras: uma de estudantes decididos, uma vez que já tinham escolhido uma área de especialização académica, e outra de indecisos. A análise dos dados permitiu verificar que estes últimos apresentavam resultados mais elevados no estatuto de identidade moratória. No caso dos estudantes decididos, o estatuto de identidade realizada era o mais comum. Não se encontraram diferenças significativas entre os dois grupos no que respeita aos estatutos de difusão de identidade e de identidade outorgada.

Uma investigação de Vondracek, Schulenberg, Skorikov, Gillespie e Wahlheim (1995) tentou, de igual forma, analisar a relação entre os estatutos de identidade e a indecisão vocacional. Utilizando uma amostra de estudantes que incluía alunos do 7.° ao 12.° anos de escolaridade, os autores verificaram que o nível de indecisão vocacional variava consoante os diversos estatutos de identidade. Os indivíduos integrados no estatuto de identidade realizada apresentavam o nível mais baixo de indecisão vocacional e os sujeitos classificados como pertencendo ao estatuto de identidade difusa o nível mais elevado. O nível intermédio era ocupado pelos estatutos de identidade outorgada e moratória, que não evidenciaram diferenças estatisticamente significativas.

Em síntese, esta linha de pesquisa parece providenciar alguma sustentação empírica para os autores que defendem existir uma ampla margem de convergência entre o desenvolvimento psicossocial e o desenvolvimento vocacional que urge explorar e aprofundar ao nível da investigação e ao nível da intervenção. Em particular, o desenvolvimento da identidade, nomeadamente o articulado no modelo de estatutos da identidade de James Marcia, pode servir de quadro integrador para estudar de forma mais aprofundada a qualidade das decisões vocacionais. Apesar da provável natureza recíproca entre identidade global e identidade vocacional, há quem sustente que esta última "(...) parece ser a força motriz por detrás do desenvolvimento da identidade" (Skorikov & Vondracek, 1998, p. 17).

2.3. Outras teorias desenvolvimentistas

Outros autores reclamaram também um enquadramento desenvolvimentista para analisar a indecisão vocacional. Todavia, ao contrário daqueles que revimos anteriormente, apoiaram-se numa perspectiva teórica mais eclética. Gordon (1981), por exemplo, sublinhou a pertinência de se analisar e intervir na indecisão vocacional à luz das teorias do desenvolvimento psicológico, propondo uma integração das teorias de Super (1957), Tiedeman e O'Hara (1963) e de Perry (1970). As teorias de Super (1957) e de Tiedeman e O'Hara (1963) permitiriam compreender quais as grandes tarefas a realizar no plano vocacional e quando é que socialmente se espera que elas sejam enfrentadas. A teoria de Perry (1970), por seu turno, seria útil para perceber como e quando os sujeitos se encontram preparados, no plano do seu desenvolvimento psicológico, para realizar essas tarefas. O facto de um estudante se encontrar decidido quanto ao seu futuro vocacional não constitui uma situação positiva *per se*. Segundo Gordon, existem "(...) muitos estudantes decididos (...) que necessitam do mesmo tipo de aconselhamento e intervenção disponibilizados aos indecisos" (p. 438), opinião corroborada por estudos de natureza empírica (Goodson, 1981; Newman, Fuqua & Minger, 1990).

Peterson e McDonough (1985), numa posição algo similar, invocaram os quadros teóricos de Erikson (1968) e de Perry (1970) para sustentar uma abordagem desenvolvimentista que estruture uma intervenção vocacional junto de estudantes universitários. Chamando a atenção para a multiplicidade de tipos que podem ser encontrados nesta população, os autores fazem uma distinção particularmente importante entre resultados e processos: "É importante verificar como é que os estudantes chegam a uma área de especialização académica em vez de simplesmente aceitar a escolha ao nível do seu valor facial" (p. 66).

Dowing e Dowd (1988), por sua vez, propuseram, de igual forma, que a investigação e a intervenção sobre a indecisão vocacional devem tomar em linha de conta os estatutos de identidade dos indivíduos, colocando em plano de evidência a importância do modelo desenvolvimentista de Erikson (1968) e de Marcia (1966, 1980, 1987). A teoria de desenvolvimento vocacional de Super (1953, 1957, 1980, 1984) e o modelo de tomada de decisão de Harren (1979) constituem, para estes autores, duas outras teorias susceptíveis de permitir um enquadramento teórico sólido que possibilite, por um lado, uma compreensão mais aprofundada do fenómeno da indecisão vocacional e, por outro, que evite intervenções uniformes com clientes que, na realidade, apresentam necessidades muito diferentes.

3. Síntese e conclusões

No âmbito da abordagem desenvolvimentista, a indecisão vocacional começou a ser percepcionada como uma situação normativa do desenvolvimento e não como um estado psicológico indesejável, revelador de imaturidade, sobre o qual urge intervir. A indecisão vocacional tende a emergir como uma situação inevitável e necessária no âmbito do desenvolvimento.

A indecisão, um pouco à semelhança das questões de natureza vocacional, na sequência de propostas formuladas há meio século por Beilin (1955), passa a ser enquadrada em conceptualizações teóricas desenvolvimentistas, sejam as teorias do desenvolvimento vocacional (Super, 1953, 1957, 1980, 1984; Super *et al.*, 1996), seja a teoria do desenvolvimento psicossocial de Erikson (1968) ou o modelo dos estatutos de identidade de Marcia (1966, 1980, 1987). Assim, a indecisão deixa de ser vista como um fenómeno isolado e separado do desenvolvimento do indivíduo. A maioria dos autores realça os estádios de desenvolvimento, as tarefas e os processos psicológicos que enquadram a indecisão e não tanto a própria indecisão em si mesma. Uma parte substancial da conotação negativa que a indecisão vocacional acarretava tende, desta forma, a esbater-se ou, pelo menos, a ser relativizada.

Neste aspecto particular, estamos perante um significativo avanço face à abordagem diferencial. É esta alteração de perspectiva que permite conceptualizar uma intervenção desenvolvimentista que poderá incidir sobre todos os sujeitos e não exclusivamente sobre aqueles que se encontram indecisos (Dowing & Dowd, 1988; Goodson, 1981; Gordon, 1981), na medida em que o que se pretende promover é a qualidade da estrutura e dos processos psicológicos subjacentes à escolha vocacional. Partindo deste pressuposto, todos os indivíduos, qualquer que seja o seu grau de certeza ou indecisão vocacionais, podem ser elegíveis para uma intervenção desta natureza.[5]

---

[5] As teorias cognitivo-desenvolvimentistas que foram aplicadas ao desenvolvimento vocacional, nomeadamente as de Welfel (1982) e Knefelkamp e Sleptiza (1976), esta

Seja na teoria desenvolvimentista de Donald Super, seja na teoria psicossocial de Erik Erikson ou na formulação que dela faz, ao nível da identidade, a teoria de James Marcia, encontrámos um denominador comum, que é a exploração. De facto, ambas enfatizam a centralidade da exploração no processo de desenvolvimento psicológico (Taveira, 2001).

No campo específico da exploração vocacional, é possível distinguir quatro concepções que dominaram este constructo nas últimas décadas e que devem ser vistas como complementares (cf. Taveira, 2001; Taveira & Moreno, 2003). A primeira, e mais simplista, considera a exploração vocacional um comportamento de procura de informação ou um comportamento de resolução de problemas. A segunda, presente nas diversas teorias de decisão (cf. Jepsen & Dilley, 1974), identifica a exploração com o processo de procura e avaliação de alternativas. A terceira concepção, patente nas teorias vocacionais desenvolvimentistas, que abordámos anteriormente, define a exploração como um estádio de desenvolvimento vocacional que pressupõe a realização de um conjunto de tarefas desenvolvimentais. Finalmente, a última concepção de exploração vocacional, mais recente, descreve a exploração como um processo que subjaz à aprendizagem e desenvolvimento vocacionais, decorrendo ao longo do ciclo de vida e constituindo um processo fundamental da relação do sujeito com o mundo.

Se tentarmos perceber a indecisão vocacional à luz de um enquadramento desenvolvimentista, como advogaram explicitamente alguns autores já referidos (e.g., Hall, 1992; Vondracek et al., 1995), parece ser claro que a exploração desempenha um papel absolutamente incontornável. No caso específico da teoria desenvolvimentista de Super, a incapacidade em optar por uma opção de carreira é, no âmbito do estádio de exploração, a resposta adequada, no plano do desenvolvimento vocacional, às exigências relacionadas com as tarefas iniciais desse estádio. Não se espera de

---

última inspirada na teoria de Perry (1970), permitem um enquadramento teórico que sustenta uma intervenção que privilegia as mudanças de natureza estrutural (McAuliffe, 1993) ou, para usar a terminologia de Lyddon (1990), mudanças de segunda ordem, que pressupõem uma alteração dos pressupostos centrais dos indivíduos sobre o *self* e o mundo. Estes quadros teóricos enfatizam a distinção entre a estrutura sociocognitiva subjacente aos processos de raciocínio, nas suas dimensões de complexidade, flexibilidade e integração, e o conteúdo desse raciocínio. Assim, é possível afirmar que, mais do que o nível de certeza ou indecisão vocacionais, importa explorar a qualidade das estruturas e dos processos psicológicos subjacentes à escolha ou à indecisão vocacionais.

quem se encontra envolvido num processo de exploração vocacional a capacidade de formular escolhas vocacionais. Ao invés, é desejável que o processo de exploração decorra de tal forma que o indivíduo comece a desenvolver e a consolidar ideias amadurecidas sobre caminhos específicos de implementação do seu auto-conceito e, num dado momento, escolha um objectivo vocacional que deseje prosseguir. A escolha vocacional surge, desejavelmente, após um processo de exploração.[6]

No âmbito da teoria psicossocial do desenvolvimento psicológico, em especial na teoria dos estatutos de identidade de James Marcia, é igualmente possível traçar uma relação estreita entre indecisão vocacional e exploração. No entanto, esta relação afigura-se mais complexa do que na teoria vocacional desenvolvimentista. Recorde-se que Marcia (1966, 1980) operacionalizou os estatutos da identidade tendo em conta a presença ou ausência dos processos psicológicos de exploração e investimento. Pode constatar-se um investimento, que implica uma determinada escolha, sem um processo prévio de exploração (estatuto de identidade outorgada) ou após a ocorrência de exploração (estatuto de identidade construída).[7] Em princípio, se considerarmos somente o domínio vocacional, os indivíduos que se enquadram nestes dois estatutos evidenciam baixos níveis de indecisão vocacional. No entanto, a qualidade da construção dos seus projectos vocacionais é completamente distinta. No primeiro caso, a construção de uma identidade vocacional é condicionada por mecanismos de identificação com os pais ou figuras de tipo parental. No segundo, a construção resulta de um processo que se filia na autonomia do indivíduo e a reforça. Esta distinção, particularmente importante ao nível teórico e ao nível da intervenção, entre projectos construídos de forma autónoma e projectos condicionados por terceiros (Petitpas, 1978), praticamente não existe nas teorias vocacionais desenvolvimentistas clássicas. Raskin (1985) observou, de forma pertinente, que "(...) somente os teóricos da identidade observam a qualidade do investimento. Não existe espaço na teoria do

---

[6] Campos e Coimbra (1991) não acentuam a independência e a sequencialidade da exploração e do investimento, o que, segundo os autores, permite perspectivar a *exploração do investimento* como o objectivo central da consulta vocacional.

[7] Deve salientar-se que escolha vocacional e investimento constituem dois constructos claramente destrinçáveis. O investimento implica escolhas, construídas pessoalmente ou condicionadas por terceiros, mas abrange, igualmente, comportamentos de implementação dessas escolhas (Costa, 1991).

desenvolvimento vocacional para considerar a adopção global dos valores parentais ou a escolha que não foi objecto de um exame prévio, uma vez tomada a decisão" (pp. 31-32).[8]

Ainda no quadro da teoria dos estatutos de Marcia (1966, 1980) é possível associar a indecisão vocacional à exploração. Os indivíduos pertencentes ao estatuto de identidade moratória e os pertencentes ao estatuto de identidade difusa tendem a evidenciar uma elevada indecisão vocacional. Todavia, também aqui se torna necessário diferenciar entre os que se encontram e os que não se encontram envolvidos num processo de exploração. Estes últimos estarão, presumivelmente, pouco motivados para iniciar actividades de exploração vocacional e a escolha vocacional não se afigurará para eles algo de importante e significativo.

Em síntese, a indecisão vocacional, analisada no quadro de um modelo desenvolvimentista, aparece intimamente associada à exploração, seja esta perspectivada de uma forma mais global, como um processo psicológico associado à construção da identidade, seja definida de forma mais específica, como exploração vocacional, estádio e processo associado ao desenvolvimento vocacional. Desta forma, a certeza ou indecisão vocacionais, só por si, possuem uma utilidade limitada para se poder aferir a qualidade dos processos de decisão, pelo que os resultados obtidos em instrumentos de avaliação da indecisão vocacional devem ser vistos como um aspecto relativamente restrito do processo de escolha vocacional (Blustein, Pauling, DeMania & Faye, 1994). É imprescindível atender à presença ou ausência de exploração vocacional, assim como às suas características (exploração superficial *versus* aprofundada, sistemática *versus* descontínua, etc.).

No caso específico da adolescência, parece ser relativamente consensual que um período de indecisão, desejavelmente acompanhado de momentos de exploração, é adequado no plano do desenvolvimento, seja ao nível vocacional, como ao nível de outros domínios constitutivos da identidade.

No que respeita à idade adulta, verifica-se, igualmente, que o conceito de exploração pode desempenhar um papel particularmente impor-

---

[8] Esta afirmação deve ser um pouco relativizada na medida em que, nalguns casos, os teóricos desenvolvimentistas referem escolhas sem a realização prévia de exploração vocacional, ocasionalmente designadas *pseudocristalizações*, que podem ser associadas a uma escolha vocacional outorgada (cf. Super, 1982).

tante na compreensão do desenvolvimento vocacional. Com efeito, as sociedades contemporâneas têm conhecido, nas últimas décadas, profundas transformações ao nível económico e social. Estas transformações, que em parte resultam da emergência, nos países mais desenvolvidos, do que alguns autores designam por sociedade pós-industrial, sociedade da informação ou sociedade do conhecimento (Tractenberg, Streumer & Zolingen, 2002; Wijers & Meijers, 1996), têm tido uma particular expressão no mundo do trabalho. Na realidade, elas têm vindo a reconfigurar o conceito de carreira tal como o conhecemos durante grande parte do século XX.

Recordemos, muito rapidamente, que o conceito tradicional de carreira implicava uma progressão hierárquica no seio de organizações dotadas de uma certa previsibilidade e estabilidade, características que também definiam a estrutura do sistema económico orientado para a produção em massa, particularmente no período do pós-guerra (Reich, 1996). Actualmente, as trajectórias profissionais que os indivíduos tendem a percorrer são muito mais instáveis, imprevisíveis e marcadas por alternâncias entre períodos de emprego, de desemprego e de formação (Hughey & Hughey, 1999; Meijers, 1998; Sullivan, 1999). Numa expressão feliz, Azevedo (1999) designou o novo modelo de carreira *voo de borboleta*, por contraponto ao modelo clássico, marcado pela linearidade e previsibilidade, que apelidou *voo de pássaro*. Como afirmou Pais (2001), fazendo referência às transformações que se estão a operar no mercado de emprego:

> "Porque é que se fala tanto de *crise*? Em grego, *krísis* significa decisão. E decisão vem de cisão [*scission*]. As cisões aparecem associadas ao caos e à instabilidade, gerando *indecisão*. A crise é um momento de *indecisão* que apela à *decisão*. A crise deve ser entendida no sentido em que os paradigmas emergentes da contemporaneidade são os da indecisão. Tudo é instável." (itálico no original, p. 20)

Os indivíduos estão a tornar-se, crescentemente, mais responsáveis pela gestão da sua própria carreira (King, 2001; Smithson, Lewis & Guerreiro, 1998), incluindo ter que lidar com as tarefas associadas às inevitáveis transições vocacionais não normativas que, com uma frequência superior à que sucedia no passado, têm agora que enfrentar. Nestes momentos de transição é mais do que certo que alguns indivíduos experienciem novos períodos de incerteza quanto aos seus planos vocacionais, correspondentes à entrada num *mini-ciclo*, para utilizar a terminologia da teoria de Donald Super. Tudo indica que, no futuro, venhamos a testemunhar um maior número de investigações que apliquem o constructo da indecisão vocacional a populações adultas (e.g., Callanan & Greenhaus, 1992) e que, no quadro de uma abordagem desenvolvimentista, aquele seja utilizado para dar conta de um fenómeno que, ao que tudo indica, vai deixar de ser estudado exclusivamente em populações constituídas por adolescentes e jovens adultos (Smarth & Peterson, 1997).

Todavia, a indecisão vocacional, num contexto de enormes mudanças sociais, particularmente ao nível do mercado de emprego, não pode ser mais vista pela perspectiva da incapacidade e do défice. Em muitos casos, se ela corresponder a uma atitude genuína de abertura às múltiplas possibilidades de construção de uma identidade vocacional, acompanhada de um processo de exploração vocacional, a indecisão tem claramente uma conotação positiva. Dada a imprevisibilidade e volatilidade que actualmente se verificam no mundo do trabalho, mais do que ter certezas rígidas, importa desenvolver capacidades de adaptação a uma realidade social e laboral que muda a uma velocidade muitas vezes difícil de acompanhar. Gelatt (1989), um autor que na década de 60 defendia um processo tradicional de tomada de decisão vocacional, sugeriu a expressão *incerteza positiva* para dar conta das mudanças que permitem sustentar uma concepção não exclusivamente negativa da indecisão vocacional. Krieshok (2003) afirmou, não sem ironia, que ficar "(...) decidido tornou-se o Santo Graal dos resultados das transições vocacionais" (p. 2), sustentando que, mais importante do que a certeza relativamente aos projectos vocacionais, é a adaptabilidade vocacional, cujo desenvolvimento importa promover nos indivíduos.

Tínhamos verificado que, para a abordagem diferencial, a indecisão vocacional era configurada num plano unidimensional. Independentemente de os indivíduos serem classificados em duas ou mais categorias ou ao longo de uma variável contínua, as diferenças entre eles eram essencialmente vistas num único plano. Na abordagem desenvolvimentista, a indecisão vocacional começa a deixar de ser um constructo monolítico e constatamos a emergência de uma concepção multidimensional da indecisão vocacional. Todavia, esta diferenciação verifica-se essencialmente quando os autores invocam a teoria dos estatutos de identidade de James Marcia, aplicando-a ao desenvolvimento vocacional.

Existe uma limitação, porém, que a abordagem diferencial e a abordagem desenvolvimentista partilham, embora em graus diferentes, a saber, a pouca relevância atribuída aos contextos de desenvolvimento e aos conteúdos de eventuais alternativas vocacionais que os sujeitos possam estar a considerar. É certo que as teorias do desenvolvimento vocacional, por exemplo, tendem a referir a influência dos contextos nos seus quadros teóricos, mas, de uma forma geral, eles são vistos como uma variável moderadora sem uma intervenção significativa nos processos específicos que condicionam o desenvolvimento e as escolhas vocacionais (cf. Vondracek, Lerner & Schulenberg, 1983).

Em resumo, a indecisão vocacional, na abordagem desenvolvimentista, emerge como uma fase que, na maioria dos casos, constitui uma situação normativa que se insere no processo de desenvolvimento psicológico, com especial relevância na adolescência e início da idade adulta. A conotação negativa da indecisão, particularmente evidente na abordagem diferencial, tende a ser relativizada. Assiste-se a uma concepção nascente da multidimensionalidade do constructo da indecisão, que tenderá a afirmar-se e a consolidar-se ao nível teórico e ao nível da avaliação psicológica. É este aspecto que abordaremos no próximo capítulo.

CAPÍTULO 4
A abordagem multidimensional da indecisão vocacional

Partindo do princípio de que as causas susceptíveis de explicar a indecisão vocacional são múltiplas, o principal objectivo das investigações que se enquadram na abordagem multidimensional consistiu na identificação e caracterização das diversas dimensões subjacentes às dificuldades de escolha vocacional. Ao mesmo tempo cresceu a convicção de que era fundamental adequar a intervenção psicológica aos diferentes tipos de sujeitos vocacionalmente indecisos. A abordagem multidimensional da indecisão vocacional procurou integrar, num quadro relativamente coerente, duas concepções da indecisão vocacional. A primeira, de natureza desenvolvimentista, associa as dificuldades no processo de decisão vocacional a um momento normativo, no plano do desenvolvimento, associado à exploração do *self* e do mundo do trabalho. A segunda, em grande parte representada na abordagem diferencial, vê na indecisão vocacional uma incapacidade que se associa a características psicológicas que afectam negativamente os indivíduos no seu processo de decisão vocacional. Neste capítulo descreve-se como os investigadores procuraram estudar as diversas dimensões da indecisão vocacional e o aparecimento de novos instrumentos de avaliação que foram desenvolvidos com o objectivo de captar a multidimensionalidade do constructo da indecisão vocacional. Identificam-se, igualmente, algumas limitações patentes nesta abordagem e apontam-se linhas futuras de desenvolvimento da investigação neste contexto.

1. A análise factorial

A análise factorial é uma designação genérica, atribuída a um grupo de métodos de análise estatística multivariada, que tem como principal objectivo descrever a estrutura subjacente a uma matriz de dados, normalmente definida por uma ou mais dimensões latentes, a partir de um conjunto de correlações entre variáveis (Tinsley & Tinsley, 1987; Hair, Anderson, Tatham & Black, 1995). Uma das vantagens da análise factorial consiste em reduzir o número de variáveis, uma vez que se pretende identificar os factores comuns subjacentes ao conjunto dos dados.

A análise factorial pode ser de natureza exploratória ou confirmatória. No primeiro caso, pretende-se verificar quantas dimensões ou factores, e respectivas características, conseguem descrever com maior parcimónia e clareza conceptual os dados em análise. No segundo, o investigador pretende testar um determinado modelo factorial à partida, com base em argumentos de natureza empírica ou teórica. Neste caso, verifica-se se a estrutura dos dados se ajusta ao modelo previamente escolhido.

A análise factorial, na esmagadora maioria dos casos de natureza exploratória, foi profusamente utilizada na investigação sobre os factores ou dimensões da indecisão vocacional, centrando-se num único instrumento ou em vários, como teremos a oportunidade de referir posteriormente.

1.1. *A análise factorial da Career Decision Scale*

Tal como afirmámos no Capítulo 2, a construção da *Career Decision Scale* (CDS; Osipow *et al.*, 1976), a escala de avaliação da indecisão vocacional mais utilizada ao nível da investigação, não se alicerçou em nenhum quadro teórico específico, tendo privilegiado uma abordagem baseada na experiência ao nível da consulta vocacional. No decurso da investigação original uma análise factorial permitiu identificar quatro factores. O primeiro reflectia elementos relacionados com a falta de estrutura e confiança no confronto com a tarefa de efectuar uma escolha vocacional. O segundo relacionava-se com a percepção de algum tipo de barreira externa que impediria a implementação de uma escolha preferida. O terceiro factor indicava a presença de um conflito decorrente da existência de várias alternativas vocacionais pelas quais o indivíduo se sentia atraído. Por fim, o último factor reflectia algum tipo de conflito pessoal relacionado com o processo de tomada de decisão.

A controvérsia que se estabeleceu em redor da validade factorial da CDS, e que atravessou toda a década de 80 e início da década de 90, teve origem na dificuldade em replicar esta estrutura factorial. Esta questão é relevante e tem óbvias implicações ao nível da investigação e da intervenção. Num estudo de Hartman e Hartman (1982) identificaram-se três factores, mas os autores advertiram que se tornava necessário demonstrar que as dimensões em causa avaliavam componentes estáveis e psicologicamente relevantes da indecisão vocacional. Rogers e Westbrook (1983) conseguiram identificar uma estrutura factorial composta por quatro factores, dois dos quais coincidentes com a estrutura factorial originalmente identificada no decurso do processo de validação da escala. Numa outra investigação, Hartman, Fuqua e Hartman (1983a) identificaram dois factores, mas uma análise da sua validade de constructo permitiu concluir que eles provavelmente avaliariam uma única dimensão. Slaney, Palko-Nonemaker e Alexander (1981), por seu turno, identificaram três factores. O primeiro consistia numa replicação do Factor 1 do estudo de Osipow *et al.* (1976), mas os outros dois afiguravam-se de difícil interpretação. Hartman, Utz e Farnum (1979), recorrendo a uma amostra de estudantes do ensino secundário, conseguiram replicar os quatro factores originalmente identificados. Igual resultado foi obtido por Fuqua, Newman e Seaworth (1988), com três dos factores a revelarem-se muito semelhantes aos emergentes no decurso do processo de validação original da escala. Numa análise factorial que procurou analisar eventuais diferenças de género, Hartman, Jenkins, Fuqua e Sutherland (1987) identificaram somente dois factores, verificando existir, todavia, diferenças de género na composição dos mesmos, assim como uma maior estabilidade da solução factorial na subamostra feminina avaliada no decurso de um período de seis semanas. Finalmente, com uma amostra de estudantes sul-africanos, Watson, Foxcroft e Stead (1991) identificaram uma estrutura bifactorial na CDS.

As razões para os resultados inconsistentes dos estudos atrás referidos podem ter várias origens. Slaney (1988), por exemplo, refere a complexidade de alguns itens da escala, formados por várias frases, como uma possível explicação para os resultados contraditórios ao nível da análise factorial. Uma outra explicação poderia relacionar-se com a eventual modificação das dimensões da indecisão vocacional, tal como são avaliadas pela CDS, em função de diversos elementos, nomeadamente aspectos relacionados com o desenvolvimento psicológico dos indivíduos. A um nível mais complexo de desenvolvimento vocacional poderia corresponder uma maior diferenciação dos elementos envolvidos no processo de decisão e, por conseguinte, uma estrutura mais complexa da indecisão vocacional.[1] Finalmente, o próprio tipo de análise factorial, que privilegiou a análise factorial exploratória, com as limitações que lhe são inerentes (Maruyama, 1998), poderia, igualmente, ter desempenhado um papel não negligenciável.

Num conjunto de investigações que haveria de ficar marcado por alguma controvérsia, Shimizu, Vondracek, Schulenberg e Hostetler (1988) começaram por tentar responder a algumas das limitações dos estudos anteriores. Procedendo a uma análise detalhada da forma como a análise factorial tinha sido anteriormente utilizada com a CDS, estes autores verificaram que, na sua esmagadora maioria, não eram indicados os princípios orientadores do processo de determinação do número de factores a reter. Nem todos estes princípios são de igual valia, nem tão pouco devem ser utilizados isoladamente, pelo que algum grau de subjectividade é inevitável (Fabrigar, Wegener, MacCallum & Strahan, 1999; Tinsley & Tinsley, 1987), circunstância susceptível de ter facilitado a emergência de soluções factoriais distintas. Mesmo assim, tomando como unidade de análise um conjunto de sete investigações, Shimizu *et al.* concluíram pela existência de um maior número de semelhanças do que diferenças entre os diversos estudos que realizaram análises factoriais com a CDS. Utilizando uma amostra de estudantes do 7.° ao 12.° ano de escolaridade para a realização de uma nova análise factorial, os autores concluíram que a solução mais plausível era formada por quatro factores. O primeiro reflectia a indecisão face a uma escolha vocacional, acompanhada de sentimentos de confusão, desânimo e falta de experiência e/ou informação. O segundo factor indicava uma relativa certeza na escolha efectuada mas, ao mesmo tempo, a presença de uma necessidade de obter reforço e apoio para a decisão tomada. O terceiro factor relacionava-se com a dificuldade em escolher entre várias alternativas atraentes. Finalmente, o último factor reflectia um

---

[1] Quanto a este aspecto é necessário acrescentar que algumas investigações sobre a estrutura factorial da CDS que referimos anteriormente utilizaram uma versão adaptada da escala com estudantes do ensino secundário, enquanto que outras recorreram ao instrumento original e empregaram amostras constituídas por estudantes do ensino superior.

conjunto de barreiras externas e internas que impediriam ou dificultariam uma escolha vocacional. É clara a existência de uma sobreposição considerável entre esta solução factorial e outras que, igualmente, evidenciaram uma solução composta por quatro factores. Em síntese, esta investigação apontou como principal factor das diversas soluções propostas para a CDS as estratégias de análise factorial que foram utilizadas. Simultaneamente, defendeu a utilização das subescalas da CDS como metodologia adequada de avaliação das dimensões da indecisão vocacional.

Numa investigação posterior, realizada com a mesma amostra, Schulenberg *et al.* (1988) procuraram verificar se os factores identificados sofreriam modificações no decurso do processo de desenvolvimento e se essa eventual alteração se encontraria relacionada com o género. Recorrendo, mais uma vez, à análise factorial confirmatória, compararam quatro grupos de sujeitos formados pelo cruzamento de duas variáveis: género e escolaridade. A análise dos resultados permitiu evidenciar um elevado nível de invariância factorial nos diferentes grupos analisados. Estes resultados sugerem que as dimensões da indecisão vocacional se mantêm relativamente estáveis ao longo da adolescência, não se registando diferenças em função do género e da escolaridade. Este estudo permitiu, igualmente, defender a utilização da CDS como instrumento susceptível de ser utilizado para avaliar diferentes dimensões da indecisão vocacional.

Numa outra investigação, Vondracek, Hostetler, Schulenberg e Shimizu (1990) procuraram analisar a relação entre os resultados das quatro subescalas da CDS e o nível de certeza vocacional. A amostra, que compreendia alunos do 7.º ao 12.º ano de escolaridade, foi avaliada duas vezes, com um intervalo de seis meses. Tendo em conta o nível de certeza vocacional, os alunos foram considerados vocacionalmente decididos ou indecisos. Assim, foi possível formar quatro grupos de sujeitos consoante tivesse existido ou não alguma alteração ao nível do estatuto de decisão no decurso do período de tempo em causa. Os resultados permitiram verificar que as subescalas da CDS conseguiam diferenciar sujeitos pertencentes a vários estatutos de decisão. A mudança de estatuto de decisão reflectia-se não somente no resultado global da CDS mas, igualmente, em dois factores da escala: o Factor 1 (indecisão vocacional face a uma escolha vocacional acompanhada de sentimentos de confusão, desânimo e falta de experiência e/ou informação) e o Factor 3 (dificuldade em escolher entre duas ou várias alternativas atraentes).

Vondracek *et al.* (1990) salientaram ainda que os estudantes que permaneciam indecisos no decurso dos dois momentos de avaliação eram aqueles que apresentavam resultados mais elevados no Factor 1. Este resultado sugere que estes sujeitos poderiam enquadrar-se na categoria da indecisão generalizada, tradicionalmente um tipo específico de indecisão considerada mais estrutural e menos permeável à mudança.[2]

Estas investigações vieram apoiar um regresso à concepção original que esteve na base da construção da CDS que, como sabemos, pretendia avaliar factores antecedentes da indecisão vocacional. Contudo, esta concepção multidimensional da CDS foi colocada em questão por uma investigação conduzida por Martin, Sabourin, Laplante e Coallier (1991) com uma amostra canadiana francófona a quem foi aplicada uma versão francesa da escala. Começando por assinalar as correlações elevadas entre os vários factores que anteriores investigações tinham relatado e entre estes e o resultado global da CDS, Martin *et al.* recorreram à análise factorial confirmatória para testar três modelos distintos: um modelo unidimensional, um modelo multidimensional, composto pelos quatro factores já referidos anteriormente, e um modelo hierárquico, que postula a existência de um factor de segunda ordem e outro de primeira ordem. Os resultados da investigação mostraram que o modelo unidimensional era o mais adequado para explicar os dados. Os autores recomendaram que todos os que pretendam avaliar as dimensões antecedentes da indecisão vocacional deveriam investir os seus esforços no desenvolvimento de novas escalas, ao invés de utilizar a CDS para essa finalidade.

Esta investigação originou uma polémica que se travou entre as duas equipas de investigação (ver Laplante, Coallier, Sabourin & Martin, 1994; Shimizu, Vondracek & Schulenberg, 1994; Schulenberg, Vondracek & Shimizu, 1994) quanto à existência ou não de factores passíveis de serem identificados na CDS. O principal autor da escala, Samuel Osipow, que sempre defendeu a utilização do resultado global da escala em detrimento do recurso às subescalas, terá sentido a necessidade de reafirmar a sua posição original (ver Osipow, 1994), embora reconhecendo que a indecisão vocacional é um fenómeno complexo (Osipow, 1991a).

---

[2] Num capítulo posterior iremos abordar mais aprofundadamente o tema da indecisão generalizada. Por agora importa somente considerar que este tipo específico de indecisão, também designada indecisão crónica, refere-se a uma dificuldade em tomar decisões em vários domínios de vida, incluindo a dimensão vocacional.

A discussão em torno da análise factorial da CDS não se resume a uma simples questão metodológica, objecto de discussão entre investigadores. Ela é reveladora de tensões conceptuais que se encontram na base dos argumentos que são aduzidos no debate. Uma das ambiguidades da escala, patente desde a sua origem, relaciona-se com o objectivo da avaliação. Como sabemos, a CDS pretendia ser um instrumento " (...) que descrevesse tipos de indecisão vocacional (...) mas que tem sido essencialmente usado para avaliar o grau de indecisão" (Winer, 1992, p. 373). Actualmente, a maioria dos investigadores aceita a existência de várias causas que se encontram na origem das dificuldades ao nível do processo de escolha vocacional (e.g., Gordon, 1995, 1998; Osipow, 1999). A dificuldade reside em identificar essas causas e estabelecer a forma como poderão ser avaliadas.

Pensamos ser pouco razoável que a CDS possa ser utilizada como instrumento de primeira opção se o objectivo inicial do investigador for o de avaliar dimensões da indecisão vocacional, tanto mais que, como veremos mais à frente, outros instrumentos mais adequados para essa finalidade foram já desenvolvidos. Conforme Osipow tem vindo a afirmar (Osipow, 1991b, 1994; Osipow & Winer, 1996), o número reduzido de itens da escala faz com que alguns dos factores tenham, nalguns casos, dois ou três itens, o que os transforma em dimensões instáveis e difíceis de replicar. Este facto deveria ser suficiente para desencorajar a utilização das subescalas da CDS, circunstância que não tem impedido, todavia, que alguns investigadores o tenham feito (e.g., Barak & Friedkes, 1981; Chartrand & Robbins, 1990; Elaad, 1993; Whiston, 1996). Como afirmaram de forma lapidar Kelly e Lee (2001), a CDS, na sua forma actual, "(...) não pode ser usada como um indicador diagnóstico multifactorial" (p. 304).

1.2. *A análise factorial com vários instrumentos de avaliação*

Até agora descrevemos como a análise factorial foi utilizada na CDS para identificar dimensões da indecisão vocacional. Neste caso, uma única escala possibilitava a obtenção dos dados. Alguns estudos adoptaram uma estratégia similar mas um pouco mais complexa. Tendo como objectivo captar de forma mais compreensiva o universo dos factores subjacentes às dificuldades de escolha vocacional, uma linha de investigação decidiu usar a análise factorial em dados recolhidos a partir de vários instrumentos de avaliação da indecisão vocacional.[3]

Tinsley, Bowman e York (1989) utilizaram a *Career Decision Scale*, a *My Vocational Situation* (Holland, Daiger & Power, 1980), a *Vocational Rating Scale* (Barret & Tinsley, 1977a) e a *Decisional Rating Scale* (Barret & Tinsley, 1977b) com uma amostra de estudantes do ensino superior. A primeira análise factorial, que incidiu sobre os resultados globais das subescalas dos diversos instrumentos, evidenciou três factores distintos. O primeiro, designado *cristalização*, parecia avaliar a confiança e o grau de certeza relativamente às decisões vocacionais dos indivíduos. Um segundo factor reflectia défices de informação e diversas barreiras, externas e internas aos indivíduos, que interferiam com a implementação de objectivos vocacionais. Por este facto, foi designado *obstáculos ao processo de decisão*. O último factor era constituído unicamente pela CDS. Uma segunda análise factorial, que utilizou os itens das várias escalas, evidenciou uma estrutura factorial mais complexa, constituída por cinco factores, com três deles a replicarem os anteriormente identificados. Mais uma vez, a CSD emergiu como um factor distinto.

Fuqua e Newman (1989), por seu turno, utilizando uma amostra de estudantes universitários, realizaram uma análise factorial com a *Career Decision Scale*, a *My Vocational Situation*, a *Career Maturity – Attitude Scale* (Crites, 1973) e o *Career Decision Profile* (Jones, 1989). Com o objectivo de melhor interpretar os factores subjacentes aos instrumentos de avaliação que foram empregues neste estudo, a ansiedade foi, igualmente, objecto de avaliação. Da análise factorial efectuada com base nos resultados globais de 13 subescalas utilizadas, foi possível identificar três factores. O primeiro foi interpretado como uma dimensão global relacionada com o grau de decisão relativamente a uma escolha vocacional. O segundo factor parecia traduzir uma indecisão mais estrutural, a indecisão generalizada, isto é, uma dificuldade em efectuar escolhas em múltiplos domínios de vida, incluindo a dimensão vocacional. O último factor revelou-se de difícil interpretação. A redução de 13 subescalas a três dimensões levanta, segundo os autores, algumas questões sobre a validade de constructo dos instrumentos originais.

---

[3] Neste subcapítulo iremos mencionar alguns instrumentos de avaliação multidimensional da indecisão vocacional que serão posteriormente objecto de descrição mais aprofundada. Por este facto, eles não serão agora referidos com detalhe.

A análise da relação da ansiedade com os factores identificados foi particularmente interessante. A relação com o último factor era inexistente, facto que não permitiu uma interpretação mais elaborada da dimensão em causa. Contudo, quanto ao papel dos factores 1 e 2 verificou-se que ambos permitiam predizer substancialmente o nível de ansiedade. Isto é, níveis elevados de indecisão vocacional e de indecisão generalizada revelaram-se preditores da ansiedade, exibindo uma relação linear positiva. Esta ligação entre ansiedade e dificuldades de decisão foi já, recorde-se, abordada no Capítulo 2 do presente trabalho.

No decurso dos anos 90 Stead e Watson (1993) recorreram a uma amostra de estudantes universitários sul-africanos para realizar uma análise factorial dos itens dos seguintes instrumentos: a *Career Decision Scale*, o *Career Decision Profile* e o *Career Factors Inventory* (Chartrand, Robbins, Morril & Boggs, 1990). A solução factorial que melhor se adequava aos dados era constituída por quatro factores, que explicavam, no seu conjunto, quase 80% da variância. O Factor 1 reflectia uma indecisão vocacional global associada à falta de conforto com o processo de decisão vocacional, tendo sido designado de *indecisão*. Era constituído, essencialmente, pelos itens da *Career Decision Scale*. O segundo factor evidenciava a necessidade de recolher informação sobre características pessoais e oportunidades educacionais e profissionais existentes. Foi chamado de *necessidade de informação sobre o self e a carreira*. Os dois últimos factores relacionavam-se, respectivamente, com o nível de ansiedade experimentado no âmbito do processo de decisão vocacional – *ansiedade associada à escolha vocacional* – e com dificuldades em tomar decisões em vários domínios de vida – *indecisão generalizada*. Todavia, foi possível constatar um menor grau de diferenciação entre estes factores por comparação com os dois primeiros. Esta investigação sugere que a *Career Decision Scale* parece ser uma escala unidimensional, enquanto que o *Career Decision Profile* e o *Career Factors Inventory* evidenciam uma estrutura marcadamente multidimensional.

Utilizando uma amostra de estudantes portugueses do 9.º ano de escolaridade, Silva (1997) recorreu a 13 subescalas de um conjunto de versões portuguesas de vários instrumentos de avaliação: a *Career Decision Scale*, o *Career Decision Profile*, o *Career Factors Inventory*, a *Identity Scale*, pertencente à *My Vocational Situation*, a *Fear of Commitment Scale* (FOCS; Serling & Betz, 1990) e a *Commitment to Career Choice Scale* (CCCS; Blustein, Ellis & Devenis, 1989). O objectivo foi o de testar um modelo, com recurso à análise factorial confirmatória, que, tomando em conta a investigação anteriormente realizada, pressupunha a existência de três factores de indecisão vocacional: um factor que avalia o grau de certeza e confiança face a uma escolha vocacional; um segundo factor que reflecte dificuldades de decisão de natureza afectivo-emocional; por fim, um terceiro factor associado a dificuldades de decisão relacionadas com informação sobre o *self* e o meio. O modelo revelou um bom ajustamento aos dados, evidenciando, ainda, um elevado nível de invariância estrutural quando foram comparadas duas amostras de adolescentes.

Esta linha de investigação, ainda escassa em número de estudos para que se possa efectuar uma apreciação global mais substantiva, não impossibilita, todavia, que tentemos esboçar algumas observações genéricas. A primeira é que o recurso a múltiplos instrumentos de avaliação em investigações que empregaram a análise factorial representa um avanço claro face à investigação que recorreu unicamente à CDS. Com efeito, este último tipo de investigação deixou-se por vezes enredar em questões metodológicas que, apesar de terem alguma importância, se sobrepuseram ao objectivo último desta abordagem, ou seja, a identificação e descrição das diferentes dimensões da indecisão vocacional.

A segunda observação prende-se com a metodologia utilizada nas análises factoriais efectuadas nos diversos estudos. Com a excepção do estudo de Silva (1997), que procurou testar um modelo com recurso à análise factorial confirmatória, constituindo-se, assim, como um marco importante neste campo, as restantes pesquisas recorreram à análise factorial exploratória. Esta opção traduz, à semelhança da análise de *clusters*, que será analisada posteriormente, uma fragilidade de base que importa desde já referir: a ausência de quadros teóricos que orientem a investigação. Os investigadores não testaram modelos que se propunham organizar a diversidade das variáveis que podem caracterizar indivíduos vocacionalmente indecisos. Ao contrário, procuraram caracterizar os diferentes subgrupos que a análise estatística pôs em relevo.

Por outro lado, verificámos que as análises factoriais incidiram sobre os itens dos instrumentos ou sobre os resultados das diversas subescalas utilizadas. Tendo em conta a investigação de Tinsley *et al.*, (1989), que foi a única que empregou os dois tipos de análises e procedeu à comparação dos resultados, é possível afirmar que os resultados podem não coincidir. Infelizmente, com a excepção assinalada, os autores não percepcionaram a necessidade de justificar a sua opção por uma ou outra abordagem.

2. A análise de *clusters*

Desde o final da década de 80 que a análise de *clusters* tem sido empregue com o objectivo de criar sistemas de classificação de indivíduos que demonstram dificuldades no processo de escolha vocacional, na sua maioria estudantes do ensino superior. Nalguns casos, e este facto é particularmente importante em termos teóricos, como teremos a oportunidade de salientar, as investigações incluem, igualmente, estudantes vocacionalmente decididos.

A análise de *clusters* é a expressão utilizada para designar "(...) um grupo de técnicas [estatísticas] multivariadas cuja principal finalidade é agrupar objectos (...) baseados nas características que eles possuem. A análise de clusters classifica objectos de forma que cada objecto é muito semelhante a outros no cluster relativamente a alguns critérios de selecção predeterminados" (Hair, Anderson, Tatham & Black, 1995, p. 423). Os critérios podem ser escolhidos em função de várias razões, nomeadamente a sua relevância teórica ou a existência prévia de investigações de natureza empírica que tenham salientado a sua importância em termos de critérios de classificação. Por norma, desconhece-se o número de *clusters* e, consequentemente, os indivíduos que pertencem a cada um deles (Borgen & Barnett, 1987; Pestana & Gageiro, 2003).

Fuqua, Blum e Hartman (1988) realizaram uma das primeiras investigações que utilizaram a análise de *clusters*. Recorrendo a uma amostra de estudantes do ensino secundário estes autores empregaram quatro variáveis para construir a sua tipologia: ansiedade, identidade vocacional, *locus* de controlo e indecisão vocacional, esta última avaliada por uma versão adaptada da *Career Decision Scale* (CDS; Osipow *et al.*, 1976). Quatro grupos de estudantes emergiram da análise de dados, verificando-se que as situações problemáticas tendiam a agravar-se à medida que se evoluía do grupo 1 para o grupo 4. O primeiro grupo incluía um conjunto de indivíduos vocacionalmente decididos, com baixos níveis de ansiedade, *locus* de controlo interno e identidade vocacional relativamente definida. O segundo apresentava um nível moderado de indecisão vocacional, uma identidade vocacional menos definida e um nível de ansiedade mais elevado. Todavia, o *locus* de controlo era interno. Os grupos 3 e 4 caracterizavam-se por níveis elevados de indecisão vocacional, *locus* de controlo claramente externo e identidade vocacional pouco definida. A única variável que os diferenciava consistia no facto de o grupo 4 apresentar níveis mais elevados de ansiedade. Os autores concluíram que a sua investigação apoia uma concepção multidimensional da indecisão vocacional, defendendo uma abordagem, ao nível da consulta vocacional, que respeite as necessidades e características específicas dos clientes.

Larson, Heppner, Ham e Dugan (1988), por seu turno, recorreram a um conjunto mais numeroso de variáveis para realizar a análise de *clusters*. Quatro grandes dimensões foram avaliadas: nível de indecisão vocacional, auto-avaliação de capacidades de resolução de problemas, consistência e diferenciação de interesses vocacionais e avaliação das competências de confronto relativas ao processo de planeamento e resolução de problemas vocacionais. A amostra inicial foi constituída por estudantes universitários vocacionalmente decididos e indecisos que apresentaram marcadas diferenças relativamente à maioria das variáveis em análise. A análise de *clusters*, que foi realizada somente na subamostra de estudantes indecisos, permitiu identificar quatro grupos de indivíduos. O primeiro, que constituía quase um quarto da amostra, era o menos informado quanto às actividades de planeamento vocacional e o seu nível de resolução de problemas era reduzido. Este grupo incluía indivíduos que se avaliavam muito negativamente quanto à capacidade de resolver com eficácia os problemas com que tinham que lidar, que demonstravam atitudes e comportamentos de evitamento face a esses mesmos problemas e que apresentavam o nível mais elevado de indecisão vocacional. O segundo grupo era constituído por um pequeno número de sujeitos com um elevado nível de informação vocacional mas, simultaneamente, com uma marcada falta de auto-confiança e tendência a evitar os problemas, ao invés de os tentar resolver. Os estudantes do terceiro grupo percepcionavam-se medianamente face às suas capacidades de resolução de problemas mas, em contrapartida, evidenciaram falta de informação sobre o processo de planeamento vocacional. Finalmente, o último grupo, o mais numeroso dos quatro, revelava falta de informação acerca do mundo do trabalho e níveis elevados de indecisão vocacional. Todavia, a sua percepção acerca da capacidade pessoal de resolução de problemas era moderada, principal factor de distinção face ao grupo anterior. Os autores concluíram que a sua investigação permite sustentar a existência de diferentes grupos de estudantes indecisos, salientando a necessidade de se proceder à avaliação da eficácia de intervenções diferenciadas com cada um dos grupos identificados.

Numa investigação similar realizada com estudantes universitários vocacionalmente indecisos, Lucas e Epperson (1990) procuraram replicar os resultados de uma investigação anteriormente realizada pelos mesmos autores, acrescentando novas variáveis para a constituição dos grupos.[4] O conjunto das variáveis sobre o qual incidiu a análise de *clusters* incluiu a ansiedade, a auto-estima, o tipo de orientação predominante (orientação para o trabalho, para as relações interpessoais e para o lazer), o *locus* de controlo, a saliência vocacional e os estilos de decisão. A identidade vocacional, as barreiras profissionais percebidas e o nível de informação ocupacional foram igualmente avaliados com o objectivo de caracterizar melhor os grupos identificados, não integrando, contudo, a análise de *clusters*. O primeiro grupo era constituído por indivíduos com elevada ansiedade, baixa auto-estima, *locus* de controlo externo, identidade vocacional pouco definida, estilo de decisão vocacional dependente e baixo nível de saliência vocacional. Estes estudantes apresentavam um baixo nível de desenvolvimento psicológico, que se reflectia num conjunto de características psicológicas negativas, sugerindo que as dificuldades de planeamento e escolha vocacionais parecem revelar problemas psicológicos mais profundos. O segundo grupo evidenciava uma ansiedade moderada, baixa auto-estima e um *locus* de controlo externo. Os indivíduos deste grupo percepcionavam, ainda, a existência de barreiras face aos seus objectivos vocacionais e necessidades de informação vocacional. O grupo seguinte apresentava um padrão de resultados algo similar ao do grupo anterior, mas a ansiedade era menos marcada e o *locus* de controlo era interno. O quarto grupo exibia resultados mais elevados do que o anterior relativamente à ansiedade e ligeiramente mais baixos do que a média no que respeita à auto-estima. Simultaneamente, os níveis de saliência vocacional e de orientação para o trabalho eram elevados e o *locus* de controlo interno. Estes estudantes atribuíam uma grande importância à dimensão profissional das suas vidas, sentindo a necessidade de efectuar escolhas vocacionais de forma autónoma. Finalmente, o último grupo apresentava os níveis mais elevados de identidade vocacional e auto-estima e os mais baixos níveis de ansiedade. Os indivíduos enquadrados neste grupo valo-

---

[4] Tendo em conta que a investigação de Lucas e Epperson (1990) teve como objectivo explícito a replicação e refinamento de uma investigação anterior (Lucas & Epperson, 1988), que também recorreu à análise de *clusters*, optámos por referir somente o estudo mais recente.

rizavam mais as actividades de lazer do que as relacionadas com o trabalho e as relações interpessoais. Para além disso, não percepcionavam barreiras face aos seus objectivos vocacionais.

Numa investigação posterior, Lucas (1993a) procedeu a uma validação da taxinomia que atrás descrevemos, verificando até que ponto seria possível aplicar ao contexto da consulta vocacional o modelo resultante da análise de *clusters*. Os estudantes universitários que procuravam ajuda num centro de consulta foram classificados num dos cinco grupos do modelo. Pelo facto de o número de estudantes do grupo 5 ser muito reduzido, circunstância facilmente compreensível dada a relativa ausência de problemas que os caracteriza, a validação do modelo incidiu somente em quatro grupos. Estes foram avaliados quanto à composição dos seus membros em variáveis como a idade, o número e tipo de problemas apresentados numa consulta inicial, o tipo de problemáticas abordadas no decurso do processo de consulta e o número de sessões até ao fim da intervenção. Os sujeitos do grupo 1 apresentavam um maior número de problemas numa avaliação inicial do que os sujeitos dos restantes grupos, assim como um maior grau de nervosismo, baixa auto-confiança, sintomatologia depressiva, hipersensibilidade e propensão para desistir dos seus cursos. Os sujeitos do grupo 2 evidenciavam o mesmo tipo de problemas do grupo anterior, mas as percentagens eram mais baixas, embora, em termos absolutos, mais elevadas do que nos grupos 3 e 4. Os estudantes do grupo 3 não pareciam tão preocupados com os problemas que afectavam os sujeitos dos grupos anteriores e o número de problemas relatados no decurso da avaliação inicial era o mais baixo de todos. Finalmente, o grupo 4 experienciava sintomas de nervosismo, baixa auto-confiança e sintomas depressivos, embora a um nível mais reduzido do que os dois primeiros grupos. Não se registaram diferenças entre os grupos quanto ao número médio de sessões de consulta e quanto aos conteúdos abordados no decurso do processo terapêutico.

Foi ainda realizada uma análise discriminante com as seguintes variáveis preditoras: género, idade, número de problemas relatados pelo cliente numa avaliação inicial, número de problemas percebidos pelo psicólogo nessa avaliação inicial, número de sessões de consulta e definição da identidade vocacional. A função discriminante permitiu obter uma percentagem de 49% de classificação correcta nos grupos. Os grupos 1 e 3 foram aqueles que evidenciaram percentagens mais elevadas, com valores a ultrapassarem os 70%. Estes resultados permitem um apoio moderado à validade do sistema de classificação em análise, embora algumas das variáveis não diferenciassem, como inicialmente se esperava, os diferentes grupos, o que realça a necessidade de refinar a sua definição com recurso a novas variáveis.

Uma investigação de Wanberg e Muchinsky (1992), à semelhança do já referido estudo de Fuqua *et al.* (1988), integrou na sua amostra estudantes universitários vocacionalmente indecisos e decididos. As variáveis do estudo incluíram escalas de avaliação da indecisão vocacional e de personalidade (ansiedade, *locus* de controlo, auto-estima e auto-consciência). A análise de *clusters* colocou em evidência a existência de quatro grupos. O primeiro, designado *decidido confiante*, agrupava estudantes vocacionalmente decididos, possuidores de um nível elevado de informação educacional e ocupacional, e com uma percepção clara dos seus interesses e capacidades. Apresentavam baixos níveis de ansiedade e um *locus* de controlo interno. De uma forma geral, estes indivíduos, que constituíam 20% da amostra total, acreditavam exercer um controlo sobre as suas vidas e confiavam nas suas capacidades de decisão, apresentando níveis elevados de auto-estima. O segundo grupo, o mais numeroso de todos, com quase 40% da amostra, evidenciava, igualmente, níveis relativamente elevados de identidade e saliência vocacionais. Todavia, os seus níveis de ansiedade eram mais elevados e os de auto-estima mais baixos do que o grupo anterior. Os valores referentes ao *locus* de controlo e informação educacional e ocupacional eram medianos. Tendo em conta estas características o grupo foi designado *decidido preocupado*. O *cluster* seguinte, que representava um quarto da amostra, caracterizava-se por uma identidade vocacional pouco definida e resultados baixos relativamente à informação vocacional. Os indivíduos deste grupo, apelidado de *indeciso indiferente*, apresentavam valores medianos em termos de ansiedade, auto-estima e *locus* de controlo e os resultados mais baixos ao nível da saliência vocacional. Por fim, o último dos grupos, *indeciso ansioso*, revelava resultados baixos ao nível da informação educacional e ocupacional e medianos ao nível da saliência vocacional, representando 15% da amostra. Os índices de ansiedade eram os mais elevados e os de auto-estima e internalidade os mais baixos.

Wanberg e Muchinsky (1992) testaram a validade e a estabilidade da solução encontrada em duas subamostras, constituídas aleatoriamente, com origem na amostra original. Numa delas foi possível replicar a solução de quatro grupos, enquanto na outra era aceitável uma solução com três ou quatro *clusters*, acabando os autores por considerar o seu modelo validado.

Um dado que importa realçar neste estudo é a importância atribuída à inclusão de indivíduos vocacionalmente decididos numa investigação desta natureza. De facto, constatou-se que uma percentagem elevada de estudantes considerava-se vocacionalmente decidida mas, simultaneamente, denotava alguma preocupação e dúvida face às suas opções vocacionais. Os autores avançam como possível explicação para este facto a pressão exercida nos alunos para que, desde muito cedo, optem por uma determinada especialização académica e profissional. Esta escolha poderá ter sido feita algo prematuramente, sendo ditada, por exemplo, por factores relacionados com a maior ou menor facilidade de colocação no mercado de emprego sem que variáveis de natureza mais pessoal tenham sido tomadas em conta.

Savickas e Jarjoura (1991) recorreram a uma análise de *clusters* que se afastou dos estudos anteriormente referidos. Partindo da constatação da polémica relacionada com os resultados das análises factoriais da CDS (Osipow *et al.*, 1976), a que anteriormente fizemos referência, e do desvio da intenção original de Osipow e colaboradores em construir uma escala que avaliasse o tipo, em detrimento do nível, de indecisão vocacional, estes autores realizaram uma análise de *clusters* com os itens da CDS. Paralelamente, com o objectivo de caracterizar melhor os grupos emergentes, constituídos por estudantes universitários, foram ainda avaliadas a indecisão vocacional global e a perspectiva temporal. Esta última variável foi seleccionada tendo em conta a importância que desempenha no âmbito da maturidade e do processo de decisão vocacionais. Na análise realizada identificaram-se cinco *clusters*. O grupo A, que representava 30% da amostra, incluía indivíduos sem dificuldades no processo de decisão vocacional e que se encontravam a elaborar ou a implementar planos vocacionais. O grupo B, com a mesma percentagem do grupo anterior, procurava especificar uma opção vocacional através de uma exploração centrada num conjunto restrito de profissões relacionadas com a sua área de especialização académica. O grupo C, com 18% dos sujeitos da amostra, evidenciava a necessidade de explorar mais aprofundadamente informações sobre o *self* e as profissões. O grupo D, com aproximadamente 16% da amostra, incluía estudantes que adoptavam uma postura irrealista relativamente à escolha vocacional e demonstravam dificuldades em estabelecer uma síntese das variáveis em análise que lhes permitisse avançar no processo de decisão vocacional. Aparentemente estes alunos percepcionavam barreiras externas ou condições internas desfavoráveis que frustravam os seus propósitos em formular planos vocacionais. Por fim, o grupo E, que representava 7% da amostra, tinha dificuldades acentuadas em tomar decisões, aproximando-se das descrições típicas da indecisão generalizada.

Verificou-se ainda que os níveis de indecisão aumentavam à medida que se passava do grupo A para o grupo D, aumentando, igualmente, a dificuldade em estabelecer uma relação entre comportamentos actuais e resultados futuros.

Savickas e Jarjoura (1991) apresentaram uma leitura das características dos grupos com base num quadro teórico desenvolvimentista. Os três primeiros grupos estariam a realizar tarefas vocacionais relacionadas com o estádio de exploração. Assim, o grupo A implementava uma escolha, o grupo B especificava uma escolha através de uma exploração avançada e o grupo C cristalizava uma preferência tendo por base uma exploração alargada do *self* e do mundo do trabalho. Os tipos C e D não teriam conseguido resolver de uma forma minimamente eficaz as tarefas atrás referidas. Para além de ter possibilitado uma análise inovadora dos diversos subgrupos, esta investigação permitiu um regresso à finalidade original que esteve na base do desenvolvimento da CDS, ou seja, avaliar os diferentes tipos de indecisão vocacional (Winer, 1992).

Numa investigação levada a cabo por Rojewski (1994) utilizaram-se, igualmente, os itens individuais da CDS para efectuar a análise de *clusters* conjuntamente com a avaliação da maturidade vocacional. Neste caso a amostra era constituída por alunos do 9.º ano de escolaridade oriundos de uma zona rural. Emergiram três grupos distintos nesta investigação. O primeiro, com uma percentagem de quase 40% da amostra, apresentava os resultados mais elevados de certeza e maturidade vocacionais e os mais baixos níveis de indecisão. Os alunos deste grupo conseguiam identificar um conjunto de alternativas vocacionais nas quais se encontravam interessados, embora expressassem alguma preocupação perante a necessidade futura de terem que escolher uma determinada opção. Este grupo foi designado por *provisoriamente decidido/cristalizar preferências*. O segundo grupo, com uma percentagem muito próxima do anterior, apresentava resultados intermédios relativamente à certeza, indecisão e maturidade vocacionais. Estes alunos, integrados num *cluster* que recebeu a designação de *provisoriamente indeciso*, ainda não possuíam uma ideia muito precisa dos seus interesses vocacionais, mas tinham já delimitado algumas opções e iniciado o processo de exploração vocacional das mesmas. O último grupo, que representava um pouco mais de 20% da amostra, evidenciava os resultados mais baixos ao nível das variáveis em análise. Estes estudantes aparentavam preocupação e desânimo face à sua incapacidade em identificar interesses e elaborar projectos vocacionais. As suas dificuldades com o processo de decisão faziam com que adiassem a escolha e procurassem estratégias que diminuíssem a sua ansiedade. Este grupo foi denominado *indecisão crónica/desenvolvimento debilitado*. Não se registaram diferenças relacionadas com o género, estatuto socioeconómico e composição racial entre os diferentes grupos.

Rojewski (1994) considera não existirem grandes sobreposições entre os seus resultados e os de Savickas e Jarjoura (1991), provavelmente pelo facto de as duas amostras diferirem entre si ao nível da idade e do desenvolvimento vocacional. Todavia, acrescenta, somente uma investigação de natureza longitudinal poderia responder a esta questão.

Num estudo de Callanan e Greenhaus (1992) a amostra utilizada foi constituída por adultos empregados cuja média de idade se aproximava dos 40 anos. Neste caso a indecisão vocacional, contrariamente ao que sucedeu nas investigações anteriores, foi definida como o grau de incerteza no que respeita à selecção de objectivos de carreira a curto e a médio prazo. A análise de *clusters*, que incluiu os indivíduos considerados decididos e indecisos, foi feita com base num conjunto de 14 variáveis distribuídas por três grandes áreas: fontes de indecisão vocacional (e.g., falta de auto-confiança), antecedentes da indecisão vocacional (e.g., ansiedade) e variáveis vocacionais de "produto" (e.g., investimento organizacional).

Foram identificados quatro grupos de indivíduos, dois constituídos por sujeitos indecisos e dois constituídos por sujeitos decididos. O primeiro, que representava aproximadamente 30% da amostra, parecia reflectir a indecisão generalizada ou crónica. Para os trabalhadores deste grupo a ansiedade era elevada e a auto-confiança baixa. Afirmavam experimentar um maior número de constrangimentos nas suas carreiras e um nível superior de *stress* profissional. O segundo *cluster*, com uma percentagem muito próxima do grupo anterior, parecia enquadrar-se numa indecisão de tipo normativo. Os indivíduos deste grupo apresentavam o resultado mais elevado em termos de indecisão a longo prazo e eram os mais afectados por exigências a nível pessoal. O terceiro grupo representava 17% da amostra total e foi designado por decidido "hipervigilante". Comparando os sujeitos deste grupo de indivíduos decididos com o último grupo, verificou-se que apresentavam um menor nível de informação vocacional e de auto-confiança e valores mais elevados de ansiedade. Os indivíduos pertencentes ao quarto grupo, que receberam a designação de decidido vigilante, apresentavam os resultados mais elevados ao nível do auto-conhecimento e da informação relativa ao contexto profissional. Callanan e Greenhaus (1992) concluíram que o seu estudo demonstrou a viabilidade da aplicação de subtipos de indecisão vocacional a indivíduos adultos, realçando a vantagem em ultrapassar a dicotomia decidido *versus* indeciso na avaliação destes sujeitos.

Mais recentemente, Kelly e Pulver (2003) procuraram ultrapassar algumas das limitações que estudos anteriores evidenciaram. Em primeiro lugar, recorreram a normas populacionais com o objectivo de formar os *clusters* em detrimento do sistema mais comum, que toma somente em conta as variáveis da amostra que é objecto de estudo. Em segundo lugar, utilizaram como um dos critérios de validade o impacto de um programa de intervenção de carreira ao nível da indecisão vocacional segundo grupos previamente identificados.[5] Em terceiro lugar, recorreram à avaliação das aptidões académicas tendo em conta que baixos resultados escolares podem fazer com que os estudantes coloquem em causa os objectivos profissionais que originalmente traçaram. As variáveis empregues para formar os *clusters*, constituídos por estudantes universitários vocacionalmente indecisos, foram as dimensões do modelo de cinco factores de personalidade (Costa & Widiger, 1994) e as subescalas do *Career Factors Inventory* (Chartrand et al., 1990): ansiedade da escolha vocacional, indecisão generalizada, necessidade de informação vocacional e necessidade de auto-conhecimento. Os autores identificaram quatro grupos. O primeiro, que representava mais de 40% da amostra, evidenciava resultados elevados ao nível da necessidade de informação vocacional, da necessidade de auto-conhecimento e da aptidão matemática. O segundo, que reunia um quarto da amostra, era caracterizado por um padrão complexo de dificuldades afectivas e cognitivas. O nível de indecisão generalizada era

---

[5] Este programa de intervenção era de natureza essencialmente informativa. Estendendo-se por um total de 15 sessões, tinha como objectivo providenciar uma compreensão acrescida das características de personalidade e interesses vocacionais dos alunos, aumentar a informação disponível sobre alternativas académicas e profissionais e ensinar estratégias de tomada de decisão.

particularmente elevado neste grupo, resultado que sugere uma relação entre as dificuldades no processo de decisão vocacional e a dificuldade em tomar decisões. As restantes dimensões do *Career Factors Inventory* eram igualmente elevadas, o mesmo sucedendo com o neuroticismo. Pelo contrário, o nível de extroversão era significativamente reduzido, dando conta de uma tendência para evitar o contacto e a interacção social. O terceiro grupo, que representava aproximadamente 20% da amostra, evidenciava níveis elevados de necessidade de informação vocacional, necessidade de auto-conhecimento e de abertura à experiência e baixos níveis de aptidão matemática e verbal. Aparentemente, a necessidade que estes alunos demonstram em explorar informação vocacional estaria relacionada com a sua baixa aptidão académica, uma vez que se encontram ausentes as características psicológicas negativas que descrevemos no grupo anterior. Finalmente, o último grupo, com pouco mais de 10% de alunos, apresentava um conjunto de características singular. A necessidade experimentada ao nível do auto-conhecimento era baixa. No que respeita às características de personalidade constatou-se que estes indivíduos apresentavam resultados elevados ao nível da extroversão e amabilidade e baixos em neuroticismo.

Quanto ao impacto do programa de intervenção não se verificaram diferenças entre os quatro grupos identificados. Mesmo assim, constatou-se após a conclusão da intervenção que os grupos 1 e 4, relativamente aos grupos 2 e 3, evidenciaram uma maior diminuição da indecisão vocacional, embora esta descida não tenha sido estatisticamente significativa.

Kelly e Pulver (2003) concluíram que a sua investigação sugere que a intervenção com alunos do grupo 2 deverá ser mais prolongada no tempo e aproximar-se de uma intervenção de natureza psicoterapêutica. Simultaneamente, sugerem a avaliação de duas características de personalidade que se revelaram particularmente importantes na diferenciação dos grupos, a extroversão e o neuroticismo, assim como a aptidão verbal e matemática, de forma a adequar a intervenção às especificidades dos alunos sobre os quais se pretende intervir.

2.1. *Apreciação crítica das investigações que recorreram à análise de clusters*

A investigação que recorreu à análise de *clusters*, com o objectivo de criar taxinomias de sujeitos vocacionalmente indecisos, permitiu reforçar a convicção de um número crescente de autores que sustenta que a indecisão vocacional é um constructo multidimensional. Por outras palavras, é possível distinguir vários tipos de indivíduos indecisos que configuram grupos distintos que, presumivelmente, evidenciam diferentes necessidades ao nível da consulta vocacional (Betz, 1992; Gordon, 1995, 1998; Osipow, 1999; Phillips, 1992). Ao mesmo tempo, o grupo dos estudantes decididos também parece não ser homogéneo, embora, neste caso, seja difícil apresentar conclusões mais firmes pelo facto de nem todas as investigações incluírem estes alunos nas suas amostras. Esta inclusão é mesmo desaconselhada por alguns autores (e.g., Kelly & Pulver, 2003). A multidimensionalidade do constructo da indecisão vocacional parece ser hoje aceite de forma relativamente consensual e esta apreciação estende-se a indivíduos de várias faixas etárias, como sejam os adolescentes, os jovens adultos e os adultos.

Embora seja difícil sintetizar as conclusões dos vários estudos que utilizaram a análise de *clusters*, Brown e Krane (2000) apresentaram um modelo que procurou descrever os diversos tipos de indecisão vocacional que a investigação foi evidenciando, sugerindo, simultaneamente, algumas linhas orientadoras que a intervenção vocacional poderá assumir junto dos diferentes tipos de clientes. Segundo este modelo, o primeiro tipo de indivíduos indecisos apresenta problemas de escolha vocacional que se centram, essencialmente, em necessidades de informação vocacional. Para estes sujeitos é possível que intervenções auto-administradas, nomeadamente as que são disponibilizadas por sistemas de orientação informatizados, possam ser suficientes para fazer progredir o processo de decisão vocacional. O segundo tipo de indecisão relaciona-se com problemas no processo de construção da identidade, em particular ao nível da dimensão vocacional. A incapacidade em efectuar escolhas vocacionais seria o resultado das dificuldades dos indivíduos em desenvolver uma percepção minimamente clara e diferenciada das suas características pessoais que possibilite um processo de escolha vocacional sem problemas de maior. Uma intervenção vocacional disponibilizada individualmente ou em grupo poderá constituir a solução mais adequada para estes clientes. O terceiro tipo de indecisão parece caracterizar aqueles indivíduos com identidades vocacionais mais ou menos definidas e com reduzidas necessidades de informação vocacional. Todavia, frequentemente, exibem níveis elevados de ansiedade e avaliam de forma sistematicamente negativa, no plano cognitivo e afectivo, as suas escolhas vocacionais. É possível que este tipo de sujeitos não responda tão bem a uma intervenção mais estandardizada ao nível da intervenção vocacional e que necessite de uma abordagem que se centre na forma como as suas percepções interferem negativamente com o processo de decisão vocacional. Finalmente, o último tipo de indecisão vocacional, a indecisão generalizada, combina todas as dificuldades dos tipos anteriores e tem sido normalmente descrito como o quadro que requer uma intervenção mais prolongada e intensa, a qual, presumivelmente, não apresentará grandes diferenças relativamente a uma abordagem psicoterapêutica. É de esperar que uma intervenção nestes casos tente promover uma maior definição ao nível da identidade e procure diminuir a ansiedade e as crenças negativas relativamente ao processo de escolha vocacional. Apesar de este modelo não ter sido, até ao momento, objecto de uma validação empírica, Brown e Krane (2000) sugerem uma série de indicadores susceptíveis de integrar uma investigação que procure corroborar a sua proposta.

Julgamos necessário ter presente, todavia, algumas limitações evidenciadas por estes estudos de forma a perspectivar a evolução que se impõe neste domínio. Em primeiro lugar, convém salientar que a análise de *clusters* constitui uma técnica de análise estatística multivariada de natureza essencialmente exploratória. Se, porventura, o investigador tivesse optado por outros instrumentos que avaliassem outras tantas variáveis, poderia ter chegado a conclusões diferentes quanto ao número de grupos, assim como às suas características. É certo que a selecção das variáveis toma em conta conclusões de investigações anteriores sobre a problemática da indecisão vocacional. Contudo, não é menos certo que a ausência de um quadro teórico sólido fragiliza as conclusões dos estudos que procuraram mapear as dificuldades ao nível da indecisão vocacional. Provavelmente será a ausência deste quadro teórico que condiciona os investigadores na sua opção pela análise de *clusters*. Neste caso parece existir uma implicação mútua entre quadro teórico, ou ausência dele, e metodologia de investigação.

Uma segunda limitação destas investigações prende-se com a quase total inexistência de estudos de validação. Quando se considera que um determinado conjunto de grupos constitui a melhor interpretação possível dos dados, torna-se necessário validar essa solução de forma a garantir um mínimo de estabilidade e de generalização dos resultados. Uma das estratégias passível de ser utilizada para concretizar este objectivo consiste em empregar a análise de *clusters* em duas amostras e comparar as respectivas soluções. Todavia, esta opção tem custos elevados, pelo investimento que implica na recolha e no tratamento dos dados. A opção mais comum consiste em dividir a amostra em duas subamostras e realizar em ambas a análise estatística (Hair *et al.*, 1995). Tal como referimos anteriormente, os procedimentos de validação no âmbito das investigações que descrevemos são raras. Wanberg e Muchinsky (1992) foram os únicos que testaram a validade do seu modelo. É possível, contudo, considerar a investigação de Rojewski (1994) uma validação da solução proposta por Savickas e Jarjoura (1991) e o estudo de Lucas e Epperson (1990) como uma validação de uma anterior investigação conduzida pelos mesmos autores (Lucas & Epperson, 1988). Por este facto, as taxinomias propostas devem ser encaradas como soluções provisórias e os seus resultados aceites com alguma prudência.

Deve ser também realçado que a validação não se esgota na tentativa de replicar a taxinomia numa nova amostra. No caso dos estudos que procuraram identificar as dimensões da indecisão vocacional, o objectivo último, embora nem sempre claramente expresso, é o de "(...) conjecturar intervenções distintas para estudantes que demonstram padrões únicos de indecisão" (Lucas, 1993a, p. 444). Ora, este objectivo pressupõe a realização de, pelo menos, duas acções prévias. A primeira consiste na verificação da validade prática do modelo que uma determinada investigação propôs. Por outras palavras, trata-se de verificar se os diversos subtipos de indivíduos vocacionalmente indecisos identificados constituem categorias úteis ao nível do diagnóstico e da consulta vocacional. Não nos esqueçamos que a análise de *clusters* resulta de um procedimento estatístico que maximiza as diferenças entre os diversos grupos. A questão que deverá ser respondida a jusante da investigação é a de saber se o quadro taxinómico proposto é passível de aplicação aos contextos reais da intervenção psicológica. A questão que levantamos tem semelhanças com a distinção que Thompson (2002) estabelece entre significância estatística, significância prática e significância clínica. Como afirma este autor, a significância estatística "(...) não é suficientemente útil para ser invocada como o único critério para avaliar a importância da investigação ao nível da consulta psicológica" (p. 66). Deve-se a Lucas (1993a), no estudo já por nós referido, a única tentativa de aplicação da taxinomia derivada de um estudo empírico ao contexto da consulta vocacional, aplicação esta que demonstrou potencialidades mas, igualmente, algumas limitações. É importante prosseguir esta linha de investigação.

A segunda acção prévia consiste em analisar o impacto de intervenções vocacionais com diferentes grupos de indivíduos indecisos, de forma a construir-se uma estratégia compreensiva que vise providenciar respostas distintas a sujeitos com necessidades distintas. Também aqui o resultado não deixa de ser francamente decepcionante, pois foi somente com Kelly e Pulver (2003) que se analisou, pela primeira vez, o impacto de um programa de intervenção vocacional numa amostra constituída por diversos grupos de estudantes vocacionalmente indecisos.

Finalmente, uma limitação de natureza metodológica deve ser referida. No decurso da análise de *clusters* as características dos diferentes grupos são comparadas entre si. Assim, se um determinado grupo evidencia um nível elevado no que respeita a uma determinada característica enquanto que o oposto se verifica noutro grupo, este contraste resulta do facto de o procedimento estatístico maximizar as diferenças entre os *clusters*. Dito de outra forma, as diferenças entre os grupos têm um valor relativo, uma vez que resultam de comparações que a análise estatística estabelece no seio da amostra. Se esta for representativa da população, poderemos esperar que as diferenças encontradas reflictam diferenças verdadeiras. Todavia, nos casos que atrás revimos, as amostras foram sempre de conveniência, com as limitações que um tal procedimento implica. Uma das formas de ultrapassar este problema consiste em utilizar normas populacionais das diversas medidas empregues, com o objectivo de estabelecer um padrão de comparação que possibilite uma caracterização mais rigorosa dos grupos identificados. Com a excepção do estudo de Kelly e Pulver (2003), mais nenhuma investigação procurou ultrapassar a limitação que mencionámos ou percepcionou sequer a questão como um problema.

3. A análise discriminante

A análise discriminante constitui uma técnica multivariada de análise estatística que consiste em analisar as diferenças entre dois ou mais grupos de indivíduos no que respeita a um conjunto de variáveis independentes. O seu objectivo é o de verificar se estas conseguem distinguir os grupos em análise ou predizer a probabilidade de pertença aos mesmos (Hair *et al.*, 1995; Huberty & Hussein, 2003; Pestana & Gageiro, 2003).

No campo da investigação sobre a indecisão vocacional conseguimos referenciar um único estudo que recorreu à análise discriminante. Multon, Heppner e Lapan (1995) utilizaram uma amostra de alunos do ensino secundário com o objectivo de avaliar um modelo de subtipos de decisão vocacional formados pela intersecção de duas variáveis contínuas que foram dicotomizadas: estabilidade de objectivos e nível de certeza vocacional. O objectivo dos autores era o de verificar se os quatro grupos de estudantes formados por estas variáveis (elevada estabilidade-elevado nível de certeza, elevada estabilidade-baixo nível de certeza, baixa estabilidade-elevado nível de certeza e baixa estabilidade-baixo nível de certeza) se conseguiriam diferenciar relativamente a um conjunto alargado de variáveis de natureza afectiva e cognitiva. Os resultados confirmaram que os subtipos apresentaram diferentes características psicológicas, ao nível vocacional e não vocacional, e que as funções discriminantes classificaram correctamente os indivíduos numa percentagem que oscilou entre 50% e 67%.

Parece-nos que a análise discriminante poderá desempenhar um papel relevante na investigação sobre as dimensões da indecisão vocacional. E isto porque o investigador, ao invés do que sucede na análise factorial exploratória e na análise de *clusters*, vê-se confrontado com a necessidade de estabelecer *a priori* os grupos que pretende comparar e as variáveis que presumivelmente melhor os poderão discriminar. Assim, exige-se uma maior sofisticação teórica que justifique estas opções. Simultaneamente, a análise discriminante evidencia um potencial de aplicação particularmente interessante a contextos de intervenção.

4. Investigações que combinam várias metodologias de análise estatística

Algumas investigações recentes combinaram várias metodologias de análise estatística que atrás referimos, com o objectivo de desenvolver uma abordagem compreensiva das dificuldades de escolha vocacional. Kelly e Lee (2002), por exemplo, usaram uma abordagem indutiva para descrever o universo dos problemas associados às decisões vocacionais. Numa primeira fase realizaram uma análise factorial exploratória com dados recolhidos através de três escalas: a *Career Decision Scale*, o *Ca-*

reer Factors Inventory (CFI; Chartrand *et al.*, 1990) e o *Career Decision-Making Questionnaire* (CDDQ; Gati, Krausz & Osipow, 1996). Esta análise, conduzida com estudantes universitários do ensino superior vocacionalmente indecisos, evidenciou oito factores que, no seu conjunto, explicaram mais de três quartos da variância: falta de informação, necessidade de informação, indecisão traço, desacordo com outros, difusão de identidade, ansiedade relacionada com a escolha, conflito positivo de escolha e decisão provisória.

Os autores realizaram ainda uma análise de *clusters* para determinar a estrutura interna do universo dos problemas de decisão, tendo constatado que uma solução com três grupos era a mais adequada. O primeiro grupo, designado *défices de informação/difusão de identidade*, parecia agrupar problemas experienciados antes de se iniciar o processo de decisão vocacional. Os factores representados eram a necessidade de informação, a difusão de identidade e a falta de informação. O segundo grupo caracterizava-se por apresentar problemas que ocorriam no decurso do processo de decisão, incluindo os factores ansiedade relacionada com a escolha e indecisão traço, pelo que foi chamado de *inibidores do processo de decisão*. O último grupo representava apenas o factor desacordo com outros, configurando um problema de implementação de uma decisão vocacional, sendo designado *inibidores de escolha*. Estes três *clusters*, salientam os autores, não devem ser interpretados como estádios, mas sim como problemas distintos susceptíveis de ocorrer, isolada ou cumulativamente, antes do processo de decisão, no seu decurso e ao nível da implementação de uma escolha.

É muito possível que no futuro assistamos a mais estudos desta natureza, que combinam várias metodologias de análise estatística multivariada, ou, em alternativa, utilizem análises complexas, como é caso da análise de estruturas de covariância.

5. Modelos multidimensionais

As investigações cujos resultados apresentámos anteriormente pretenderam abordar a dimensionalidade da indecisão vocacional a partir de uma perspectiva fundamentalmente empírica. Quer a análise factorial, quer a análise de *clusters*, quer, finalmente, o recurso a modelos híbridos ao nível da metodologia de investigação ignoraram, em grande medida, teorias susceptíveis de alicerçar a investigação realizada.

Mais recentemente, assistiu-se ao aparecimento de uma linha de estudos mais sofisticada. Dois grupos de investigadores não só apresentaram quadros teóricos que se propunham, entre outros objectivos, captar a diversidade que a indecisão vocacional pode assumir, como desenvolveram novos instrumentos de avaliação com a finalidade de investigar os problemas da escolha vocacional à luz de um novo enquadramento conceptual. O primeiro desses autores foi Paul Hartung (1995), que se baseou num modelo da terapia da Gestalt aplicando-o ao desenvolvimento e processo de decisão vocacionais. Este autor propôs o que designou de Ciclo de Decisão Vocacional (CDV), no qual se articulam dois constructos básicos da terapia da Gestalt: *contacto*, processos que promovem a decisão vocacional e a satisfação de necessidades, e *resistência*, processos que inibem a escolha vocacional.

"(...) a decisão vocacional envolve um processo de satisfação de necessidades e de resposta às circunstâncias e exigências ambientais. Estas circunstâncias e exigências ambientais envolvem, normalmente, condições e pressões sociais, culturais, familiares e socioeconómicas. Necessidades sentidas internamente e exigências impostas externamente fazem com que o indivíduo se mova de forma a iniciar o processo de decisão vocacional. Para cada pessoa, o envolvimento no processo de decisão conduz, em última análise, ou a algum grau de fechamento homeostático e a um estado de decisão ou a uma indecisão continuada e não homeostática." (Marco, Hartung, Newman & Parr, 2003, p. 3)

Com a finalidade de captar o movimento individual ao longo do CDV, Hartung criou o *Decisional Process Inventory* (DPI; Hartung, 1995), que pretende avaliar os níveis de contacto e resistência do processo de escolha vocacional. A primeira versão do DPI apresentou características psicométricas razoáveis mas, igualmente, a necessidade de se proceder a algumas alterações que melhorassem a qualidade final da escala. Numa investigação posterior (Hartung & Marco, 1998), o número de itens foi reduzido e novos dados permitiram constatar resultados promissores ao nível da validade concorrente, de conteúdo e de constructo. A questão que permanece em aberto diz respeito à estrutura factorial da escala. Análises factoriais exploratórias permitiram identificar três dimensões (Hartung,

1995; Hartung & Marco, 1998) – preparação, acção e resistência – mas uma análise factorial confirmatória realizada com o DPI não apoiou esta estrutura factorial (Marco *et al.*, 2003).

Embora não seja uma escala isenta de problemas, o DPI constitui um marco importante no campo da investigação sobre a indecisão vocacional. Reclamando-se de uma teoria de intervenção psicoterapêutica e aplicando-a ao processo de escolha vocacional, em geral, e ao problema da indecisão vocacional, em particular, Hartung e colaboradores enquadraram conceptualmente as dificuldades de escolha vocacional, como insistentemente vinham reclamando alguns autores (e.g., Tinsley, 1992), e criaram um instrumento susceptível de apoiar a intervenção vocacional.

Por sua vez, Gati *et al.* (1996) propuseram uma taxinomia das dificuldades do processo de tomada de decisão vocacional com o objectivo de tentar ultrapassar as limitações dos modelos teóricos que não foram submetidos a uma avaliação empírica (e.g., Campbell & Cellini, 1981) e dos estudos que procuraram categorizar os vários problemas de indecisão vocacional, descurando a sustentabilidade teórica que deve presidir a qualquer esforço de investigação. Nas suas palavras, "(…) parece que estas duas linhas de investigação, a teórica e a empírica, têm sido desenvolvidas independentemente uma da outra e por diferentes grupos de investigadores" (Gati *et al.*, 1996, p. 510). Partindo das teorias de decisão e do processamento de informação, considera-se, nesta abordagem, que a melhor decisão é aquela que permite que os objectivos traçados pelo decisor sejam atingidos. Estes consistem nas preferências do sujeito face a várias alternativas que deve considerar, sendo a melhor decisão aquela que resulta da escolha da opção com a maior utilidade. O decisor ideal está consciente da necessidade de tomar uma decisão, tem vontade de tomá-la e é capaz de efectuar uma escolha certa tendo em conta os seus objectivos pessoais. Se ocorrerem desvios no decurso deste processo é provável que surjam dificuldades ao nível da decisão vocacional.

Tomando em consideração factores de ordem teórica e empírica, Gati *et al.* (1996) criaram uma taxinomia hierárquica das dificuldades do processo de tomada de decisão vocacional, que procuraram testar junto de duas amostras, uma constituída por indivíduos de nacionalidade israelita e outra de nacionalidade americana. Partindo do pressuposto de que o processo de tomada de decisão vocacional pode ser dividido em várias componentes, as dificuldades podem, igualmente, ocorrer em pontos distintos. Em primeiro lugar, existem aquelas que ocorrem *antes do processo de decisão* propriamente dito. A primeira e única grande categoria deste domínio diz respeito à falta de preparação para iniciar o processo de escolha e inclui a falta de motivação, a indecisão generalizada, as crenças disfuncionais e a falta de conhecimento acerca do processo de decisão. Em segundo lugar, existem as dificuldades de decisão que podem ocorrer *durante o processo*. Neste domínio existem duas grandes categorias de dificuldades: a falta de informação (sobre o *self*, as profissões e as formas de obter informação) e as dificuldades originadas por informação inconsistente (devidas a informações não válidas, conflitos internos e conflitos externos). Existiriam, assim, 10 categorias distintas relacionadas com dificuldades no processo de tomada de decisão. Este modelo pressupõe uma nova perspectiva no estudo da indecisão vocacional, uma vez que esta deixa de ser vista como um único tipo de problemas com diferentes sintomas, mas como um grupo de problemas que normalmente conduzem ao mesmo resultado: a incapacidade em efectuar uma escolha vocacional.

Para a avaliação das dimensões e das categorias foi construído um instrumento, o *Career Decision-Making Difficulties Questionnaire* (CDDQ; Gati *et al.*, 1996), formado por tantos itens quantas as dimensões. O padrão de relações observado entre as 10 escalas, avaliado através de uma análise de *clusters*, aproximou-se bastante do modelo teórico proposto no estudo original que testou o modelo.

Investigações posteriores procederam a estudos de validação da escala e análise das suas características psicométricas (e.g., Albion, 2000; Albion & Fogarty, 2002; Gati, Osipow, Krauz & Saka, 2000; Gati & Saka, 2001a, 2001b; Kleiman & Gati, 2004; Lancaster, Rudolph, Perkins & Patten, 1999; Mau, 2001, 2004; Osipow & Gati, 1998; Tien, 2005). Assim, verificou-se que algumas das subescalas do CDDQ apresentaram valores de consistência interna baixos. Por sua vez, a estrutura da escala, avaliada, essencialmente, através da análise de *clusters* e, mais recentemente, através da análise factorial confirmatória (Kleiman & Gati, 2004), revelou-se próxima do modelo teórico proposto, embora, nalguns casos, algumas diferenças tenham sido evidenciadas.

O CDDQ apresenta a óbvia vantagem de se sustentar num quadro teórico, ao mesmo tempo que permite analisar empiricamente a validade de um tal modelo (Silva, 2004a). As suas potencialidades incluem a possível utilização, em termos individuais e de grupo, ao nível da consulta vocacional, nomeadamente com o objectivo de adaptar as finalidades da intervenção às características dos clientes e de avaliar a sua eficácia. Como aspectos menos positivos poderemos destacar o cunho marcadamente racionalista e prescritivo do modelo de decisão adoptado. Parece ser hoje crescentemente admitido que os modelos racionalistas, que dominaram durante muito tempo a psicologia vocacional, particularmente as teorias da decisão, são incompletos e insuficientes na explicação do comportamento humano (Blocher, 2000; Gelatt, 1989; Kahneman, 2003; Phillips, 1997; Shafir & LeBoeuf, 2002). Evolução análoga tem-se verificado em outras disciplinas das ciências sociais e humanas que abordam os processos de decisão (Dahlbäck, 1995; Frey & Benz, 2002; Zey, 1992).

6. A avaliação multidimensional da indecisão vocacional

Verificámos anteriormente, quando abordámos as investigações que enquadrámos na abordagem diferencial, que a indecisão vocacional começou por ser conceptualizada como um constructo psicológico susceptível de ser avaliado como uma variável dicotómica (decidido *versus* indeciso) ou uma variável contínua (e.g., *Career Decision Scale*).

O desenvolvimento da investigação que inserimos na abordagem multidimensional implicou o desenvolvimento de novas escalas de avaliação da indecisão vocacional, configurando aquilo que Savickas (1992) designou por instrumentos de segunda geração. A sua criação era reclamada há muito tempo por diversos autores (e.g., Grites, 1983; Hartman & Fuqua, 1983). De acordo com Gordon (1995), o desenvolvimento destas escalas "(…) promete ajudar muito os psicólogos a desenvolver intervenções que podem ser especificamente concebidas em função das necessidades individuais do estudante indeciso" (p. 28). Nas páginas seguintes iremos proceder a uma apresentação muito breve de alguns destes instrumentos.

Career Decision Profile

O *Career Decision Profile* (CDP; Jones, 1989) resulta da revisão de um instrumento similar anterior, a *Vocational Decisional Scale* (VDS; Jones & Chenery, 1980), a primeira escala especialmente concebida para avaliar várias dimensões da indecisão vocacional. O CDP é constituído por subescalas que avaliam três dimensões que, no seu conjunto, configuram um modelo de estatutos de decisão vocacional: o nível de certeza vocacional, o conforto experienciado face à situação vocacional e os factores explicativos da indecisão dos indivíduos. Estes últimos incluem a *auto-clareza* (clareza da percepção do indivíduo face aos seus interesses, aptidões e personalidade e da forma como aquela se relaciona com diferentes escolhas vocacionais), a *informação educacional e profissional* (nível de conhecimento que os indivíduos acreditam possuir sobre diferentes alternativas educacionais e profissionais que se adequam às suas características pessoais), a *capacidade de decisão* (capacidade de tomar decisões sem atrasos ou dificuldades excessivas ou sem depender excessivamente de outros) e a *importância da escolha vocacional* (nível de importância atribuído à escolha e desempenho profissionais). Estas dimensões da indecisão vocacional são consideradas relativamente independentes.

Ao nível da consulta vocacional o CDP pode ser utilizado para explorar a natureza da indecisão dos clientes, determinar o tipo de intervenção que melhor se poderá adequar às suas características e avaliar a eficácia das intervenções. A investigação realizada com o CDP tem evidenciado a validade e as boas características psicométricas do instrumento (Jones & Lohmann, 1998; Lucas & Wanberg, 1995), sendo possível afirmar que ele constitui um bom exemplo de como, quer ao nível de intervenção, quer ao nível da investigação, é possível ultrapassar o simplismo das primeiras investigações no que à avaliação da indecisão vocacional diz respeito.

Career Factors Inventory

Com o *Career Factors Inventory* (CFI; Chartrand, Robbins, Morril & Boggs, 1990) partiu-se do princípio de que era necessário avaliar os factores pessoais-emocionais e os factores de informação antecedentes da indecisão vocacional. Para os autores, a distinção entre estes dois tipos de factores, cada um avaliado com duas subescalas, é considerada particularmente relevante, na medida em que as dificuldades no processo de decisão vocacional podem residir em défices de informação, em variáveis de natureza afectiva ou em ambas. Esta distinção entre os dois tipos de factores é sucedânea da distinção entre indecisão vocacional normativa e indecisão generalizada (Chartrand & Nutter, 1996; Chartrand et al., 1990). Os factores pessoais-emocionais incluem a *ansiedade da escolha vocacional*, ou seja, o nível de ansiedade que o sujeito experimenta quando se encontra a decidir sobre questões vocacionais, e a *indecisão generalizada*, definida como a dificuldade do indivíduo em efectuar decisões em vários domínios de vida. Os factores de informação incluem a *necessidade de auto-conhecimento*, a necessidade sentida pelo indivíduo de atingir um maior grau de compreensão de si próprio e de se auto-definir antes de efectuar decisões vocacionais, e a *necessidade de informação vocacional*, que avalia a necessidade percepcionada pelo indivíduo de adquirir experiência e informação sobre várias alternativas antes de efectuar investimentos vocacionais.

O CFI apresenta já um notável conjunto de estudos que atestam a sua validade e as suas excelentes características psicométricas (Chartrand & Nutter, 1996; Chartrand & Robbins, 1997; Lewis & Savickas, 1995). Um aspecto que merece ser salientado foi a utilização da análise factorial confirmatória no decurso do processo de construção da escala (Chartrand *et al.*, 1990), análise esta que permitiu corroborar o modelo teórico subjacente. Posteriormente, outros autores chegariam às mesmas conclusões recorrendo a análises factoriais de tipo exploratório e confirmatório (Dickinson & Tokar, 2004; Lewis & Savickas, 1995; Simon & Tovar, 2004).

O CFI pode ser usado com populações diversas, incluindo estudantes do ensino secundário e superior, assim como adultos empregados ou em processo de transição de carreira. Tem sido utilizado, individualmente ou em grupo, como um instrumento que permite adequar a intervenção vocacional às necessidades específicas dos clientes e avaliar a eficácia dessa intervenção. Assim, por exemplo, indivíduos com níveis elevados nas dimensões informativas poderão beneficiar de uma intervenção auto-administrada utilizando recursos bibliográficos e/ou informáticos. Já no que respeita a indivíduos que apresentam níveis elevados de indecisão generalizada poderá ser aconselhável uma intervenção individual que enquadre as dificuldades de decisão vocacional no âmbito mais vasto de um padrão relativamente estável de comportamento e características correlativas de personalidade (Akos, Konold & Niles, 2004). O CFI constitui o único instrumento multidimensional de avaliação da indecisão vocacional que foi objecto de comercialização (Chartrand & Robbins, 1997).

Coping with Career Indecision

Tendo surgido após o desenvolvimento dos dois instrumentos anteriormente mencionados, o *Coping with Career Indecision* (CCI; Larson,

Wilson, Medora, & Allgood, 1994), anteriormente designado por *Career Planning Inventory* (Larson, Toulouse, Ngumba & Fitzpatrick, 1991) procurou, igualmente, responder à necessidade de diferenciar indivíduos vocacionalmente indecisos com o objectivo de melhor planear estratégias de intervenção. Todavia, foi entendimento dos autores da escala que algumas áreas não se encontravam a ser devidamente contempladas na avaliação da indecisão vocacional, nomeadamente as relacionadas com a avaliação de capacidades de resolução de problemas e com a auto-eficácia académica.

O CCI é constituído por quatro subescalas que emergiram de uma análise factorial exploratória. A primeira foi designada por *obstáculos e sofrimento vocacional subjectivo* e avalia sentimentos negativos relativamente ao processo de decisão vocacional que incluem, por exemplo, sentimentos depressivos, ansiedade, adiamento, incapacidade em tomar decisões, barreiras vocacionais, bem como desaprovação de pessoas significativas e pressões externas. A segunda subescala, *resolução activa de problemas*, avalia a dificuldade na resolução de problemas vocacionais, bem como a percepção do nível de informação vocacional. A terceira subescala avalia a confiança que o indivíduo possui relativamente à sua capacidade para ser bem sucedido no plano académico, tendo sido designada por *auto-eficácia académica*. Por fim, a última subescala relaciona-se com *mitos vocacionais*, como, por exemplo, a crença de que uma única escolha vocacional determina todo o percurso ulterior de carreira de um indivíduo.

A validade e as características psicométricas do CCI foram evidenciadas no decurso do processo de construção do instrumento (Larson *et al.*, 1994). Assim, a consistência interna e a estabilidade temporal das diversas subescalas é apropriada para um instrumento com estas características. O CCI relacionou-se com vários índices de indecisão vocacional e demonstrou ser eficaz a discriminar sujeitos vocacionalmente decididos de indecisos. Contudo, foram poucos os estudos que já recorreram a este instrumento (e.g., Larson & Majors, 1998; Lee, 2005), pelo que se impõe aguardar que novas investigações o utilizem para que se possa avaliar, com maior rigor, as potencialidades que já evidenciou.

Career Assessment Diagnostic Inventory

O *Career Assessment Diagnostic Inventory* (CADI; Vidal-Brown & Thompson, 2001) constitui a mais recente escala multidimensional de avaliação da indecisão vocacional. Os autores procuraram criar um inventário que cobrisse várias dimensões associadas à indecisão vocacional incluindo, especialmente, constructos que não fossem objecto de avaliação por outros instrumentos similares. O CADI é constituído por seis subescalas. A primeira é designada por *conflito familiar* e avalia o grau de conflito experienciado pelo indivíduo com a sua família. A segunda é a *independência emocional*, isto é, a ausência da necessidade excessiva de aprovação pelos pais ou por outras figuras significativas. A *ansiedade do processo de decisão* constitui a terceira subescala e avalia o nível da ansiedade associado ao processo de decisão vocacional. A quarta subescala, *desenvolvimento da identidade*, refere-se à clareza com que o indivíduo se percepciona a si próprio. A *informação vocacional* avalia a necessidade de informação escolar e profissional para tomar decisões vocacionais. Finalmente, a sexta subescala, *auto-eficácia vocacional*, avalia as crenças positivas relacionadas com a capacidade de efectuar decisões vocacionais.

A validade e as características psicométricas do CADI foram analisadas no âmbito do processo de construção do inventário (Vidal-Brown & Thompson, 2001). Verificou-se que a consistência interna e a estabilidade temporal das diversas subescalas apresentaram valores muito satisfatórios. Ao nível da validade constatou-se que o CADI se relacionou com vários indicadores de indecisão vocacional e com padrões de pensamento disfuncionais associados ao processo de decisão vocacional. Espera-se que no futuro este inventário venha a ser mais utilizado, de forma a ser possível efectuar uma caracterização mais detalhada das suas características.

7. Síntese e conclusões

A abordagem multidimensional da indecisão vocacional representa um notável avanço sobre as concepções mais simplistas que orientaram a investigação que descrevemos no capítulo dedicado à abordagem diferencial. Nesta associava-se a incapacidade dos indivíduos em se auto--definirem no plano vocacional a um conjunto de características psicológicas maioritariamente negativas que urgia identificar com o objectivo de orientar a intervenção. A abordagem desenvolvimentista, por seu turno, pressupunha que um momento de indefinição vocacional constituía a consequência inevitável de um estádio ou de um processo de exploração vocacional.

Para a abordagem multidimensional estas duas perspectivas integram-se dialecticamente num quadro mais alargado. As dificuldades de escolha vocacional são agora perspectivadas como podendo ter várias causas ou origens. Umas podem considerar-se adequadas no plano do desenvolvimento psicológico, em geral, e no vocacional, em particular, ao contrário de outras que indiciam maiores dificuldades ao nível da adaptação psicológica por parte de alguns indivíduos. Recorde-se que esta multiplicidade de factores foi invocada como uma das explicações mais plausíveis para os resultados pouco consistentes das investigações do modelo diferencial (Betz, 1992; Phillips, 1992; Santos & Coimbra, 2000). Simultaneamente, as teorias vocacionais desenvolvimentistas tinham dificuldade em dar conta do trajecto de alguns indivíduos que dificilmente poderiam ser enquadrados numa perspectiva normativa. Estas diferentes concepções sobre a indecisão vocacional foram, ocasionalmente, objecto de marcada divergência entre autores que se centravam numa perspectiva desenvolvimentista, por oposição aos que privilegiavam uma concepção que acentuava os traços negativos da indecisão vocacional (e.g., Grites, 1981; Hartman & Fuqua, 1983; Grites 1983). Na abordagem multidimensional ambas as perspectivas podem coexistir sem que necessariamente uma implique a exclusão da outra.

Embora seja difícil sintetizar a investigação produzida em torno da abordagem multidimensional, pensamos existir um afastamento face ao quadro confuso que, segundo Slaney (1988), caracterizava a investigação sobre a indecisão vocacional no final dos anos 80. Os estudos realizados procuraram dar conta da complexidade das dimensões susceptíveis de serem identificadas nos indivíduos que, em determinado momento, têm dificuldades em efectuar uma escolha vocacional.

Gordon (1998) apresentou uma classificação do que designou de estatutos de indecisão vocacional, baseada num conjunto de 15 estudos, a maioria dos quais publicados entre o início da década de 80 e meados da década de 90. Os estatutos em causa incluíram estudantes vocacionalmente decididos e indecisos. Os indivíduos dos vários estatutos foram designados de *muito decididos* (pessoas com planos vocacionais definidos que só muito raramente procuram a consulta vocacional); *algo decididos* (estes indivíduos manifestam alguma dúvida e ambivalência relativamente à sua escolha vocacional); *decididos instáveis* (exibem, normalmente, níveis mais ou menos elevados de instabilidade de objectivos e de ansiedade, embora evidenciando algum grau de certeza vocacional); *tentativamente indecisos* (sem terem tomado uma decisão vocacional, estes sujeitos não se sentem particularmente desconfortáveis com a sua situação); *normativamente indecisos* (estes indivíduos encontram-se a lidar com as tarefas de exploração vocacional associadas ao processo de desenvolvimento e escolha vocacionais); *seriamente indecisos* (estes sujeitos apresentam uma série de características psicológicas negativas, como, por exemplo, um estilo de decisão dependente e *locus* de controlo externo, assim como baixos níveis de identidade vocacional e de auto-estima); finalmente, *os indecisos crónicos* (para além das características do grupo anterior estes sujeitos distinguem-se pela presença de níveis muito elevados de ansiedade).

Apesar das limitações desta classificação, ela não deixa de ser particularmente interessante como instrumento de análise da dimensionalidade da indecisão vocacional. Um aspecto a salientar relaciona-se com a inclusão de estudantes vocacionalmente decididos. Já tivemos a oportunidade de mencionar que vários autores excluíram deliberadamente das suas investigações indivíduos que declararam ter efectuado uma escolha vocacional. Esta opção pode ser defensável, se realizada com o objectivo de evitar enviesamentos provocados pela presença de sujeitos vocacionalmente decididos, tentando, desta forma, encontrar tipos mais definidos (ver Chartrand, Martin, Robbins, McAuliffe, Pickering & Calliotte, 1994). Contudo, tal escolha metodológica não se faz sem que uma outra tenha sido tomada, por vezes de forma não claramente assumida. Partir do pressuposto de que só interessa investigar as dimensões da indecisão vocacional com indivíduos indecisos parece implicar que todos aqueles que já escolheram uma determinada opção de carreira o fizeram de forma adequada e que as suas escolhas possuem igual valor. No fundo, para alguns investigadores que desenvolveram as suas investigações no âmbito da abordagem multidimensional, parece continuar válido o pressuposto que associa a escolha vocacional a um resultado positivo de um processo de desenvolvimento do sujeito decisor. Ora, este pressuposto não deve ser aceite de forma acrítica e está longe de descrever completamente o universo dos indivíduos decididos. Sabemos, por exemplo, que a relação entre o estado de decisão e outras variáveis, como o nível de conforto ou de ansiedade, só para citar estas duas, nem sempre coincidem como se esperaria (Jones, 1989; Jones & Chenery, 1980; Newman, Fuqua & Minger, 1990).

Outros autores, por seu lado, salientaram que alguns indivíduos podem ter efectuado uma escolha prematura, ditada por constrangimentos de vária ordem, sem que tivessem tido a oportunidade ou a capacidade de fundar as suas decisões num processo de exploração vocacional (Brisbin & Savickas, 1994; Peterson & McDonough, 1985; Wanberg & Muchinsky, 1992). É neste quadro que a expressão *estatuto de decisão vocacional*, originalmente cunhada por Jones e Chenery (1980), começou a ser crescentemente empregue na literatura sobre a indecisão vocacional. Nas palavras de Jones e Lohmann (1998), com as quais nos identificamos, "(...) o termo *estatuto de decisão vocacional* é mais inclusivo e diferenciado (itálico no original, p. 210)".

Este facto configura uma alteração qualitativa de enorme alcance ao nível teórico e de intervenção, porquanto pressupõe que quer indivíduos vocacionalmente decididos, quer indecisos, podem apresentar padrões qualitativamente distintos de desenvolvimento vocacional. Se aceitarmos esta alteração de perspectiva teremos, consequentemente, de conceber o desenvolvimento de estratégias de intervenção vocacional especialmente dirigidas a indivíduos vocacionalmente decididos. As palavras de Virgínia Gordon (1981) permanecem tão actuais como quando foram publicadas há mais de 20 anos: "Existem muitos estudantes decididos (...) que necessitam do mesmo tipo de aconselhamento e intervenção disponibilizado aos indecisos" (p. 438). Krieshok (1998) vai mesmo mais longe: "Intervenções destinadas a mover indivíduos prematuramente decididos de um estado de decisão para um estado de indecisão não se encontram em lado nenhum, embora alguns possam sustentar tal proposta" (p. 220). É, pois, a *qualidade dos processos* que subjaz ao estatuto de decisão que se torna crucial avaliar e, tomando-a em consideração, juntamente com outros factores, conceber e avaliar as estratégias de intervenção mais apropriadas.

Todavia, quaisquer que sejam os alvos da intervenção, os autores que desenvolveram os seus trabalhos de investigação no quadro da abordagem multidimensional ficaram muito longe das intenções, inicialmente proclamadas como prioritárias, em adaptar a intervenção ao estatuto de decisão vocacional, em especial junto de indivíduos vocacionalmente indecisos. É necessário enquadrar este facto num contexto mais vasto, com o objectivo de acentuar que a ausência de investigação em torno dos processos e da eficácia da intervenção, em função de diferentes indivíduos com necessidades vocacionais distintas, não se filia directamente nas limitações da abordagem multidimensional. Na realidade, ela deriva de duas fragilidades, sentidas desde há muito no campo da psicologia vocacional, que se têm revelado difíceis de ultrapassar. Referimo-nos, em primeiro lugar, à ausência de um quadro de diagnóstico que oriente a investigação e a intervenção. Apesar de vários autores terem repetidamente chamado a atenção para a importância de que esta questão se reveste (Rounds & Tinsley, 1984) e de alguns terem apresentado taxinomias de diagnóstico (e.g., Campbell & Cellini, 1981; Crites, 1969, 1981; Holland, Gottfredson & Nafziger, 1975; Holland, Gottfredson & Power, 1980; Miller, 1993), estes sistemas continuam a ser muito pouco utilizados na investigação e na intervenção (Whiston, 2002). Como referiu Susan Phillips (1992), a "(...) a relativa ausência de intervenções [vocacionais] especificamente concebidas realça outra direcção para contribuições futuras. Este vazio parece dever-se, pelo menos parcialmente, à falta de um sistema de diagnóstico facilmente utilizável e à consequente incapacidade de os investigadores avaliarem adequadamente as necessidades dos clientes" (p. 538).

Este cenário dificulta a avaliação da eficácia da intervenção vocacional. Sabemos, tendo por base vários estudos publicados nas últimas décadas (Brown & Krane, 2000; Fretz, 1981; Holland, Magoon & Spokane, 1981; Oliver & Spokane, 1988; Whinston, Sexton & Lasoff, 1998), que a intervenção vocacional, disponibilizada através de várias modalidades (consulta individual, consulta de grupo, etc.), demonstrou ser eficaz, conclusão que parece não suscitar grandes dúvidas (Heesacker, Neimeyer & Lindekens, 2001; Silva, 2004b). O trabalho que em grande parte permanece por fazer ao nível da consulta vocacional, por comparação com o percurso já trilhado ao nível da psicoterapia (Machado, 1996), e aqui reside a segunda fragilidade, consiste em investigar a relação entre os *processos* psicológicos e os *resultados* da intervenção.[6] Todavia, mais importante ainda, parece-nos, é identificar as características das intervenções vocacionais que são mais eficazes e apropriadas com determinados grupos de indivíduos na situação de consulta vocacional. Infelizmente, no campo da indecisão vocacional, onde tantas expectativas foram criadas, verifica-se, com muito raras excepções, como é o caso da notável investigação de Heppner e Hendricks (1995), que este trabalho se encontra em grande

---

[6] Uma excepção pioneira pode ser encontrada em Kirschner, Hoffman e Hill (1994).

parte por fazer (Brown & Krane, 2000; Whiston, 2002). Presentemente, nas palavras de Heppner e Heppner (2003), "(...) não se sabe virtualmente nada sobre como diferentes subtipos de clientes progridem no decurso da consulta vocacional e quais as variáveis que afectam o processo de consulta vocacional" (p. 438).[7]

Ainda no que respeita à abordagem multidimensional da indecisão vocacional deveremos assinalar uma outra limitação que importaria tentar ultrapassar no futuro. Referimo-nos à inexistência de um enquadramento teórico sólido orientador das investigações. Em grande parte dos estudos por nós referenciados, a complexidade e sofisticação por vezes demonstrada ao nível da análise dos dados (análise factorial, análise discriminante, análise de *clusters*) não foi acompanhada de uma análise teórica de igual valia. Por exemplo, foram raros os investigadores que tentaram interpretar as dimensões da indecisão vocacional socorrendo-se de teorias do desenvolvimento e escolha vocacionais (e.g., Savickas & Jarjoura, 1991) ou que construíram instrumentos de avaliação multidimensional da indecisão vocacional teoricamente fundamentados. Só mais recentemente, com as investigações que têm em Paul Hartung e Itamar Gati os seus principais mentores, é que parece ter sido dado um passo importante que, eventualmente, poderá trazer uma maior consolidação teórica à abordagem multidimensional da indecisão vocacional.

É necessário, pensamos, enquadrar esta limitação num plano mais vasto, que ultrapassa em muito as fronteiras estreitas da abordagem multidimensional e da própria psicologia vocacional. Com efeito, em muitos domínios, a psicologia contemporânea tem permitido que a investigação seja excessivamente dominada por questões relacionadas com abordagens metodológicas ou análises estatísticas. Ora, como afirmou oportunamente Hetherington (2000), a teoria "(...) deve ser usada no processo de pesquisa para estabelecer orientações para a análise de dados e permitir um quadro de referência essencial para compreender os méritos dos resultados" (p. 40). Infelizmente, como vimos atrás, uma fundamentação

---

[7] Numa paralelismo que deve ser assinalado Negreiros (1998) apresenta uma conclusão semelhante relativamente ao domínio de programas de prevenção do consumo de álcool e drogas: "(...) a questão que actualmente se coloca não será tanto a de determinar se os programas de prevenção são ou não eficazes, mas de considerar modalidades específicas de intervenções preventivas, tipos de efeitos que produzem, em função as características das populações a que se dirigem" (p. 89).

teórica sólida, capaz de sustentar as hipóteses de investigação e a análise dos dados, não foi um dos pontos mais fortes da abordagem multidimensional. Como realçaram Machado, Lourenço e Silva (2000), a proeminência de estudos factuais em psicologia, que se debruçam sobre as relações funcionais entre variáveis, nomeadamente organizadas em teorias, fez-se essencialmente à custa do subinvestimento em investigações teóricas e conceptuais. O resultado desta opção consiste, entre outras consequências, numa fragmentação e especialização excessivas no campo da psicologia e num contraste crescente entre a sofisticação na recolha e análise dos dados e a fragilidade teórica das investigações.

Igualmente de salientar é a quase completa inexistência de estudos longitudinais que descrevam a evolução dos diversos tipos de sujeitos indecisos e decididos. Na realidade, as várias dimensões da indecisão vocacional apresentam, seguramente, uma dinâmica relacionada com o processo de desenvolvimento psicológico que importaria analisar com rigor, mas cuja investigação se encontra completamente por fazer. Existem indivíduos cuja indecisão vocacional é susceptível de ser ultrapassada com relativa facilidade. Neste caso estaríamos perante uma indecisão normativa e adequada no plano do desenvolvimento vocacional. Noutros casos, é de esperar que assim não suceda e que as dificuldades constatadas no processo de escolha vocacional reflictam perturbações mais profundas, como acontece no caso da indecisão generalizada. Finalmente, outros indivíduos vocacionalmente decididos são susceptíveis de rever as suas escolhas vocacionais e iniciar um novo processo de exploração vocacional, nomeadamente aqueles que apresentam investimentos frágeis e condicionados por variáveis marcadamente externas. Todavia, embora estas considerações tenham algum fundamento teórico e empírico, o facto é que nenhuma investigação abordou esta questão de uma forma metodologicamente sólida que a complexidade do problema exige, ou seja, através de estudos longitudinais que determinem a evolução dos diversos tipos e a caracterização dos processos psicossociais que se encontram envolvidos nesses processos de mudança. Julgamos que esta constitui uma área que merece uma particular atenção por parte dos investigadores.

Importa ainda referir que uma das limitações das investigações da abordagem multidimensional prende-se com os contextos de vida nos quais o desenvolvimento se processa. Tudo parece passar-se como se as dificuldades nas escolhas vocacionais ocorressem numa situação de vazio contextual. Isto é, os diversos tipos de indivíduos que a investigação foi identificando surgem desligados dos múltiplos contextos com os quais interagem. Esta situação não deixa de nos causar alguma perplexidade porque a exploração e a escolha vocacionais dependem, em grande medida, de variáveis contextuais, particularmente num quadro de transformações acentuadas do próprio conceito de carreira (Collins & Watts, 1996; Detry & Cardoso, 1996; Peavy, 1997a; Vähmöttönen *et al.*, 1994). É precisamente o enquadramento numa dimensão contextual do desenvolvimento humano, em particular a relacionada com a família, que a abordagem que se descreve no capítulo seguinte procurou concretizar com o objectivo de perceber melhor as origens e os processos que condicionam a indecisão vocacional.

CAPÍTULO 5
A abordagem sistémica da indecisão vocacional

A influência da família no processo de escolha vocacional foi tradicionalmente problematizado por um conjunto alargado de teorias e autores no âmbito da psicologia vocacional. Todavia, só recentemente as dimensões processuais relacionadas com a interacção entre os indivíduos e as suas famílias foram devidamente valorizadas, em detrimento das variáveis familiares estruturais que constituíram o foco da investigação no passado. Esta alteração ocorreu no quadro de uma modificação fundamental que se verificou na psicologia vocacional e que consistiu em destacar o papel das variáveis contextuais no desenvolvimento dos indivíduos. É neste cenário que se assiste à aplicação de grelhas de análise teórica e de estratégias de intervenção baseadas nas teorias familiares sistémicas. Neste capítulo descreve-se a forma como a abordagem sistémica analisou o fenómeno da indecisão vocacional, efectua-se uma revisão dos estudos que investigaram a relação entre variáveis familiares sistémicas e problemas no âmbito do processo de decisão vocacional e identificam-se as principais limitações desta abordagem.

1. Desenvolvimento vocacional e teorias familiares sistémicas

O papel da família como factor fundamental no desenvolvimento vocacional de adolescentes e jovens adultos foi abordado por algumas teorias clássicas da psicologia vocacional (Bordin, 1984; Bordin, Nachmann & Segal, 1963; Roe, 1957; Super, 1957). Embora em certos casos tenham sido propostos quadros teóricos que visavam explicitar de que forma essa influência se poderia exercer, como é o caso da teoria de Anne Roe

(Brown, Lum & Voyle, 1997; Roe, 1957), o facto é que o contexto familiar permaneceu, durante muito tempo, no âmbito das teorias da psicologia do desenvolvimento e escolha vocacionais, como uma variável pouco relevante e desenvolvida (Chope, 2002; Herr & Lear, 1984). Como afirmam Osipow e Fitzgerald (1996), é surpreendente

> "(...) que tão pouca teorização tenha sido proposta para, de forma explícita, relacionar o papel da família com o comportamento vocacional, particularmente quando existem numerosos dados que mostram como as influências familiares contextuais influenciam o tipo de escolha inicial efectuada e o modo como esta é implementada." (p. 322)

Num artigo de revisão sobre a investigação acerca do papel da família no desenvolvimento vocacional, Schulenberg, Vondracek e Crouter (1984) identificaram três grandes limitações dos estudos de natureza empírica que, até à data, tinham sido realizados sobre este tópico. A primeira dizia respeito ao predomínio das investigações centradas nos resultados, em detrimento dos processos vocacionais. Este modelo de investigação, de matriz sociológica, privilegiou características familiares estruturais, como o estatuto socioeconómico, a configuração familiar e a origem racial ou étnica, analisando a sua influência ao nível dos resultados vocacionais, como sejam, por exemplo, as aspirações e expectativas educacionais e ocupacionais, o nível de formação atingido ou o tipo de profissões desempenhadas.

Uma segunda limitação relacionava-se com o facto de a maioria das investigações não abordar o contexto familiar como uma totalidade funcional, ignorando, igualmente, a interdependência dos diversos sistemas ecológicos nos quais ocorre o desenvolvimento psicológico, em geral, e o vocacional, em particular.

Finalmente, Schulenberg *et al.* (1984) destacaram a incapacidade de muitos estudos em analisar as transformações ao nível do contexto socioeconómico mais vasto que se repercutem na família e que, por seu turno, implicam alterações na forma como esta se relaciona com o meio envolvente e como os seus membros interagem entre si.

Mais recentemente, Whiston e Keller (2004), na sequência de uma revisão das investigações, publicadas entre 1980 e 2002, sobre a influência da família no desenvolvimento vocacional, identificaram, igualmente, um conjunto de limitações, nomeadamente a falta de enquadramento teórico num considerável número de estudos e a escassez de investigações longitudinais.

Nos últimos vinte e cinco anos foi possível realizar algum esforço para ultrapassar pelo menos parte destas limitações. Em particular, assistiu-se à emergência de uma linha de investigação que, à luz de diversas abordagens teóricas, procurou analisar a influência dos processos de natureza familiar (características do funcionamento familiar, estilos educativos, etc.) no desenvolvimento vocacional de adolescentes e jovens (Gonçalves & Coimbra, 1994/1995; Gonçalves, 1997; Grotevant & Cooper, 1988). Desta forma, o foco da investigação deslocou-se de variáveis de natureza estrutural, a que já fizemos referência, para variáveis de natureza processual, procurando-se compreender o impacto que os mecanismos familiares exercem a partir de um ponto de vista causal e não apenas preditivo (Osipow & Fitzgerald, 1996; Whiston & Keller, 2004). A perspectiva que parece tornar-se predominante pressupõe que a influência da relação entre pais e filhos no desenvolvimento psicológico destes últimos é de natureza recíproca e transaccional, e não unidireccional, e que esta relação sofre transformações significativas ao longo do ciclo de vida familiar, com especial relevância no decurso da adolescência e início da idade adulta (Collins & Repinski, 1994; Grotevant & Cooper, 1986; Lankard, 1995; Lopez, 1992; Young & Friesen, 1990).

Esta evolução tem exercido uma influência promissora e significativa ao nível da consulta vocacional. Nos últimos anos tem vindo a crescer o interesse por intervenções concebidas com o objectivo de envolver os pais de adolescentes e jovens na promoção do desenvolvimento vocacional dos seus filhos (e.g., Amundson & Penner, 1998; Kush & Cochran, 1993; Palmer & Cochran, 1988; Otto & Call, 1985). Quando a influência das variáveis familiares estruturais constitui a abordagem privilegiada da investigação, torna-se difícil equacionar de que forma será possível intervir na promoção do desenvolvimento, uma vez que as dimensões em causa dificilmente se prestam a uma mudança no âmbito de uma intervenção de natureza psicológica. Quando, pelo contrário, são variáveis de natureza processual que passam a ser objecto de interesse (e.g., Hairston, 2000; Hoffman, Hofacker & Goldsmith, 1992; Kracke, 1997; Nascimento & Coimbra, 2001/2002, 2003; Reschke & Knierim, 1987; Young, 1994, 2001/2002; Young & Friesen, 1990, 1992; Young, Paseluikho & Valach, 1997; Young et al., 2001), torna-se viável conceber intervenções que visam promover, de forma intencional e sistemática, os processos que influenciam positivamente o desenvolvimento vocacional (Chope, 2002), intervenções estas susceptíveis de serem aplicadas ao nível dos sistemas pessoais e transpessoais (Campos, 1993; Campos, Costa & Menezes, 1993).

Com o objectivo de compreender de forma mais global e aprofundada o papel da família no desenvolvimento vocacional de adolescentes e jovens, alguns autores, em especial a partir do início da década de 80, realçaram a utilidade e a pertinência das teorias familiares sistémicas oriundas da terapia familiar (Herr & Lear, 1984; Larson, 1995; Splete & Freeman-George, 1985; Toman & Kurtz, 1992). Neste referencial teórico a família é concebida como um sistema aberto, caracterizado por interacções mais ou menos intensas com o meio exterior. Os seus membros, organizados em sub-sistemas, configuram uma estrutura cujo funcionamento é caracterizado por uma interdependência mútua (Hall, 2003; Relvas, 2003). Desta forma, o comportamento individual adquire uma compreensão acrescida no contexto das relações familiares onde se origina e desenvolve.

A terapia familiar sistémica organizou-se em torno de várias escolas. Três delas assumiram uma particular importância: a terapia familiar estrutural de Salvador Minuchin e colaboradores (ver Nichols & Schwartz, 2004, Cap. 7), mais influenciada por ideias oriundas da teoria geral dos sistemas, proposta originalmente por Ludwig von Bertalanffy; a terapia familiar estratégica, que nasceu do notável trabalho desenvolvido pela equipa liderada por Gregory Bateson no Mental Health Institute de Palo Alto, no decurso da década de 50; finalmente, a terapia familiar comunicacional-estratégica, da escola de Milão, que tem a sua principal figura em Mara Selvini Palazzoli. Esta divisão, algo esquemática, e que está longe de esgotar o universo das correntes da terapia familiar, não nos deve fazer esquecer que a distinção entre as diversas escolas se tem vindo a esbater nos últimos anos à medida que um crescente número de terapeutas familiares foi integrando estratégias diversificadas na sua prática clínica (Barker, 2000; McLeod, 2003).

Os vários modelos da terapia familiar sistémica partilham um conjunto de pressupostos, que importa recordar de forma sintética, porquanto se encontram intimamente relacionados com as estratégias de intervenção que foram posteriormente utilizadas na área da consulta vocacional. A abordagem sistémica afasta-se de uma concepção de causalidade linear do comportamento humano, que tende a centrar-se no papel desempenhado pelos factores psicológicos individuais na emergência e manutenção de quadros sintomáticos, para enfatizar uma causalidade circular, na qual o comportamento adquire um significado comunicacional na rede de relações que se estabelece no sistema familiar (Goodyear, 1980; Sexton, 1994). Por outras palavras, a causalidade do comportamento passa a ser perspectivada de um ponto de vista recíproco, pelo que a intervenção psicológica se foca na modificação da comunicação e interacção dos diversos indivíduos ou subsistemas familiares (Relvas, 2003).

Um segundo pressuposto é o de que as famílias podem ser concebidas como sistemas que manifestam determinados padrões de relacionamento interpessoal, tacitamente ligados a regras e papéis, que tendem a manter a homeostasia ou equilíbrio do sistema (McGoldrick & Carter, 2001). É esta característica que permite perceber que a alteração do comportamento num dos membros da família normalmente desencadeia uma reacção em outros elementos ou subsistemas familiares que visa repor o equilíbrio sistémico inicial.

Um terceiro pressuposto é o de que os sistemas familiares apresentam características específicas que ultrapassam as que definem cada um dos elementos que os compõem (Barker, 2000). Por outras palavras, o somatório das particularidades dos membros da família não permite reconstituir as características do sistema familiar, porquanto estas resultam da interacção dinâmica dos elementos do sistema.

Finalmente, para os teóricos familiares sistémicos os sintomas só adquirem significado no quadro de uma abordagem relacional que tome em consideração o papel dos diversos actores e subsistemas que compõem o universo familiar (Lopez, 1992). Com efeito, o comportamento sintomático é interpretado como uma forma de manter o funcionamento da família à custa de uma problemática que a todos envolve. Por esta razão, para ser ultrapassado, torna-se necessária uma intervenção sobre o sistema que faça com que este evolua para um novo equilíbrio. Desta forma, as características pessoais, valorizadas pelas diversas escolas de psicoterapia não sistémica, são relativizadas e, ao invés, são as relações interactivas familiares que emergem como mais significativas no desenvolvimento e manutenção dos quadros sintomáticos.

2. Análise sistémica e processo de decisão vocacional

Bratcher (1982) foi um dos primeiros autores a sustentar a importância da abordagem sistémica para uma compreensão mais aprofundada do papel da família nos processos de decisão vocacional, porquanto aquela permitiria "(...) tomar em consideração as influências familiares escondidas mas poderosas que afectam a capacidade do cliente em considerar muitas opções vocacionais" (p. 91). Estas influências no processo de decisão vocacional são muitas vezes inconscientes, sendo importante equacioná-las no âmbito da intervenção. Em várias situações as ferramentas conceptuais das teorias familiares sistémicas revelam-se particularmente úteis. Por exemplo, o processo de autonomização dos jovens face às suas famílias relaciona-se com a maior ou menor rigidez ou flexibilidade das fronteiras do seu sistema familiar. Esta dimensão assume particular relevância no processo de decisão vocacional que, em muitas circunstâncias, se afigura como a primeira grande escolha que muitos indivíduos têm que enfrentar nas suas vidas.

Relacionada com este último aspecto, a abordagem sistémica pode ser útil na compreensão acrescida que possibilita face ao papel desempenhado pelas regras familiares que veiculam e mantêm certas padrões. Determinadas famílias apresentam tradições muito marcadas no que respeita às profissões que os seus membros exercem. A capacidade de aceitar de forma passiva ou de questionar de forma crítica os valores e crenças da família face ao mundo do trabalho e das profissões encontra-se intimamente relacionada com o funcionamento familiar e desempenha um papel preponderante nos projectos escolares e profissionais dos indivíduos.

Zingaro (1983), por sua vez, salientou a importância e utilidade de uma conceptualização sistémica familiar de forma a captar a complexidade da dinâmica familiar no processo de desenvolvimento vocacional, em particular nos processos de decisão. Por exemplo, alguns dos mitos sobre o desenvolvimento vocacional que os clientes relatam na situação de consulta parecem traduzir uma clara influência parental nas escolhas vocacionais dos adolescentes e jovens (Lewis & Gilhousen, 1981).

No que respeita às dificuldades no processo de decisão, Zingaro (1983) sustenta que os casos de indecisão generalizada, que se traduzem por fortes dificuldades evidenciadas pelos indivíduos nos processos de decisão, incluindo a dimensão vocacional, acompanhada por um nível elevado de ansiedade e por outras características psicológicas negativas, podem resultar de um padrão familiar disfuncional. As famílias aglutinadas, nas quais o nível de diferenciação entre os membros é relativamente baixo, constituiriam um contexto em que seria mais provável encontrar adolescentes e jovens com um grau elevado de indecisão generalizada. Diferenciação do *self* face ao sistema familiar e capacidade de decisão e autonomia seriam, assim, dois processos intimamente relacionados que importaria tomar em linha de conta no processo de intervenção.

Hall (2003), por seu turno, salientou três abordagens ao nível da terapia familiar que podem ser utilizadas para intervir junto das famílias com o objectivo de estas fortalecerem a sua capacidade de providenciar um ambiente familiar que capacite adolescentes e jovens para tomar decisões de natureza vocacional de forma amadurecida. A primeira relaciona-se com os padrões transaccionais familiares que condicionam o funcionamento das famílias e dos seus membros. Este aspecto foi particularmente enfatizado por Boszormenyi-Nagy. Para este terapeuta, as lealdades e obrigações desempenham um papel central no comportamento familiar, verificando-se que determinados padrões de relacionamento são transmitidos ao longo de várias gerações. No quadro de uma intervenção vocacional, individual ou em grupo, é pertinente tomar em linha de conta estes padrões sistémicos de forma a avaliar a sua eventual influência no desenvolvimento vocacional dos indivíduos.

A segunda baseia-se nas propostas avançadas por de Shazer no quadro da terapia familiar breve focalizada nas soluções (de Shazer *et al.*, 1986). No âmbito desta escola de terapia familiar, as famílias são encorajadas a identificar situações e comportamentos que contribuam para a resolução dos seus problemas e a estabelecer objectivos que gostariam de atingir no futuro.

Finalmente, a terceira abordagem baseia-se na intervenção narrativa de White e Epston (1990). A proposta destes autores é de que os clientes analisem criticamente as narrativas que construíram em torno das suas vidas e as reescrevam de forma a experimentar um maior grau de controlo e satisfação. Neste quadro, uma das estratégias psicoterapêuticas consiste no recurso à "externalização" dos problemas, isto é, à sua objectivação e, por vezes, personificação. Desta forma, cria-se distância face à narrativa problemática pelo facto de se projectar numa entidade externa aquilo que era anteriormente atribuído a um indivíduo particular ou a uma relação.

Independentemente das diversas sensibilidades teóricas, a abordagem sistémica constitui, para estes autores, "(...) uma nova perspectiva promissora para a investigação e prática na área da consulta vocacional" (Kinnier, Brigman & Noble, 1990, p. 311). É necessário esclarecer, contudo, que a adopção de uma abordagem sistémica e o recurso a estratégias desenvolvidas por terapeutas familiares não implica convocar para a consulta vocacional todos os membros de uma família. É possível intervir junto de um cliente, num quadro teórico sistémico, tendo em vista a diferenciação do seu *self* face à sua família de origem e a promoção da sua autonomia. Na realidade, como afirma Barker (2000),

> "(…) é terapia familiar toda a terapia com uma ou mais pessoas que pertencem a um grupo familiar, uma vez que qualquer mudança num dos seus elementos terá um impacto inevitável em todo o grupo. Todavia, é necessário saber-se se devemos trabalhar com toda a família, parte dela ou só com um dos seus membros. A terapia familiar é mais uma orientação de trabalho clínico do que uma técnica específica ou um conjunto de técnicas." (p. 121)

Por outras palavras, uma abordagem sistémica pode passar por uma intervenção junto de um único cliente.

A questão que deverá ser respondida para sabermos se estamos face a uma intervenção tradicional ou sistémica é a de se saber se o foco da intervenção é o cliente ou o sistema, respectivamente (de Shazer *et al.*, 1986; Friedman, 1982; Hall, 2003; Larson, 1995; Relvas, 2003), e não o número de pessoas que o terapeuta contacta directamente. Numa intervenção sistémica realizada com uma única pessoa, como afirmam McGoldrick e Carter (2001),

> "(…) os sintomas e problemas individuais são colocados num contexto sistémico e explorados em termos de todo o espectro de relações e funcionamento. A análise centra-se nos padrões globais da rede de relações, ao invés de, principalmente, nos processos intrapsíquicos individuais. (…) A ênfase é no 'quem, o quê, quando, onde e como' dos temas e padrões familiares em vez do porquê da motivação individual." (p. 282)

Colocada assim a questão, é possível conceber e realizar consulta vocacional, individual ou em grupo, baseada em princípios sistémicos e recorrendo a técnicas terapêuticas com origem na terapia familiar. Por exemplo, Lopez (1983) descreveu uma intervenção com um jovem adulto que apresentava fortes dificuldades no processo de decisão vocacional, as quais foram ultrapassadas mediante a utilização de uma técnica paradoxal normalmente utilizada na terapia familiar estratégica.

Outros autores propuseram programas de intervenção vocacional realizados em grupo que se inspiraram numa abordagem de natureza sistémica. Zingaro (1983) baseou as suas propostas no modelo multigeracional de Murray Bowen, modelo este que enfatiza a importância, para um funcionamento psicológico saudável, de uma adequada diferenciação psicológica entre os membros da família, em particular entre pais e filhos. Neste quadro, o processo de intervenção deveria passar por três etapas: "(…) ensinar as características dos sistemas familiares, ajudar o cliente a compreender que faz parte do sistema total e ensinar o cliente a observar os padrões das suas reacções emocionais face ao sistema parental" (Zingaro, 1983, p. 26).[1]

Bradley e Mims (1992), por sua vez, conceberam um programa de intervenção em grupo, dirigido a estudantes universitários, que se baseou, igualmente, numa perspectiva sistémica. No âmbito deste programa os autores recorreram a uma técnica muito usada na terapia familiar, o genograma familiar, que consiste numa representação gráfica da família que normalmente retrata três gerações.

O genograma, que teve a sua origem no modelo de Murray Bowen, permite explorar as interacções entre membros da família e identificar padrões familiares sistémicos que condicionam o comportamento dos indivíduos (McGoldrick & Gerson, 1985). Quando aplicado à consulta vocacional o genograma constitui um instrumento particularmente adequado para explorar as influências familiares nas aspirações, comportamentos e decisões vocacionais e, desta forma, considerar o papel da família no quadro do desenvolvimento vocacional. A sua utilização no âmbito da consulta vocacional, individual ou de grupo, tem vindo a ser crescentemente defendida (Alderfer, 2004; Brown & Brooks, 1991; Guichard & Huteau, 2001; Magnuson & Shaw, 2003; Malott & Magnunson, 2004; Moon, Coleman, McCollum, Nelson & Jenson-Scott, 1993; Okiishi, 1987;

---

[1] É possível constatar uma notável proximidade entre as propostas de intervenção individual, baseadas em conceitos sistémicos, sugeridas por Zingaro (1983) e as apresentadas quase 20 anos depois por McGoldrick e Carter (2001). O facto de ambos os artigos partilharem o modelo multigeracional de Murray Bowen como quadro teórico não será seguramente uma coincidência.

Splete & Freeman-George, 1985; Thorngren & Feit, 2001) e constitui, presentemente, um recurso valioso no âmbito da intervenção.

Splete e Freeman-George (1985), por seu turno, sugeriram a utilização da escultura da família no contexto da consulta vocacional de grupo. Esta técnica utilizada em terapia familiar consiste essencialmente na colocação de elementos da família em posições e posturas que reflectem aspectos essenciais das interacções familiares, como, por exemplo, a dominância, as alianças ou a proximidade emocional. Naturalmente que, neste caso, são os elementos do grupo de consulta que desempenham o papel dos membros da família.

3. Indecisão vocacional e análise sistémica

No contexto de uma crescente importância atribuída às teorias familiares sistémicas como ferramentas conceptuais passíveis de serem aplicadas à investigação e intervenção vocacionais, cujas linhas principais descrevemos anteriormente, Lopez e Andrews (1987) propuseram um quadro teórico sistémico de interpretação da indecisão vocacional. Para estes autores é necessário considerar as influências recíprocas entre os indivíduos e os respectivos sistemas familiares, entidades em contínuo processo de transformação, para tentar compreender, de forma mais abrangente, o desenvolvimento vocacional e, mais especificamente, as dificuldades que podem surgir ao nível do processo de decisão vocacional. Os adolescentes e jovens adultos encontram-se envolvidos num conjunto de tarefas particularmente importantes para o seu desenvolvimento pessoal, sendo as mais relevantes a construção da identidade e a separação psicológica face às figuras parentais. No campo do desenvolvimento vocacional é necessário que se confrontem com questões relevantes relacionadas com a educação e o trabalho, que assumam a responsabilidade de explorar alternativas educacionais e profissionais e, finalmente, que efectuem determinadas escolhas. Estas, todavia, são "(...) raramente uma questão privada. Ao invés disso, é uma actividade que emerge das interacções pais-filhos previamente existentes" (p. 305).

As famílias dos estudantes indecisos, em especial os que se aproximam da indecisão generalizada, tendem a apresentar várias características de grande significado clínico. Por vezes, constata-se a existência de um envolvimento excessivo dos pais nas questões vocacionais dos seus filhos, em especial aquelas que dizem respeito a escolhas educacionais e/ou profissionais, circunstância que poderá traduzir uma delimitação difusa entre os subsistemas parental e filial. Noutros casos parece existir uma triangulação entre um dos progenitores e o jovem indeciso, que se traduz numa atitude de compreensão face à indecisão, por contraponto a uma atitude crítica do outro elemento do casal.

À luz de uma abordagem sistémica, as dificuldades ao nível vocacional desempenhariam uma função no quadro do sistema familiar. Para Lopez e Andrews (1987) essas eventuais funções poderiam incluir o adiamento de uma transformação sistémica relevante, nomeadamente o confronto com a separação de um elemento do sistema, neste caso um filho ou uma filha. Uma outra possibilidade seria a indecisão servir para camuflar um conflito no seio da família, em especial no subsistema conjugal, que resultaria das dificuldades em lidar com a crescente separação e autonomia dos seus filhos. Finalmente, a indecisão poderia constituir uma dificuldade face à pressão que se exerce sobre alguns jovens que frequentemente receiam desapontar um ou ambos os pais no caso de efectuarem uma determinada escolha, circunstância susceptível de resultar de exigências parentais contraditórias. Alguns pais oscilam entre a crítica aberta e a crítica velada sobre as possíveis alternativas vocacionais que o jovem considera e a manifestação de que só a este cabe escolher um rumo profissional para o seu futuro, o que poderá explicar-se pela inversão de papéis entre os pais e o jovem.

Em resumo, esta abordagem sugere que o processo de decisão vocacional tem que ser equacionado conjuntamente com duas importantes tarefas desenvolvimentais da adolescência que envolvem toda a família: a construção da identidade e a separação psicológica face às figuras parentais. As dificuldades no processo de decisão indiciariam uma perturbação no processo de autonomização dos adolescentes e jovens e, de forma mais global, um fracasso na evolução do sistema familiar para responder às mudanças que o ciclo de vida da família determina. Por outras palavras, a indecisão poderia resultar, utilizando os conceitos de Combrinck-Graham (1985), de uma dificuldade no processo de evolução do sistema familiar de uma fase centrípeta, na qual os membros da família se encontram mais próximos, para uma fase centrífuga, como acontece na adolescência e início da idade adulta, em que se torna necessário experimentar um nível adequado de separação, em particular entre pais e filhos, de forma a permitir o desenvolvimento da autonomia individual.

4. Revisão da investigação sobre factores familiares sistémicos e indecisão vocacional

A crescente importância da aplicação da abordagem sistémica familiar ao processo de desenvolvimento e escolha vocacionais, em particular a partir da análise da indecisão vocacional proposta por Lopez e Andrews (1987), fez com que, a partir da segunda metade dos anos 80, começassem a surgir estudos cujos objectivos eram o de testar empiricamente a relação entre factores sistémicos familiares e variáveis vocacionais, com especial relevância para a indecisão vocacional. Uma das primeiras investigações neste domínio foi realizada por Eigen, Hartman e Hartman (1987), que analisaram de que forma três grupos de estudantes do ensino superior, previamente classificados como vocacionalmente decididos, vocacionalmente indecisos e cronicamente indecisos, tendo por base o número de alterações nos seus planos vocacionais num determinado período de tempo, percepcionavam a coesão e adaptabilidade familiares de acordo com o modelo de Olson, Sprenkle e Russell (1979).[2] As hipóteses da investigação pressupunham que as famílias dos indivíduos vocacionalmente decididos se caracterizariam por níveis intermédios de coesão e adaptabilidade familiares, enquanto que as famílias dos indivíduos cronicamente indecisos apresentariam valores extremos nestas dimensões. Os indivíduos vocacionalmente indecisos, cuja indecisão era considerada adequada em termos de desenvolvimento vocacional, percepcionariam um funcionamento das suas famílias caracterizado por um valor extremo numa dimensão e intermédio noutra. Estas hipóteses não foram empiricamente corroboradas.

Todavia, uma análise posterior dos resultados, que pressupôs um funcionamento linear e não curvilinear do modelo de Olson e colaboradores, permitiu verificar que os indivíduos cronicamente indecisos tendiam a descrever as suas famílias como apresentando reduzida estrutura e baixa separação emocional ou elevada estrutura e fusão emocional. Esta consta-

---

[2] No modelo de Olson *et al.* (1979) a coesão familiar é a vinculação emocional que une os membros da família e o grau de autonomia que experimentam no seio desta. A adaptabilidade familiar, por seu turno, é a capacidade que a família evidencia ao ter que lidar com mudanças. Estas duas dimensões, consideradas ortogonais, são representadas por dois *continua*. As famílias funcionais encontrar-se-iam nos pontos médios de coesão e adaptabilidade (ver Barker, 2000; Maynard & Olson, 1987).

tação levou os autores a considerar que os sistemas familiares caracterizados por "(…) regras rígidas acompanhadas de níveis elevados de vinculação podem tender a dificultar a individuação. Enquanto que poucas regras acompanhadas por uma ausência de vinculação emocional podem levar a uma separação prematura sem o apoio suficiente que permita um processo de decisão vocacional efectivo" (Eigen *et al.*, 1987, p. 93).

Lopez (1989), por seu turno, testou um modelo de predição da identidade vocacional de estudantes universitários considerando, sequencialmente, três grupos de variáveis: a dinâmica familiar dos indivíduos (separação psicológica face às figuras parentais e conflitos maritais no seio do sistema conjugal), o nível de ansiedade e a adaptação académica. Analisando o funcionamento do modelo nos dois géneros verificou que todas as variáveis preditoras contribuíram para a variância da identidade vocacional. Para os homens as variáveis relacionadas com o sistema familiar eram, por ordem decrescente de importância, a independência conflitual face à figura materna, a ausência de conflito marital dos pais e a independência conflitual face ao pai. Relativamente às mulheres a independência conflitual face à figura paterna constituía a única variável familiar preditora da identidade vocacional. Em ambos os casos, e contrariando as expectativas, a independência emocional não contribuiu para a explicação da variância da medida critério.

Kinnier *et al.* (1990) investigaram as relações entre o nível de aglutinação na família e a indecisão vocacional numa amostra de estudantes universitários. Para analisar o processo de aglutinação foram utilizadas duas escalas. A primeira avaliava o grau de individuação ou diferenciação adaptativa dos sujeitos face aos seus pais; a segunda o grau de triangulação entre os progenitores e os seus filhos. Os autores integraram no seu modelo a idade e o estatuto académico (estudantes graduados *versus* não graduados), variáveis presumivelmente relacionadas com a indecisão vocacional. Os resultados demonstraram que os estudantes mais velhos eram vocacionalmente mais decididos do que os mais novos, o mesmo acontecendo com os estudantes graduados relativamente aos não graduados. Constatou-se, igualmente, que níveis mais baixos de individuação e mais elevados de triangulação se encontravam associados a maiores dificuldades no processo de decisão vocacional. Todavia, o modelo, no seu conjunto, apresentou um reduzido poder preditivo: a variância total explicada não ultrapassou os 11%, enquanto que, dos dois factores familiares avaliados, somente a individuação se revelou uma variável preditiva estatisticamente significativa, com 3% da variância explicada da variável critério.

Numa outra investigação, Blustein, Walbridge, Friedlander e Palladino (1991) analisaram a relação entre várias dimensões da separação psicológica face às figuras parentais e duas variáveis vocacionais: a indecisão vocacional e as expectativas de auto-eficácia face às tarefas de decisão vocacional. Recorrendo a uma correlação canónica os autores, que utilizaram uma amostra de estudantes universitários, constataram a inexistência de relações estatisticamente significativas entre os dois conjuntos de variáveis. Estes resultados foram interpretados como podendo ser indicadores de um padrão complexo de relações entre variáveis familiares sistémicas e indecisão vocacional. Nalguns casos, níveis reduzidos de separação psicológica face às figuras parentais podem favorecer os mecanismos que provocam a indecisão, enquanto que noutros podem promover uma escolha vocacional sem uma exploração e investimento autónomos, isto é, uma escolha vocacional outorgada. "Se isto é verdadeiro, os jovens adultos que relatam dificuldades ao nível da separação psicológica podem ser encontrados em ambos os extremos do contínuo da decisão-indecisão vocacional" (p. 42).

No âmbito da mesma linha de investigação Penick e Jepsen (1992) estudaram a relação entre a percepção do funcionamento familiar e a mestria em duas tarefas do desenvolvimento vocacional: o envolvimento no planeamento e a especificação, esta última avaliada como identidade vocacional. Os autores procuraram ainda identificar a influência do género, realização académica e estatuto socioeconómico nesta relação. A amostra foi constituída por alunos do ensino secundário e pelos seus pais, ou seja, o funcionamento familiar foi avaliado tendo por base as percepções dos adolescentes e dos seus progenitores, circunstância que não é vulgar encontrar ao nível da investigação. No que respeita à variável que mais nos interessa, a identidade vocacional, os autores verificaram que o funcionamento familiar predizia significativamente a identidade vocacional de forma mais substancial do que o género, o estatuto socioeconómico e a realização académica. As variáveis relacionadas com o sistema de manutenção familiar – organização, *locus* de controlo e estilo familiar – revelaram-se mais importantes do que as variáveis relacionadas com o sistema relacional familiar – coesão, expressividade, conflito, sociabilidade, idealização e separação. Este resultado parece indicar que a organização sistémica familiar poderá constituir um requisito importante para o desenvolvimento e consolidação da identidade vocacional. De salientar que a combinação das percepções individuais dos membros da família num *valor familiar sistémico* possibilitou um acréscimo de variância explicada para além da que foi possível obter recorrendo aos resultados de cada um dos membros da família tomados isoladamente.

Penick e Jepsen (1992) sustentam que os adolescentes de sistemas familiares aglutinados apresentam dificuldades em realizar determinadas tarefas vocacionais, uma vez que se torna difícil para eles distinguir as suas características daquelas que são veiculadas pelas regras familiares. Por seu turno, os adolescentes que crescem em famílias desagregadas não dispõem, por norma, de suficiente apoio familiar que lhes permita realizar com sucesso as tarefas inerentes ao desenvolvimento vocacional. Estes dois padrões familiares poderão constituir uma explicação para determinados problemas vocacionais como, por exemplo, a indecisão vocacional crónica.

Ainda na década de 90 Whiston (1996) procurou identificar as relações entre factores da indecisão vocacional e expectativas de auto-eficácia face às tarefas de decisão vocacional, por um lado, e três dimensões do funcionamento familiar, por outro: dimensão relacional, dimensão de desenvolvimento pessoal e dimensão de organização e controlo. Neste estudo os factores de indecisão vocacional utilizados foram os identificados por Shimizu *et al*. (1988) na *Career Decision Scale* (Osipow *et al*., 1976). Recorrendo a uma correlação canónica para analisar os dois conjuntos de variáveis a autora verificou, contrariamente ao esperado, não existirem relações entre as dimensões familiares relacionais (coesão, expressividade e conflito) e o nível de indecisão vocacional de estudantes universitários. Todavia, constatou a emergência de uma relação inversa, unicamente para a subamostra feminina, entre as dimensões do sistema de manutenção familiar e três factores da CDS. Por outras palavras, as estudantes cujas famílias eram caracterizadas por elevados níveis de organização e controlo apresentavam resultados mais baixos de indecisão provocados pela confusão, desânimo, falta de experiência e/ou informação, pela necessidade de obter reforço e apoio no processo de decisão e pela dificuldade em optar por alternativas igualmente atraentes.

Larson e Wilson (1998), por seu turno, basearam-se na teoria de Bowen (1978) para testar um modelo sistémico que explicasse os problemas ao nível da decisão vocacional com jovens estudantes universitários. Os autores propuseram um modelo em que a ansiedade seria uma variável mediadora entre fenómenos sistémicos disfuncionais entre pais e filhos – intimidação, fusão e triangulação – e a manifestação de problemas de decisão vocacional. Estes foram avaliados com o *Career Decision Diagnostic Assessment* (CDDA; Bansberg & Sklare, 1986), instrumento que identifica bloqueios pessoais e interpessoais que dificultam ou impedem as decisões vocacionais. Os resultados da estudo, que recorreu à análise de pistas (*path analysis*), apoiaram parcialmente o modelo. A intimidação e a fusão estavam directamente relacionadas com a ansiedade, o mesmo não acontecendo com a triangulação. Todavia, parte da variância do modelo era explicada por uma relação directa entre intimidação e problemas vocacionais. A ansiedade encontrava-se directamente relacionada com os problemas de decisão vocacional. Contrariamente ao esperado, a triangulação não emergiu como uma variável relevante no modelo.

Johnson *et al.* (1999), por sua vez, constataram que nenhuma investigação tinha equacionado, simultaneamente, factores familiares, neste caso definidos como o grau de conflito, coesão e expressividade e o impacto do divórcio na manifestação da identidade vocacional de jovens universitários. Assim, tomando em linha de conta estas variáveis, constataram a inexistência de diferenças, ao nível da identidade vocacional, entre jovens oriundos de famílias intactas, por contraponto aos provenientes de famílias nas quais se tinha registado um divórcio entre os membros do casal. Todavia, o sistema relacional familiar, através da expressividade, tinha uma influência, ainda que muito modesta, na manifestação da identidade vocacional, explicando 3% da variância.

Santos (1997) partiu do pressuposto de que os indivíduos se podem encontrar indecisos por razões muito distintas, circunstância que a maioria das investigações anteriores não tinha considerado no âmbito da influência de factores sistémicos na indecisão vocacional. Ora, como vimos no Capítulo 4, a indecisão vocacional tem vindo a ser crescentemente concebida como um constructo multidimensional (Betz, 1992; Rojewsky, 1994; Savickas & Jarjoura, 1991), evolução que se tem reflectido na emergência de instrumentos de segunda geração (ver Savickas, 1992). A confusão entre diferentes factores relacionados com as dificuldades ao nível das escolhas vocacionais poderia constituir uma das explicações possíveis de alguns resultados inconsistentes ao nível da investigação.

Recorrendo a uma amostra de estudantes finalistas do ensino secundário, Santos (1997) testou a hipótese de que a baixa separação psicológica face às figuras parentais (independência emocional e conflitual) estaria associada à manifestação de dois tipos distintos de indecisão: a indecisão vocacional normativa, ou seja, aquela que reflecte um momento adequado, em termos do desenvolvimento vocacional, de exploração de alternativas, e a indecisão generalizada ou crónica, isto é, um tipo de indecisão que não se circunscreve ao domínio da carreira, mas que, pelo contrário, se encontra presente noutros papéis e cenários de vida e que se caracteriza por uma dificuldade de natureza mais estrutural em tomar decisões. Tendo recorrido a duas correlações canónicas, uma por género, como principal meio de análise dos dados, verificou que os resultados obtidos não eram estatisticamente significativos. À semelhança de Blustein *et al.* (1991), a interpretação para a não confirmação das hipóteses da investigação foi a de que, eventualmente, baixos níveis de separação psicológica face às figuras parentais poderiam encontrar-se associados aos valores extremos dos dois tipos de indecisão avaliados. Indivíduos com uma identidade outorgada, normalmente descritos como pouco diferenciados face aos seus progenitores, que tendem a encorajar o conformismo e a adesão acrítica aos valores e expectativas familiares (Kroger, 1996; Marcia, 1986; Muuss, 1996), poderiam apresentar baixos níveis de indecisão.

Mais recentemente, Hartung, Lewis, May e Niles (2002) recorreram ao modelo de funcionamento familiar sistémico de Olson *et al.* (1979), já anteriormente referido, para verificar até que ponto os níveis de adaptabilidade e coesão familiares estariam relacionados com a saliência de papéis e a identidade vocacional, constructos centrais das teorias de Donald Super e John Holland, respectivamente. Analisando o padrão de correlações entre as variáveis em análise constataram que os estudantes universitários que percepcionavam o funcionamento das suas famílias como mais flexíveis e emocionalmente unidas esperavam maior participação, investimento e concretização dos seus valores pessoais através do desempenho de papéis relacionados com o universo familiar.

Contudo, não se registou nenhuma relação significativa entre as variáveis familiares sistémicas, por um lado, e a saliência de papéis e identidade vocacional, por outro. Aparentemente o grau de proximidade emocional e flexibilidade estrutural existente na família não contribui para a importância que os sujeitos atribuem ao papel de trabalhador e para a clareza com que se percepcionam a si próprios no domínio vocacional. Estes resultados, salientam Hartung *et al.* (2002), questionam a pertinência da recomendação de alguns autores (Blustein *et al.*, 1991; Penick &

Jepsen, 1992) para que seja tomada em linha de conta a dinâmica familiar no processo de avaliação e intervenção vocacional.

Num outro estudo, Hargrove, Creagh e Burgess (2002) utilizaram um modelo familiar sistémico para analisar a influência da família no desenvolvimento da identidade vocacional e nas expectativas de auto-eficácia face às tarefas de decisão vocacional. Utilizando uma amostra de estudantes universitários, os autores verificaram que os indivíduos com níveis mais elevados de identidade vocacional tendiam a percepcionar as suas famílias como contextos que enfatizavam o sucesso académico e profissional e o envolvimento em actividades sociais e de lazer. A organização colectiva das actividades familiares era uma característica destas famílias, tendo cada membro consciência das suas responsabilidades individuais. Os níveis de coesão e expressividade familiares também se encontravam positivamente correlacionados com a identidade vocacional. Utilizando as variáveis familiares como preditoras da identidade vocacional, verificou-se que somente a orientação para a realização – grau em que os membros da família vêem a escola e o trabalho como áreas de envolvimento competitivo – emergiu como uma variável estatisticamente significativa, com uma variância explicada de 14%.

5. Apreciação crítica sobre os estudos empíricos

O conjunto de investigações que atrás descrevemos é ainda relativamente escasso para que se possam extrair conclusões que ultrapassem um carácter marcadamente provisório. Nalguns estudos os autores constataram a existência de relações entre variáveis familiares sistémicas e dificuldades no processo de decisão vocacional. Todavia, em várias investigações verifica-se apenas um apoio modesto à concepção sistémica da indecisão vocacional, que se traduz numa percentagem relativamente pequena de variância explicada (e.g., Johnson *et al.*, 1999; Kinnier *et al.*, 1990). Noutros casos constata-se a ausência de resultados estatisticamente significativos entre os dois grupos de variáveis, apesar da solidez do quadro teórico em que as investigações se basearam. Em resumo, os resultados destes estudos são pautados por resultados ambíguos que não permitem obter conclusões substantivas (ver Whiston & Keller, 2004). A síntese de Larson (1995), apresentada a partir da revisão da investigação realizada até meados dos anos 90, permanece, assim, bastante actual:

"Um número limitado de estudos empíricos sobre as relações entre variáveis familiares sistémicas (...) e problemas no processo de decisão vocacional em jovens na fase final da adolescência permite algum apoio para a teoria que sustenta que a dinâmica do sistema familiar se encontra relacionada com problemas no processo de decisão vocacional. Todavia, os mecanismos ou a dinâmica familiar interna relacionados com os problemas no processo de decisão vocacional não são ainda compreendidos." (p. 336)[3]

É possível apresentar várias explicações para os resultados pouco consistentes que se obtiveram no quadro da abordagem sistémica da indecisão vocacional. Comecemos por abordar as questões relacionadas com a forma como as variáveis foram avaliadas. No âmbito da indecisão vocacional os investigadores utilizaram essencialmente duas escalas já por nós referidas: a *Career Decision Scale* (CDS; Osipow *et al.*, 1976) e a *Vocational Identity Scale* (VIS; Holland *et al.*, 1980). Estes dois instrumentos têm sido amplamente usados como índices de avaliação da indecisão vocacional, embora tenham sido concebidos com base em metodologias e quadros teóricos distintos (Holland, Johnston & Asama, 1993). De igual forma, vários autores têm apresentado correlações elevadas entre os resultados da CDS e da VIS (e.g., Fretz & Leong, 1982; Fuqua & Hartman, 1983; Fuqua *et al.*, 1987; Graef *et al.*, 1985; Holland *et al.*, 1993; Leong & Morris, 1989; Wanberg & Muchinsky, 1992). Todavia, uma investigação de Tinsley *et al.* (1989), já referida no capítulo anterior, concluiu que as duas escalas não são factorialmente equivalentes. Este estudo, cuja linha de investigação, infelizmente, não foi prosseguida, levantou a questão de se saber se os dois instrumentos avaliam constructos distintos embora intimamente relacionados. Esta é, seguramente, uma questão que merece investigação mais aprofundada.

Existe ainda uma outra explicação que julgamos relevante. Uma parte significativa das investigações que se basearam em modelos familiares sistémicos partiu do pressuposto de que a indecisão vocacional era um constructo unitário. Ora, como tivemos oportunidade de referir no

---

[3] Larson (1995) não aborda na sua revisão estudos de natureza mais clínica, que, sem que se reclamem de um quadro familiar sistémico, têm assinalado uma relação entre variáveis relacionadas com a autonomia e separação psicológica face às figuras parentais e dificuldades no processo de decisão vocacional (e.g., Hartman, 1990; Johnson, 1990).

Capítulo 4, o carácter multidimensional da indecisão vocacional constitui, presentemente, um dado aceite pela maioria dos autores. Assim, seria possível identificar factores ou dimensões distintas que se encontrariam na base das dificuldades no processo de decisão vocacional.

O que mereceria ser investigado mais aprofundadamente seria a relação entre diferentes variáveis familiares sistémicas e distintos factores ou dimensões da indecisão vocacional (Eigen *et al.*, 1987; Santos, 1997; Whiston, 1996). Poderemos admitir, pelo menos a título de hipótese, que a relação entre estes dois grupos de variáveis seja mais complexa do que inicialmente se poderia pensar e que a importância do sistema familiar, na sua multiplicidade de factores, se encontre relacionada de forma distinta com diferentes tipos de indecisão vocacional. Como iremos analisar mais detalhadamente em momento posterior, parece ser nos casos de indecisão generalizada que se encontram indivíduos que pertencem a sistemas familiares mais disfuncionais (e.g., Heppner & Hendricks, 1995; Salomone, 1982), pelo que a importância das variáveis sistémicas no quadro da indecisão vocacional poderia ser distinta consoante as dificuldades específicas do processo de decisão vocacional.

Relativamente às variáveis de natureza familiar sistémica verifica-se que as investigações optaram por instrumentos de avaliação baseados em diferentes modelos de funcionamento familiar e, consequentemente, em diferentes constructos. Ora, esta diversidade na avaliação de variáveis poderá ter desempenhado um papel não negligenciável nos resultados pouco consistentes que atrás referimos (Hargrove *et al.*, 2001). Por exemplo, na investigação de Kinnier *et al.* (1990) utilizaram-se duas subescalas do *Personal Authority in the Family Questionnaire* (Williamson, Bray & Malone, 1982) que avaliam, respectivamente, o nível de individuação e o grau de triangulação dos indivíduos relativamente às suas famílias e progenitores. Por seu turno, no estudo de Eigen *et al.* (1987) as variáveis analisadas foram a coesão e adaptabilidade familiares de acordo com o modelo de Olson *et al.* (1979).

A validade discriminante e convergente de instrumentos de auto--relato do funcionamento familiar tem constituído um tema controverso, mas parece ser possível acordar em duas conclusões principais. A primeira é que existem diferenças apreciáveis entre as dimensões avaliadas pelos diversos instrumentos e que, nalguns casos, conceitos que são teoricamente distintos podem ser confundidos, como é o caso da coesão e aglutinação familiares (Perosa & Perosa, 1990). A segunda é a dificuldade em avaliar processos familiares sistémicos através de instrumentos de auto--relato, ou seja, por outras palavras, avaliar através de uma percepção individual aquilo que é próprio do sistema familiar no seu conjunto.[4]

No plano da investigação empírica seria particularmente interessante que, no futuro, um maior número de investigadores testasse modelos, com a inclusão de variáveis mediadoras e moderadoras (ver Baron & Kenny, 1986), que relacionassem variáveis familiares sistémicas e dificuldades no processo de decisão vocacional. Com efeito, a esmagadora maioria das investigações pressupôs a existência de uma relação linear directa entre os dois conjuntos de variáveis (para uma excepção, embora algo imperfeita no plano metodológico, veja-se a investigação de Larson & Wilson, 1998). Ora, esta relação poderá ser mediada ou moderada por outras variáveis, e captar a complexidade de uma tal relação implicará, necessariamente, o recurso a metodologias complexas de análise de dados, como é o caso da modelação de estruturas de covariância (Maruyama, 1998; Martens, 2005; Schumacker & Lomax, 1996). Por exemplo, as relações que os adolescentes e jovens mantêm com pessoas fora da esfera familiar, como professores ou outros adultos, em particular relações de apoio e desafio emocionalmente significativas, deverão ser tomadas em linha de conta, porquanto poderão intervir no efeito exercido pelas variáveis familiares na emergência e manutenção de problemas ao nível da indecisão vocacional.[5]

---

[4] Poder-se-ia ainda questionar se os instrumentos de auto-relato conseguem captar a complexidade e subtileza dos modelos teóricos subjacentes. Veja-se o caso da controvérsia sobre o carácter linear ou curvilinear do modelo de Olson e colaboradores e da escala de auto-relato que normalmente é empregue para avaliar as dimensões de coesão e adaptabilidade familiares (Eckblad, 1993; Scabini & Galimberti, 1995; Thomas & Olson, 1993).

[5] Recorrendo ao modelo ecológico do desenvolvimento humano de Bronfenbrenner (1979), poderíamos afirmar que importaria considerar outros microssistemas para além da família, como a escola, por exemplo, para dar conta da influência de outros contextos no desenvolvimento vocacional. De igual forma, o papel da interacção entre os microssistemas, consubstanciado no mesossistema, o exossistema e o macrossistema constituem, igualmente, dimensões contextuais que importaria tomar em consideração numa análise compreensiva do desenvolvimento vocacional. Obviamente uma análise desta natureza ultrapassa os limites da abordagem sistémica tradicional.

6. Síntese e conclusões

A abordagem sistémica da indecisão vocacional representou uma evolução significativa na investigação deste constructo. Apesar de os resultados das investigações não terem apresentado conclusões tão substantivas quanto seria desejável, o facto é que esta abordagem trouxe para o campo de estudo da indecisão vocacional um conjunto de novas leituras do fenómeno que merecem ser realçadas. Antes do mais deve salientar-se a importância que se atribui ao contexto familiar. Este constitui, com efeito, um factor fundamental para a compreensão do desenvolvimento vocacional, em geral, e da indecisão vocacional, em particular. É no seio da dinâmica familiar que em grande parte se jogam os destinos do desenvolvimento psicológico e da autonomia pessoal dos adolescentes e jovens e que se modelam os processos através dos quais se confere um sentido à relação entre os indivíduos e o mundo do trabalho e das profissões. Sem se tomar em conta o jogo sistémico familiar, e não somente os seus aspectos mais estruturais, como acontece numa análise de natureza sociológica, torna-se muito difícil compreender o importante papel que a família desempenha no desenvolvimento vocacional.

A abordagem sistémica aplicada ao desenvolvimento vocacional é susceptível de ser interpretada como fazendo parte de uma alteração mais vasta na paisagem epistémica da psicologia vocacional. Na realidade, desde os meados dos anos 80, os modelos ecológico-desenvolvimentais ganharam uma crescente visibilidade e importância no campo da teoria e intervenção vocacionais. O denominador comum a estes modelos, diferentes na sua formulação e enquadramento teóricos, consiste na ênfase atribuída aos contextos de vida enquanto dimensões cruciais para a compreensão do desenvolvimento e comportamento vocacionais (Grotevant & Cooper, 1988; Law, 1981, 1991, 1993; Vondracek *et al.*, 1986; Young, 1983). A abordagem sistémica, todavia, ultrapassa uma visão linear de causalidade, que perspectiva o contexto como uma simples variável antecedente, para enfatizar uma relação de causalidade circular interactiva entre indivíduo e meio.

Apesar dos contributos positivos que a abordagem sistémica inegavelmente trouxe para o campo da indecisão vocacional, é importante sublinhar, igualmente, algumas das suas limitações. A primeira prende-se com a forma como a indecisão vocacional foi definida pelos investigadores. De facto, verifica-se que a incapacidade em formular objectivos de natureza vocacional é assimilada a uma situação problemática que se encontra relacionada com um funcionamento sistémico disfuncional. Assim, a indecisão vocacional é colocada no mesmo plano de outros quadros sintomáticos com que os terapeutas familiares se confrontam. Pelo facto de as dificuldades no processo de decisão vocacional serem analisadas numa perspectiva unidimensional, como já tivemos oportunidade de referir, desvaloriza-se o enquadramento que a indecisão vocacional pode adquirir quando aliada a uma atitude de exploração vocacional. Por outras palavras, não se toma em conta que a indecisão vocacional pode constituir o resultado de uma etapa adequada sob o ponto de vista do desenvolvimento vocacional, conforme tivemos a oportunidade de referir no Capítulo 3. Em consequência, à semelhança do que sucede na abordagem diferencial, e talvez de forma mais explícita, a indecisão vocacional é vista pela óptica do défice e da psicopatologia. Já tivemos a oportunidade de referir quão limitada e redutora é esta concepção, bem como a necessidade de desenvolver uma concepção multidimensional deste constructo, de forma a dar conta da complexidade do fenómeno que ele pretende recobrir.

Uma segunda limitação da abordagem sistémica, intimamente relacionada com a primeira, prende-se com o facto da ênfase ser colocada na avaliação do produto do processo de decisão, neste caso, a indecisão vocacional. Embora as investigações tenham procurado analisar, ao nível do sistema familiar, processos psicológicos sistémicos (triangulação, diferenciação, etc.), o mesmo não aconteceu ao nível da indecisão vocacional. Esta foi simplesmente tomada pelo seu valor facial. Assim, níveis reduzidos de indecisão vocacional foram interpretados como índices de elevado desenvolvimento vocacional sem que se considerasse a *qualidade* do processo de decisão. Foi a decisão vocacional tomada na sequência de um processo de exploração em que os sujeitos assumiram a responsabilidade pelas suas opções escolares e profissionais, ou, pelo contrário, resultou de um processo de identificação com os valores familiares que se traduziu numa identidade vocacional outorgada ou numa escolha vocacional pseudocristalizada? A análise dos processos psicológicos que se encontram na base das decisões ou indecisões de natureza vocacional constitui um elemento crucial para a avaliação da qualidade do resultado do processo de decisão, quer este se traduza na formulação de objectivos claros ou, pelo contrário, na incapacidade em formular esses mesmos objectivos. Esta questão, de particular importância, é simplesmente ignorada no âmbito da investigação que se integra na abordagem sistémica da indecisão vocacional.

Uma outra limitação da abordagem sistémica prende-se com a forma como a dimensão relacional é perspectivada no âmbito do desenvolvimento vocacional, em geral, e do processo de decisão, em particular. Os autores que se reclamam da abordagem sistémica atribuem uma importância, talvez excessiva, à diferenciação do indivíduo face à sua família como elemento causal das dificuldades ao nível das escolhas vocacionais (ver Alderfer, 2004). Neste sentido verifica-se uma convergência com uma concepção mais individual do desenvolvimento psicológico, traduzida, essencialmente, nas várias correntes do pensamento psicanalítico, que advoga a importância da separação psicológica ou individuação dos sujeitos, especialmente na adolescência e início da vida adulta, para o desenvolvimento e adaptação psicológicas. Como afirmam Sabatelli e Mazor (1985), as teorias familiares sistémicas, à semelhança das teorias do desenvolvimento psicológico individual, "(...) enfatizam a necessidade da individuação das pessoas das suas famílias de origem como um pré-requisito para o desenvolvimento da identidade e para a mestria das tarefas desenvolvimentais da idade adulta." (p. 628).

De uma forma geral, a individuação pode ser definida como o processo psicológico através do qual os indivíduos procuram negociar a sua dependência psicológica face a outros, nomeadamente face às figuras parentais. Por norma, os autores que salientam a importância da individuação e do seu papel no processo de construção da identidade não tomam em consideração a dinâmica familiar sistémica no seio da qual este fenómeno ocorre. A diferenciação, por seu turno, consiste numa propriedade do sistema familiar que regula e mantém as distâncias psicológicas entre os seus elementos constituintes.

Quer nos centremos na individuação ou separação psicológica, tendo por base uma perspectiva mais individual do desenvolvimento psicológico, quer nos focalizemos numa análise familiar sistémica, constatamos que a tónica é essencialmente colocada num movimento de deslocação ou descentração do núcleo familiar, o que traduz uma certa desvalorização, ainda que não explícita, dos vínculos afectivos entre pais e filhos (Soares & Campos, 1988).[6] Assim, a abordagem sistémica, embora partilhando

---

[6] No quadro da teoria de Bowen (1978) o conceito de diferenciação é simultaneamente uma propriedade do sistema familiar e dos indivíduos que o constituem (Sampaio &

uma concepção relacional do desenvolvimento psicológico dos indivíduos, representada em várias sensibilidades teóricas no campo da psicologia (Adams, Dyk & Bennion, 1987; Collins & Repinsky, 1994; Grotevant & Cooper, 1988; Josselson, 1988; Lopez, 1992; Youniss, 1989; Youniss & Smollar, 1990), não aprofunda o papel que a ligação emocional e a vinculação desempenham neste quadro teórico.

De facto, as concepções do desenvolvimento que enfatizam a necessidade da separação dos adolescentes e jovens adultos relativamente às figuras parentais, condição *sine qua non* para a construção da autonomia e identidade adultas, começaram a ser progressivamente contestadas, em especial desde a década de 80, tendo por base quadros teóricos alternativos às posições mais tradicionais consubstanciadas, essencialmente, nas teorias de inspiração psicanalítica. Algumas correntes propuseram analisar o desenvolvimento dos adolescentes e jovens adultos como uma fase de renegociação, e não de corte ou separação, das relações entre pais e filhos. Grotevant e Cooper (1985, 1986, 1988) verificaram que padrões de comunicação familiar indicadores de individualidade e coesão se encontravam associados a níveis mais elevados de competência psicossocial e desenvolvimento da identidade por parte de adolescentes.

Outros autores, por seu turno, têm salientado que as teorias e investigações que não tomam em conta os fenómenos da proximidade emocional e as relações interpessoais significativas no âmbito do processo da construção da identidade e da individuação tendem a descrever de forma incompleta o processo de desenvolvimento psicológico das mulheres, na medida em que valorizam, essencialmente, as dimensões de separação, autonomia e instrumentalidade, áreas mais relevantes para os homens em virtude de processos distintos de socialização ao nível do género (Gilligan, 1997; Josselson, 1988).

Outras concepções sustentaram, ainda, que as relações de vinculação entre pais e filhos estão na base da construção de modelos internos dinâ-

---

Gameiro, 1985), não implicando, como salientam McGoldrick e Carter (2001), ausência de proximidade emocional com os restantes membros da família. Todavia, é para nós claro que a abordagem familiar sistémica realça a importância, para o desenvolvimento psicológico de adolescentes e jovens adultos, à semelhança do que acontece com as diversas correntes do pensamento psicanalítico, da separação psicológica face às figuras parentais. Veja-se, por exemplo, que uma das mais utilizadas escalas de avaliação da separação psicológica – o Psychological Separation Inventory (Hoffman, 1984) – invoca, no quadro da sua fundamentação teórica, as abordagens sistémicas e psicanalítica.

micos que configurariam estruturas psicológicas que permitem a compreensão, antecipação e integração de acontecimentos importantes que ocorrem no meio ambiente (Ainsworth, 1989; Bowlby, 1988). Indivíduos com um padrão seguro de vinculação aos seus pais utilizam a sua família como uma base a partir da qual exploram o meio externo com confiança. Embora as investigações sobre a vinculação se tivessem desenvolvido inicialmente com crianças (Bowlby, 1982), estudos posteriores centraram a sua atenção em populações de adolescentes e de jovens adultos, sendo possível concluir que o padrão de vinculação seguro se encontra associado a vários indicadores de desenvolvimento psicológico que incluem, nomeadamente, níveis mais elevados de autonomia, competência social e relacionamento interpessoal (Rice, 1990; Soares, 1996).

De uma forma geral, todas estas concepções, ainda que emergindo de abordagens teóricas distintas, defendem que o desenvolvimento da autonomia e da identidade não se constrói à custa da ruptura com as figuras parentais, mas sim no quadro de uma transformação dessas mesmas relações. Como afirma Josselson (1988):

> "(...) a autonomia cresce somente no contexto da ligação. À medida que os adolescentes assumem crescentes responsabilidades adultas no mundo, torna-se igualmente importante para eles rever as suas relações com os pais (...) Os laços mudam da dependência para a interdependência (...) À medida que o sentido do self se torna mais definido, as relações aprofundam-se e diferenciam-se. A ligação cresce no contexto da autonomia." (p. 97)

A autonomia face às figuras parentais e o desenvolvimento da identidade ocorreriam, assim, no contexto de vinculações significativas dos adolescentes e jovens adultos às suas famílias.

No âmbito da psicologia vocacional, as dimensões relacionais e a forma como estas se manifestam no desenvolvimento vocacional têm sido, recentemente, objecto de grande interesse, tanto ao nível teórico como da intervenção (Berríos-Allison, 2005; Blustein, 2001, 2004; Flum, 2001; Phillips, Christopher-Sisk & Gravino, 2001; Schultheiss, 2003; Whiston & Brecheisen, 2002). Em particular, em torno da teoria da vinculação proposto por Bowlby e colaboradores (Ainsworth, 1989; Bowlby, 1982, 1988), que se pode considerar uma dimensão específica no âmbito do quadro mais vasto das variáveis relacionais (Flum, 2001), tem-se assistido, nos últimos anos, à emergência de uma linha de investigação particularmente promissora. As relações de vinculação, que configuram laços afectivos que permitem experienciar uma sensação de segurança susceptível de proporcionar a confiança necessária para enfrentar situações de exploração e desafio, constituem variáveis com óbvias implicações ao nível do desenvolvimento vocacional, nomeadamente em termos de exploração e decisão vocacionais (Blustein, Prezioso & Schultheiss, 1995). Assim, várias investigações têm permitido constatar que as relações de vinculação, quer isoladamente, quer integradas em modelos mais complexos que incluem outras variáveis, têm-se mostrado úteis na compreensão do comportamento e desenvolvimento vocacionais (Ketterson & Blustein, 1997; Roisman, Bahadur & Oster, 2000; Wolfe & Betz, 2004).

Um conjunto de investigadores, por seu turno, partiu do princípio de que o desenvolvimento psicológico de adolescentes e jovens adultos só pode ser compreendido na sua complexidade caso se tome em conta, simultaneamente, os processos psicológicos da separação psicológica e da vinculação face às figuras parentais. Embora os resultados globais destes estudos não sejam conclusivos, constata-se, na maioria dos casos, que uma combinação entre uma vinculação segura e um grau adequado de separação psicológica face às figuras parentais se encontra associado a progressos no desenvolvimento vocacional (Blustein *et al.*, 1991; Lee & Hughey, 2001; O'Brien, 1996; O'Brien, Friedman, Tipton & Linn, 2000; Scott & Church, 2001). No que respeita especificamente à indecisão vocacional, uma investigação recente de Tokar, Withrow, Hall e Moradi (2003) verificou que a cristalização do auto-conceito vocacional mediava a relação entre variáveis relacionadas com a separação psicológica e a segurança ao nível da vinculação com as figuras parentais, por um lado, e a indecisão vocacional por outro.

Estes desenvolvimentos conceptuais são particularmente interessantes e podem indiciar a emergência de novos modelos susceptíveis de serem aplicados ao campo da psicologia vocacional. Um futuro cenário de evolução ao nível teórico e de intervenção poderá implicar a articulação entre uma abordagem sistémica e um quadro baseado na teoria da vinculação. De facto, desde os anos 90, assiste-se, no campo da psicologia familiar sistémica, à emergência de propostas que visam articular os dois quadros teóricos numa abordagem compreensiva (ver Byng-Hall, 1995; Caffery & Erdman, 2003; Kozlowska & Hanney, 2002). Vários autores têm procurado analisar de que forma as características do sistema familiar, ao nível das suas regras e estrutura, influenciam o sistema de vinculação entre pais e filhos, e de que forma estas, por sua vez, influenciam as relações familiares. As implicações ao nível da intervenção psicoterapêutica junto de crianças, adolescentes e adultos são particularmente interessantes (Caffery & Erdman, 2003). Julgamos que a combinação de uma abordagem sistémica familiar com uma abordagem psicológica mais individual (e.g., Hultquist, 2002), em especial com a que resulta da teoria da vinculação, é susceptível de constituir uma grelha teórica de análise que se pode vir a revelar particularmente fértil ao nível da investigação sobre o desenvolvimento vocacional, nomeadamente sobre os processos de decisão.

CAPÍTULO 6
A abordagem construtivista da indecisão vocacional

A abordagem construtivista da indecisão vocacional questiona os pressupostos do positivismo lógico que condicionaram fortemente o desenvolvimento da psicologia vocacional, salientando a importância da perspectiva subjectiva individual no quadro da análise da carreira nas sociedades contemporâneas. Situando-se na esteira das teorias construtivistas aplicadas ao campo da psicologia vocacional, esta abordagem, contrariamente a outras que descrevemos anteriormente, consiste, essencialmente, numa análise teórica das dificuldades de escolha vocacional, não tendo gerado, até ao momento, investigações de natureza empírica. Neste capítulo descreve-se como a abordagem construtivista associa a indecisão vocacional à dificuldade em identificar um tema ou uma narrativa de carreira que constitua um pólo aglutinador dos investimentos vocacionais dos indivíduos. A finalidade da consulta vocacional, baseada na psicologia e psicoterapia narrativas, consistiria em ajudar os clientes a construir narrativas significativas e produtivas relativamente às suas vidas, enfatizando mais a dimensão criativa inerente ao processo psicoterapêutico do que a dimensão da resolução de problemas.

1. **A análise construtivista de Mark Savickas**

A proposta de uma abordagem construtivista da indecisão vocacional deve-se a Mark Savickas (1995a). Para este autor seria possível identificar três momentos distintos na evolução histórica deste constructo. Numa primeira fase, a indecisão vocacional foi concebida como uma variável dicotómica. O esforço dos investigadores centrou-se, como já tivemos a oportunidade de descrever, na identificação das variáveis susceptíveis de diferenciar os indivíduos vocacionalmente decididos dos indecisos. Na fase seguinte, a indecisão vocacional passou a ser vista como uma variável contínua. Seria possível determinar a localização dos sujeitos num contínuo entre um pólo de indecisão e outro de decisão e, consequentemente, avaliar o seu grau de indecisão vocacional. Este momento coincidiu com o aparecimento de escalas de avaliação da indecisão vocacional, de que o exemplo mais conhecido é a *Career Decision Scale* (Osipow et al., 1976). Finalmente, o carácter multidimensional da indecisão vocacional é a principal característica da terceira fase. Os investigadores procuraram identificar e caracterizar grupos distintos de pessoas vocacionalmente indecisas na medida em que estas não apresentariam características homogéneas e necessitariam de intervenções orientadas para as suas necessidades específicas.

Savickas (1992, 1995a) considera que a investigação sobre a indecisão vocacional descrita anteriormente assentou, em termos epistemológicos, no positivismo lógico, à semelhança do que sucedeu com a psicologia vocacional na sua globalidade. A perspectiva construtivista afasta-se deste enquadramento epistemológico e parte do pressuposto de que o conhecimento é socialmente produzido e legitimado pelo uso. A indecisão vocacional tende a deslocar-se do constructo psicológico para a pessoa indecisa, mudança de perspectiva que possibilita a particularização e a contextualização da experiência subjectiva do indivíduo indeciso. Por outras palavras, a ênfase deixa de se centrar nos resultados obtidos nos instrumentos de avaliação psicométrica para, em contrapartida, valorizar as narrativas que os clientes relatam no decurso da consulta vocacional.

Para a abordagem construtivista a indecisão vocacional relaciona-se com a dificuldade de os indivíduos identificarem os temas centrais da sua existência e, com base neles, construírem uma narrativa coerente das suas vidas. As dificuldades ao nível das escolhas educacionais e profissionais podem ser vistas como uma oportunidade para atribuir significado ao percurso de vida se a intervenção permitir enquadrá-las no padrão mais alargado de significados construídos pelo cliente. Uma vez que as escolhas anteriores se encontram inextricavelmente relacionadas umas com as outras, é possível construir uma narrativa sobre a história de vida com o objectivo de situar a indecisão vocacional nesse contínuo. Para Savickas (1995a) relacionar

"(...) a indecisão presente com as experiências de ontem e com as possibilidades do futuro cria significado, permite a compreensão e possibilita novas possibilidades. Em síntese, clarificar os (...) temas de vida [do cliente] aumenta a [sua] capacidade de decisão (...) e facilita o seu movimento em direcção a novas construções da experiência." (p. 366)

Ao nível da intervenção Savickas (1989, 1995a) propôs um modelo susceptível de ser aplicado a indivíduos vocacionalmente indecisos que se desenvolve em várias fases. Num primeiro momento, o psicólogo recolhe histórias de vida susceptíveis de colocar em relevo o tema principal de vida do cliente. Um tema de vida pode ser considerado o equivalente ao enredo numa peça literária. As histórias recolhidas, nomeadamente as relacionadas com a família e com a identidade, permitem fazer emergir a estrutura narrativa temática do percurso de vida do cliente. Numa fase posterior esse tema é abordado e analisado o significado da indecisão, relacionando-o com o tema de vida identificado. A fase seguinte consiste em identificar interesses e profissões relacionados com o tema de vida. Finalmente, o cliente ensaia as competências necessárias à especificação e implementação de uma escolha vocacional.

"As narrativas que situam a indecisão vocacional no contexto de um tema de vida, com o seu enredo e preocupação fundamental, servem para clarificar escolhas e aumentam a capacidade de decisão. Quando os clientes percepcionam o futuro como uma continuação das suas histórias, eles podem ultrapassar a sua hesitação e assumirem-se como os autores do próximo capítulo." (Savickas, 1995a, p. 372)

Em síntese, clarificar as narrativas dos clientes, ajudando-os no processo de construção narrativa, potencia a sua capacidade de escolha vocacional.

Quer a concepção da indecisão vocacional (Savickas, 1995a), quer as suas propostas de intervenção (Savickas, 1989, 1995a,b) filiam a concepção da psicologia vocacional numa corrente pós-moderna do pensamento contemporâneo que Mark Savickas designa de perspectivismo, oposta ao modelo objectivista do positivismo lógico (Savickas, 1994, 1995c). Existiriam várias características que definiriam o perspectivismo nesta concepção.[1] O conhecimento é gerado no quadro das relações que os indivíduos estabelecem entre si, sejam estes cientistas ou pessoas comuns, pelo que são comunidades em diálogo, e não indivíduos isolados, que determinam a validade do conhecimento. Ao mesmo tempo, o perspectivismo acentua a importância e a fecundidade da produção de múltiplas grelhas de leitura sobre os fenómenos em análise. Desta forma, produz-se um *corpus* de conhecimento mais rico, diferenciado e complexo e não um único ponto de vista, alegadamente objectivo e neutro em termos de valores.

O perspectivismo valoriza o conhecimento produzido em contextos particulares, possuidores de um maior valor heurístico e de aplicação prática a casos reais, em detrimento da criação de quadros teóricos abstractos e gerais de aplicação universal. A validação do conhecimento, ao invés do que acontece no quadro da abordagem positivista, não enfatiza os procedimentos experimentais e de observação que permitem a recolha de dados que serão objecto de análises complexas por referência a teorias, privilegiando antes critérios de inspiração pragmática.

De igual forma, o perspectivismo afasta-se das definições abstractas que o positivismo valoriza na descrição da realidade, para dar preferência às circunstâncias específicas, caracterizadoras de cada contexto social, que estruturam os processos que permitem dotar de significado os acontecimentos de vida dos indivíduos. A linguagem, neste quadro, é vista pelo perspectivismo não como o mecanismo através do qual os seres humanos representam a realidade, mas como o processo, simultaneamente pessoal e cultural, através do qual os significados sobre o mundo são construídos.

2. Construtivismo e psicologia vocacional narrativa

A abordagem da indecisão vocacional proposta por Mark Savickas (1995a) filia-se numa concepção construtivista da psicologia. No âmbito do construtivismo aplicado à psicologia vocacional é possível identificar três grandes tradições (Savickas, 1997b, 2000). A primeira é a psicologia dos constructos pessoais de George Kelly (1955). Esta abordagem foi aplicada ao contexto vocacional especialmente por Greg Neimeyer e colabo-

---

[1] Historicamente, o perspectivismo encontra-se, na história da filosofia, ligado à obra de Friedrich Nietzsche. Todavia, este autor não é referido por Savickas.

radores (Cochran, 1987; Moore & Neimeyer, 1992; Moore, Neimeyer & Marmarosh, 1992; Neimeyer, 1988, 1989, 1992; Neimeyer & Leso, 1992; Neimeyer, Leso, Marmarosh, Prichard & Moore, 1992; Neimeyer & Metzler, 1987; Neimeyer, Prichard, Berzonsky & Metzler, 1991).

A segunda tradição construtivista é a corrente biográfica-hermenêutica. Baseando-se em várias correntes da psicologia, nomeadamente em Erikson (1968) e Allport (1966), esta abordagem elege como foco preferencial de intervenção os temas de vida identificáveis nos percursos biográficos dos indivíduos (Bujold, 1990). A perspectiva biográfica-hermenêutica da consulta vocacional procura interpretar uma história de vida e identificar o tema aglutinador que produz uma psicobiografia dotada de unidade e coerência (Savickas, 1990).

> "Tal como os especialistas hermenêuticos, que interpretam o significado de uma passagem literária a partir de um corpus de trabalho, os psicólogos vocacionais podem interpretar os interesses, capacidades e valores relativos ao trabalho como a expressão de um padrão vocacional ou tema central de vida." (Savickas, 1993, p. 213)

Para Csikszentmihalyi e Beattie (1979) um tema de vida consiste num conjunto de problemas centrais que os indivíduos procuram resolver e nos meios encontrados para os ultrapassar, sendo comum utilizar a escolha profissional como forma de solucionar um problema existencial. Já em meados da década de 50 Donald Super tinha proposto a análise de padrões vocacionais como estratégia complementar às metodologias quantitativas de avaliação então dominantes ao nível da consulta vocacional (ver Jepsen, 1994).

Finalmente, a terceira tradição construtivista da indecisão vocacional, a mais recente das três, é a abordagem narrativa. Esta tem assumido uma importância crescente na psicologia vocacional e será vantajoso descrevê-la um pouco mais detalhadamente, na medida em que a indecisão vocacional adquire, neste contexto, um significado particular que importa explorar com maior profundidade. A psicologia vocacional clássica, que tem na obra de Frank Parsons (1909) o seu momento fundador, assenta na ideia de emparelhamento entre variáveis individuais, especialmente as relacionadas com as aptidões, interesses e personalidade, e características das profissões. A própria noção de emparelhamento pressupõe, à partida, uma certa estabilidade das dimensões pessoais e ocupacionais que se pretende associar.

Presentemente, este modelo já não é viável uma vez que a realidade social, económica e cultural conheceu, nas últimas décadas, mudanças substanciais, especialmente ao nível do mercado de emprego. Como tivemos a oportunidade de referir no Capítulo 2, os trajectos de carreira que os indivíduos percorrem são crescentemente menos previsíveis e lineares. As relações entre empregados e organizações tendem a ser de natureza mais precária e instável e a estruturar-se em torno de projectos de curto prazo. A capacidade de planeamento da carreira profissional sofreu fortes limitações, ao mesmo tempo que cresceu a necessidade de adaptação individual e organizacional a ambientes sociais e profissionais cada vez mais dinâmicos e turbulentos (Tractenberg *et al.*, 2002). A inserção no mercado de emprego por parte de trabalhadores jovens ou menos qualificados tende a ser mais difícil e a carreira profissional, marcada por crescentes descontinuidades, como sejam as alternâncias entre períodos de emprego e períodos de subemprego, desemprego ou formação, necessita de novas metáforas que dêem conta da sua dimensão de imprevisibilidade e não--linearidade. É num ambiente social e económico caracterizado pela incerteza e pelo risco que os indivíduos fazem as suas escolhas vocacionais e gerem as suas carreiras (Arnold & Jackson, 1997; Sullivan, 1999; Taylor, 1994; Tractenberg *et al.*, 2002). Assim, foi neste quadro que vários autores cunharam expressões que procuraram captar o sentido do novo modelo de carreira emergente. Fala-se, presentemente, em *carreira sem fronteiras* (Arthur, 1994) ou carreira como *navegação à vista* (Kraus, 1998).

A erosão em torno dos padrões tradicionais de desenvolvimento vocacional aumentou o processo de individualização dos percursos de vida das pessoas, nomeadamente ao nível profissional (Arnold & Jackson, 1997; Chisholm & Hurrelmann, 1995; Kraus, 1998; Roberts, 1997; Smithson, Lewis & Guerreiro, 1998). Por isso, não é surpreendente verificar que a dimensão subjectiva do desenvolvimento vocacional, ou seja, a perspectiva pessoal dos indivíduos relativamente ao seu percurso de carreira que as teorias vocacionais construtivistas privilegiam, tenha vindo a ser objecto de um interesse crescente. O ponto de vista individual e idiossincrático do desenvolvimento vocacional, que enfatiza mais os acontecimentos experienciados e a forma como o indivíduo se constrói no decurso dos diversos acontecimentos de vida, vem enriquecer e complementar a dimensão objectiva de inspiração positivista que tradicionalmente a psicologia vocacional adoptou (Collin & Watts, 1996). Nas palavras de Christensen e Johnston (2003):

"(...) carreira subjectiva é a visão singular de um indivíduo sobre a sua carreira; uma visão de dentro, por assim dizer. Na 'carreira objectiva' o psicólogo tende a ser o perito na transmissão de informação para o cliente; na 'carreira subjectiva' apenas o cliente pode providenciar informação relativamente à forma como a sua carreira se assemelha a partir da sua perspectiva." (p. 151)

Em suma, as propostas conceptuais que alguns autores têm apresentado nos últimos anos dão relevo a uma perspectiva subjectiva como estratégia de abordagem da carreira nas sociedades contemporâneas, com a finalidade de complementar e enriquecer a perspectiva positivista que dominou a psicologia vocacional durante mais de meio século.[2] As abordagens construtivistas aplicadas à psicologia vocacional são as que mais enfatizam a necessidade de caracterizar subjectivamente os fenómenos vocacionais.

Ao mesmo tempo que as definições clássicas de carreira tendem a ser substituídas por outras mais adequadas às transformações sofridas pelas sociedades contemporâneas, também o conceito de *self*, à semelhança do conceito de carreira, reclamava novos modelos susceptíveis de captar as coordenadas que progressivamente colocavam em causa as suas características tradicionais. Classicamente o *self* era definido e caracterizado por elementos susceptíveis de uma avaliação rigorosa através de procedimentos estandardizados. Na expressão feliz de Vance Peavy (1993, 1995, 1997a) esta personalidade objectivada configura um *self* psicométrico.

A psicologia vocacional clássica baseou-se na psicologia diferencial para definir as variáveis que supostamente permitiriam descrever a personalidade dos indivíduos e ajustá-los às alternativas educacionais e profissionais existentes, no que ficou conhecido pela abordagem do traço-factor (Crites, 1981; Dawis, 1992). Estas variáveis eram concebidas como relativamente estáticas e passíveis de uma avaliação psicométrica que se pretendia cientificamente fundamentada. Filiada numa concepção naturalista do desenvolvimento humano (Campos, 1976, 1980), a orientação escolar

---

[2] A valorização de uma perspectiva subjectiva de carreira com o enfoque nas dimensões ideográficas e fenomenológicas não é exclusiva das abordagens construtivistas. Na realidade, foram autores que se reclamaram da teoria não-directiva de Carl Rogers aplicada à consulta vocacional que, inicialmente, no decurso da década de 60, valorizaram estas dimensões (cf. Crites, 1981, capítulo 3).

e profissional "(...) centrou-se durante muito tempo numa perspectiva de *descoberta* do caminho a percorrer pelo indivíduo. Ele tinha enterrado em si tudo o necessário para conhecer e seguir esse caminho; era preciso revelar-lhe os seus próprios dons escondidos e aquilo a que se acordavam" (Campos, 1976, p. 78, itálico no original). Desta forma, este conceito de *self* adaptava-se na perfeição a um modelo de carreira associado a uma progressão hierárquica no seio de uma organização, também ela dotada de estabilidade e previsibilidade, no âmbito mais alargado de uma economia de mercado que privilegiava a produção estandardizada (Reich, 1996).

À medida que as sociedades modernas se tornaram progressivamente mais complexas e diferenciadas, as grandes narrativas culturais que alicerçavam o funcionamento social começaram a perder o seu poder aglutinador. Este afastamento dos cânones tradicionais abalou profundamente o sentido de identidade de um número muito significativo de pessoas que, em larga medida, se relacionava estreitamente com as posições sociais que ocupavam nas suas comunidades de origem. Simultaneamente, a crescente diversidade cultural das sociedades contemporâneas economicamente mais desenvolvidas, marcadas por fluxos migratórios de populações de várias origens geográficas, étnicas, sociais e religiosas, reforçou ainda mais a multiplicidade de modelos e estilos de vida da existência humana. O *self* começou, assim, a perder as características estruturais de referência e a tornar-se uma dimensão reflexiva (Giddens, 1999). Ele tem agora de ser objecto de um investimento mais ou menos permanente por parte dos indivíduos, de forma a assegurar um mínimo de coerência e significado num mundo gradualmente mais complexo e fragmentado. Na modernidade tardia em que vivemos o *self* é, não tanto uma essência passível de delimitação, mas mais um projecto fluido, múltiplo, relacional e dialógico, intimamente relacionado com comunidades culturais que partilham determinados significados e que possibilitam aos seus membros conferir uma certa coerência e sentido à sua existência (Campbell & Ungar, 2004a; Chen, 1997; Fishbane, 2001; Hermans, 2004; Hevern, 2004; Leod, 1997; Rosenbaum & Dickman, 1995).

A construção de significados passou a ser concebida como a dimensão crucial do conhecimento humano sem a qual não é possível assegurar um sentido de identidade (Bruner, 1997; Carlsen, 1988; Gonçalves, 1996, 2000). Neste quadro, um dos mais promissores e interessantes modelos do funcionamento psicológico consagra a narrativa como a matriz organizadora dos significados que os indivíduos constroem para a sua experiência.

É através da construção e da reconstrução de narrativas que os seres humanos teriam encontrado a forma privilegiada de dotar de significado e coerência o universo em que habitam. Conforme afirmou Peavy (1993), "(...) o self pressupõe uma narrativa ou complexo de narrativas que expressam a identidade" (p. 124), o que implica que pela narrativa é possível captar os significados que os indivíduos utilizam para estruturar a forma e os processos como se constroem a si próprios e ao mundo. O que principalmente distingue a abordagem narrativa das abordagens biográfico-hermenêutica (Bujold, 1990) e a dos constructos pessoais (Neimeyer, 1988, 1992), enquanto propostas construtivistas aplicadas à psicologia vocacional, já referidas anteriormente, é a ênfase colocada na narrativa enquanto elemento estrutural no processo de construção do sujeito psicológico. O conhecimento humano estaria, assim, essencialmente estruturado de forma narrativa.

Vimos, em resumo, como nas últimas décadas assistimos a mudanças fundamentais que vieram alterar algumas das variáveis estruturantes da psicologia vocacional. Por um lado, o percurso profissional dos indivíduos nas sociedades contemporâneas tem sido crescentemente objecto de uma instabilidade e imprevisibilidade que colocou em causa o conceito tradicional de carreira associado a uma constelação de variáveis como sejam um emprego certo, estabilidade das funções profissionais e progressão hierárquica no seio de organizações dotadas de regras institucionais claras. A precariedade ao nível do mercado de emprego cresceu de forma significativa nas últimas décadas (Pais, 2001; Reich, 2004; Sennett, 2000) e a carreira, tal como tradicionalmente era definida, tem vindo a perder muitas das referências que a estruturaram ao longo de grande parte do século XX (Peavy, 1996, 1997b, 2000; Savickas, 2000).

Por outro lado, e num processo simétrico, o conceito de *self* tem vindo a sofrer profundas alterações no quadro da psicologia contemporânea, apelando cada vez mais a dimensões narrativas e auto-poiéticas. A forma e os processos que permitem conferir um sentido de individualidade encontrar-se-iam profundamente alicerçados nas narrativas que os indivíduos contam acerca das suas vidas. O *self* constrói-se e reconstrói-se permanentemente através das histórias que os seres humanos contam uns aos outros. Afirmar a individualidade é essencialmente contar histórias organizadas em narrativas (Peavy, 1991).[3] Deve salientar-se, igualmente,

---

[3] Para McLeod (1997, 2003) é possível adoptar diferentes definições de narrativa e história. No entanto, sugere que a história pode ser definida como um relato de um acon-

que as narrativas só ganham sentido se tiverem um público a quem são contadas, num tempo histórico-social que define a matriz cultural da qual emergem os conceitos e as regras que as estruturam (Gonçalves, 2004; Mair, 1988). Em síntese, o *self* tem vindo a ser definido de forma crescente como, essencialmente, uma dimensão autobiográfica que se funda nas narrativas, cultural e historicamente situadas, que as pessoas desenvolvem sobre a existência (Gonçalves, 2004; Meijers, 2002).

Esta mudança paradigmática que atingiu os conceitos de *self* e de carreira teve consequências de grande alcance ao nível teórico e da intervenção na área da psicologia vocacional. O conceito de emparelhamento entre características pessoais e das profissões, que durante décadas desempenhou um papel fundamental no âmbito da psicologia vocacional, tem vindo a perder parte da sua centralidade. Já não se trata, agora, de ajustar, no sentido mecanicista do termo, indivíduos a determinados percursos escolares ou profissionais, tanto mais que o carácter de estabilidade das principais variáveis desta equação foi seriamente posta em causa pela evolução social a que já fizemos referência.

O desenvolvimento vocacional dos indivíduos pode ser sintetizado metaforicamente de inúmeras maneiras (Inkson & Amundson, 2002). Todavia, alguns autores têm vindo a defender que faz sentido conceber a carreira como uma narrativa e a consulta vocacional como um espaço destinado a contar, desconstruir e reconstruir a história vocacional dos indivíduos (Brott, 2001; Bujold, 2004; Campbell & Ungar, 2004a,b; Chen, 1997, 2002; Christensen & Johnston, 2003; Cochran, 1997; Peavy, 1991, 1994; Savickas, 1997b). "Usando a analogia de 'carreira como história' a consulta vocacional pode ser conceptualizada como um processo de contar e recontar a experiência vocacional de um cliente" (Savickas, 1993, p. 213). A abordagem narrativa da consulta vocacional enfatiza uma abordagem subjectiva relativamente às características pessoais e contextuais, privilegiando o significado que elas adquirem para os clientes.

---

tecimento passado, que dá conta de uma sequência de acções levadas a cabo por uma ou várias pessoas, estruturada de forma a distinguir um início, um meio e um fim. Narrativa, por seu turno, seria uma palavra mais inclusiva, que tem vindo a ser usada para descrever, igualmente, o processo de criação de acontecimentos passados. Pode incluir várias histórias, assim como comentários de diversa natureza sobre essas histórias. No decurso do presente capítulo teremos presente esta distinção, mas a nossa utilização dos dois termos irá tomá-los como sinónimos.

Uma narrativa possui a capacidade de sintetizar um padrão coerente, temporalmente situado, susceptível de representar uma carreira. Uma narrativa de carreira implica, ao mesmo tempo, uma história, necessariamente subjectiva, sobre o trajecto que um determinado indivíduo realizou até ao momento presente e o papel que se propõe assumir no enredo que projecta para o seu futuro. Seria através de uma narrativa vocacional que os indivíduos se prepariam para a acção e seria através dela que a acção poderia ser concretizada (Chen, 2002). Ao considerar que a representação da acção se realiza essencialmente através da narrativa e que vivê-la se concretiza através da acção, pressupõe-se, inevitavelmente, que a intervenção vocacional se realiza, preferencialmente, com base nas histórias que os clientes narram no decurso do processo de consulta. O material de trabalho na intervenção vocacional narrativa baseia-se, essencialmente, nas narrativas que os clientes relatam. A intervenção deve começar por analisar de que forma elas estruturam a vida dos clientes. Em muitos casos, principalmente no quadro da consulta vocacional, estas histórias são marcadas por descontinuidades, incoerências e falta de clareza narrativa. Não constituem boas histórias que possibilitem alicerçar um sentido de causalidade pessoal. O trabalho de intervenção, na perspectiva narrativa, pode ser comparado a um trabalho de revisão de uma história de vida no decurso do qual se procede a uma desconstrução dos significados das narrativas e a uma reconstrução de novas possibilidades narrativas. No decurso deste processo o terapeuta serve de audiência para a história ser narrada trabalhando, igualmente, como um (co)re-construtor da mesma. Neste sentido, ele desempenha um importante papel no processo de reconstrução de significado na medida em que, através da sua intervenção, baseada numa multiplicidade de técnicas possíveis (Bujold, 2004; Campbell & Ungar, 2004b; Chen, 2002; Cochran, 1997; Savickas, 1997b), permite ao cliente um espaço para reconstruir as suas histórias. A emergência de narrativas alternativas possibilita ao cliente experimentar novos significados susceptíveis de abrir um horizonte de possibilidades mais positivo da experiência.

O objectivo da consulta vocacional de matriz narrativa consiste, em suma, em ajudar pessoas a construir narrativas mais significativas e produtivas relativamente às suas vidas. À semelhança da psicoterapia narrativa (Gonçalves, 2000), a ênfase é colocada na criação de novas possibilidades narrativas de existência, mais do que na resolução de problemas. O que essencialmente distingue a consulta vocacional de outras formas de consulta é que, pela sua própria natureza, enfatiza narrativas que se projectam no futuro. Por isso mesmo, não deve centrar-se exclusivamente nas decisões e acções mais imediatas dos clientes, mas procurar antes desenvolver neles uma representação do futuro susceptível de promover um sentido de agência pessoal.

Larry Cochran (1990, 1997) foi, seguramente, o autor do campo da psicologia vocacional que mais desenvolveu a abordagem narrativa aplicada à intervenção vocacional. Para este autor a consulta vocacional narrativa possibilita a mudança através de um processo que se caracteriza por três grandes momentos. O primeiro é a *diferenciação*, que consiste na emergência de narrativas alternativas que são criadas através de elementos que, nalguns casos, se encontram presentes nas narrativas que originalmente são contadas. Estes elementos estão normalmente mal articulados e integrados na narrativa original, mas a intervenção tem como objectivo contrastá-los e diferenciá-los de forma que possam servir de ponto de partida para a elaboração de novas narrativas. O segundo momento é a *avaliação*, que basicamente consiste em avaliar narrativas alternativas sobre o mesmo percurso ou episódio de vida. Desejavelmente, a velha história, com as suas incoerências, confusões, episódios mal definidos ou pressupostos que se revelam insustentáveis, é contrastada com outras possibilidades narrativas mais equilibradas, ricas, coerentes e dotadas de novos significados. Por fim, o último momento é a *integração*. A velha história é integrada ou reformulada numa nova narrativa que possibilita progredir na direcção de experiências mais produtivas, satisfatórias e significativas. A elaboração de uma nova narrativa vocacional permite a construção de significado que possibilita a emergência de novas e diferentes possibilidades e escolhas que não eram evidentes anteriormente.

A narrativa constitui a forma privilegiada de construção de significado e este facto é de grande relevância ao nível da intervenção psicológica, em geral, e da consulta vocacional, em particular. Cochran (1997) sugere três formas através das quais a narrativa conduz à construção de significado. Em primeiro lugar, a narrativa permite integrar numa totalidade uma organização temporal que contempla um início, um meio e um fim. A narrativa consagra um sentido de continuidade ao longo do tempo, alicerça um sentido de identidade, permite atribuir causalidade explicativa à sucessão cronológica dos acontecimentos passados, interpretar o momento presente e projectar possibilidades de acção possíveis no futuro. Em segundo lugar, a construção de significado possibilitado pela narrativa deriva do facto de esta constituir uma estrutura sintética que agrupa elementos num todo que, idealmente, deverá possibilitar alguma coerência e um mínimo de clareza ao narrador. Por fim, o enredo da narrativa, pela sua própria estrutura, transmite um significado na medida em que os pontos de partida iniciais se desenrolam numa certa direcção e terminam de uma determinada forma, positiva ou negativa, que, em si mesmo, constituem a síntese do processo narrativo.

3. Psicologia vocacional narrativa e escolhas vocacionais

A psicologia vocacional narrativa permite-nos uma visão particularmente interessante e inovadora sobre os processos de decisão e as dificuldades relacionadas com as escolhas vocacionais. Para Cochran (1994) é importante definir o que se entende por problema vocacional. Numa grande parte dos casos os indivíduos em consulta vocacional sentem que os seus percursos de carreira se estão a desviar ou já se desviaram significativamente de uma rota relativamente previsível, assinalando uma diferença *entre o que é* e *o que deveria ser*. Assim, por exemplo, uma pessoa com uma determinada profissão pode começar a sentir uma crescente insatisfação relativamente às expectativas que tinha criado sobre a sua carreira e poderá colocar em causa o seu investimento profissional. Eventualmente poderá dar início a um processo de transição para um outro trabalho ou profissão. Aqui, segundo Cochran, o que se constata é uma divergência entre a *linha de intenção* (aquilo que se projectava atingir) e a *linha de acção* (aquilo que é efectivamente vivido), que estruturam duas narrativas possíveis para o percurso de vida das pessoas.

As dificuldades ao nível das escolhas vocacionais podem, no quadro de uma abordagem narrativa, situar-se a dois níveis distintos: o do conteúdo e o do processo narrativos. Um jovem que se encontra indeciso entre várias alternativas vocacionais enfrenta a tarefa de escolher uma narrativa entre várias possíveis, cada uma das quais implicando uma leitura distinta do *self* e da sua projecção num cenário futuro. Escolher implicará, neste caso, sacrificar uma narrativa em detrimento de outra ou outras. Pode acontecer, igualmente, que a questão da indecisão se relacione com a incapacidade em formular uma alternativa. Aqui o problema prende-se com a criação de uma narrativa que permita ao indivíduo estruturar um sentido de identidade, nomeadamente ao nível vocacional.

O processo narrativo pode, igualmente, dificultar o processo de escolha vocacional. Se as narrativas se encontram mal estruturadas e a sua gramática é confusa sucede, frequentemente, que a consequência é um processo de decisão pautado por dúvidas e hesitações.

Quando a abordagem narrativa analisa a forma como os indivíduos tomam decisões vocacionais abre-se uma interessante e inovadora perspectiva de análise. Já tivemos a oportunidade de descrever anteriormente a forma como uma parte significativa das teorias vocacionais perspectiva o processo de decisão vocacional. Tradicionalmente os modelos de decisão mais valorizados foram de natureza racionalista e prescritiva (Harren, 1979; Phillips, 1997). Os decisores racionais, à semelhança de um modelo computacional, conseguiriam escolher a alternativa com maior utilidade, diferenciando as várias possibilidades disponíveis, avaliando as suas características específicas e atribuindo a cada uma delas uma determinada valoração em função das suas preferências individuais (e.g., Gati et al., 1996). Esta forma de conceber o processo de decisão, que enfatiza a racionalidade do decisor e dos mecanismos de decisão, tem vindo a ser questionada nas últimas três décadas por muitos autores. A investigação tem demonstrado que os julgamentos e as decisões são muitas vezes inconsistentes com o pressuposto de racionalidade que pretensamente os estruturaria (Shafir & LeBoeuf, 2002). As decisões vocacionais não constituem, seguramente, uma excepção (Chen, 1997; Gelatt, 1989).

A psicologia vocacional narrativa, rejeitando os cânones tradicionais da racionalidade típicos de uma epistemologia positivista, modifica substancialmente os pressupostos da análise da questão. As decisões vocacionais dizem respeito à forma como os indivíduos se definem a si próprios e se projectam no futuro através de narrativas. Ao invés de associar a indecisão vocacional a características psicológicas negativas, como explícita ou implicitamente fizeram as investigações que enquadrámos na abordagem diferencial, a psicologia vocacional narrativa vê nas dificuldades da escolha vocacional um período em que os indivíduos procuram construir ou reconstruir um significado antes de enfrentar um momento de mudança (Savickas, 1997b). Cochran (1991) designa este período por flutuação (*wavering*), no decurso do qual, mais do que tentar atingir um objectivo, se procura ganhar sentido para a acção. "Tomar uma decisão vocacional constitui um ponto de suspensão natural na participação, uma pausa na qual o papel de espectador é proeminente. E a função do espectador é criar significado através da narração" (Cochran, 1997, p. 25). Em grande parte dos casos, o processo de escolha implica uma interrupção face a um momento de mudança, inevitável e desejável, no qual os indivíduos procuram construir um sentido para o *self* na sua relação com o mundo. Parece ser esta tentativa de construção de significado que se encontra no âmago da indecisão vocacional. Decidir, por seu turno, implica direccionar o *self* para um determinado objectivo, construindo uma ponte entre o desejo e a acção (Peavy, 1994).

Uma narrativa pode ser vista como uma tentativa de resolução de problemas, através da qual se ultrapassam dilemas e tensões, principalmente quando um ou vários acontecimentos se afastam daquilo que era esperado (McLeod, 1997). É neste sentido que Cochran (1997) descreve as decisões como construções narrativas. Decidir apresenta mais semelhanças com a composição de uma história do que com um modelo analítico e racionalista de avaliação de critérios de escolha. Implica escolher, entre várias possibilidades, a narrativa que mais se aproxima da ideal e criar uma possibilidade de existência, incluindo, necessariamente, um papel, no quadro de um enredo específico, que conduz a uma determinada finalidade que se antecipa como provável. Permanecer indeciso poderá corresponder à manutenção de várias possibilidades narrativas para o *self*, mas implica suspender a actualização do potencial que só a narrativa vivida possibilita.

Cochran (1997) sustenta que o processo que é tradicionalmente descrito na psicologia vocacional desenvolvimentista como cristalização corresponde a uma estabilização da representação futura de uma carreira, que configura o desempenho de um papel no âmbito de uma narrativa. Esta permite o investimento do indivíduo numa determinada direcção orientada para o futuro, sendo o resultado de um processo dialéctico entre uma dimensão ideal e uma possível. Neste processo Cochran distingue três tipos de cristalizações. A primeira corresponderia a uma *decisão exploratória*, que configura um esforço continuado num processo de exploração vocacional sem que uma alternativa vocacional seja escolhida. O segundo tipo de cristalização é designado por *escolha* e, à semelhança da anterior, implica uma opção voluntária por parte do indivíduo. Neste caso exige-se um investimento de tempo, energia e recursos para explorar uma dimensão vocacional, relativamente circunscrita, à custa de outras que têm que ser sacrificadas. O último tipo de cristalização, a *decisão*, é, simultaneamente, voluntária e involuntária. As decisões podem ser vistas como tomadas de consciência súbitas de uma nova *gestalt* em que o indivíduo percepciona uma narrativa, assim como o papel que nela potencialmente pode desempenhar, que responde aos conflitos e às hesitações anteriores. Esta percepção pode emergir de forma relativamente súbita e normalmente não se caracteriza pela natureza voluntária, típica das cristalizações anteriores. Todavia, as decisões têm que ser, necessariamente, aprovadas ou desejadas. A não ser assim, não conseguem ser transformadas em acções concretas.

Duas condições parecem ser, segundo Cochran (1997), indispensáveis para a adopção de uma narrativa e, consequentemente, para a tomada de uma decisão. A primeira é considerar uma narrativa de futuro como verdadeira. Se o indivíduo não consegue atribuir um determinado grau de plausibilidade à sua narrativa em termos de concretização futura, então não é possível investir seriamente nela. A narrativa não passaria de uma fantasia impossível de concretizar. A segunda condição relaciona-se com a necessidade de identificação com a narrativa criada. Cada uma das possibilidades narrativas oferece oportunidades e desafios, mas também obstáculos e dificuldades. Se o indivíduo não consegue identificar-se com as características definidoras de uma narrativa, no plano real e simbólico, então ela não constitui uma base suficientemente sólida que possibilite um investimento sustentado ao longo do tempo.

Quando analisamos a forma como algumas pessoas recordam determinadas escolhas de natureza vocacional que fizeram verificamos que a sua estruturação é claramente de natureza narrativa. Numa passagem de *O Futuro do Sucesso*, Robert Reich (2004), Secretário de Estado do Trabalho da primeira Administração do Presidente Bill Clinton, recorda as circunstâncias em que tomou consciência de que tinha que enfrentar uma importante mudança na sua vida profissional:

"Há uns anos, tive um emprego que me consumiu. Eu não era dependente dele, não tinha com ele uma ligação irracional, masoquista, compulsiva. O problema é que eu adorava o que fazia e nunca me fartava. Ser membro do gabinete do Presidente foi o melhor emprego da minha vida. De manhã, eu estava ansioso por chegar ao escritório. À noite saía com relutância. Mesmo quando eu estava em casa, havia uma parte de mim que permanecia no emprego.

Não é, pois, de admirar que outros domínios da minha vida tenham secado como passas. Perdi o contacto com a minha família, e mal via a minha mulher e os meus dois filhos. Perdi o contacto com amigos de longa data. Comecei até a perder o contacto comigo próprio, em todos aqueles aspectos em que o meu cargo nada exigia de mim. Então, uma noite, telefonei para casa e disse aos meus filhos que não chegaria a tempo de lhes dar as boas noites. Já acontecera o mesmo cinco vezes seguidas. Sam, o mais novo, disse que não havia problema, mas pediu-me que o acordasse quando eu chegasse a casa. Expliquei-lhe que chegaria muito tarde e que ele já estaria a dormir há muito tempo; talvez fosse preferível falarmos na manhã seguinte. Mas ele insistiu. Perguntei-lhe porquê. Ele só queria ter a certeza de que já estava em casa. Ainda hoje não sei explicar exactamente o que me aconteceu nesse momento. Mas, de repente, percebi que tinha de deixar o meu emprego." (pp. 38-39)

Neste episódio relatado por Reich constata-se que a necessidade de tomar uma decisão e efectuar uma mudança significativa ao nível pessoal e profissional parece não ter surgido de forma ponderada e sistemática. Pelo contrário. Emergiu activada por um mecanismo não controlado de forma voluntária. Este relato é particularmente ilustrativo de como os processos de decisão parecem ser estruturados de forma narrativa.

Vimos como um determinado acontecimento fez com que Reich questionasse o investimento na sua actividade profissional e começasse a perspectivar a interrupção da narrativa que se encontrava a protagonizar. Noutros casos a situação é oposta e verifica-se a cristalização de uma decisão que orienta os esforços dos indivíduos para um determinado curso de acção. No seguinte excerto, o jornalista José António Saraiva (2003) recorda como realizou uma decisão vocacional importante no ensino secundário:

"Decidi ir para Arquitectura quando andava no sétimo ano do liceu. Uma tarde fui à Papelaria Fernandes, na Rua do Ouro, comprar material para a disciplina de Geometria Descritiva. A meio da escada para o primeiro andar senti o cheiro muito peculiar das boas papelarias e das casas de material de desenho – uma mistura complexa de cheiro a papel, a tintas, a madeira, a borracha de apagar. Foi nesse momento que percebi a minha vocação: tomei a decisão inabalável de ir para Arquitectura." (p. 57)

Numa primeira análise poderíamos classificar esta decisão vocacional como impulsiva e pouco amadurecida. Contudo, a continuação do relato de José António Saraiva revela-nos uma trama narrativa mais complexa, que o excerto anterior não deixava transparecer. A decisão tomada enraíza-se num quadro de histórias familiares que confere à escolha vocacional o carácter de construção narrativa:

> "O meu pai pertencia a uma família de escritores e artistas. O meu avô paterno passava (...) a vida enfiado no escritório, atafulhado em livros. A minha avó paterna (...), embora pouco letrada, tinha um pendor para as artes. Assim, quase todos os seus seis filhos começaram muito cedo a escrever, a desenhar e a pintar. O meu pai, o meu tio José Hermano, as minhas tias Maria José e Florinda, fizeram incursões mais ou menos prolongadas pela pintura. O meu pai pintou até ir para França e era um pintor razoável. Lembro-me de ir com ele à Praça do Império, em Belém, defronte dos Jerónimos, e de me encantar a vê-lo montar o cavalete, a abrir a caixa de tintas, pegar no pincel e começar a pintar. (...)
>
> Um tio do meu pai, irmão da minha avó, (...) foi um excelente aguarelista, que está hoje representado em diversos museus. No fim da vida dava aulas de desenho no Castelo de S. Jorge a miúdos da rua. Era um excêntrico e um inadaptado. Disse-me, uma vez, que todos nós comemos pintura: o verde nas couves, o vermelho nos tomates, o branco no arroz. Vivia com duas irmãs numa casa na Sé, deixava-se dominar por elas, chegava a ficar à noite na rua com medo de um cão que elas tinham e que lhe ladrava. Um dia fechou-se no quarto, deixou de comer – e acabou por morrer." (p. 58)

O que inicialmente parecia ser um processo que conduziu a uma escolha assente em alicerces relativamente frágeis revela-se, agora, parte de uma narrativa mais vasta que parece fundar-se no sistema familiar. Neste relato transparece, mais uma vez, o carácter narrativo da escolha vocacional, tal como foi sublinhado por Cochran (1997).

4. Síntese e conclusões

A abordagem da indecisão vocacional proposta por Savickas (1995a) parece situar-se na intersecção de duas das tradições construtivistas da psicologia vocacional: a abordagem biográfica-hermenêutica, que tem nos temas de vida das biografias dos indivíduos o seu principal conceito teórico, e a abordagem narrativa, mais recente, que, como vimos, elege a narrativa como o elemento preponderante da construção do sujeito psicológico. A psicologia narrativa tem assumido, nos últimos anos, um papel de destaque ao nível da psicologia vocacional (Brott, 2001; Christensen & Johnston, 2003; Cochran, 1997; Peavy, 1991; Savickas, 1997b) e pode contribuir, seguramente, para analisar o processo da escolha vocacional a partir de um novo prisma. As abordagens biográfica-hermenêutica e narrativa devem ser vistas como perspectivas complementares, embora tenham tido diferentes origens e desenvolvimentos teóricos.

No quadro da abordagem que descrevemos neste capítulo, a indecisão vocacional é associada à dificuldade em identificar um tema de vida ou construir uma narrativa pessoal em torno de um projecto de carreira que possibilite ao indivíduo investir numa determinada direcção. Esta dificuldade não se reveste, necessariamente, de um carácter negativo, podendo ser vista como um momento em que o papel de espectador se sobrepõe ao de actor, construindo-se um significado para a vida, nomeadamente para a dimensão profissional da existência.

A abordagem construtivista valoriza os contextos, mais próximos ou mais distantes, nos quais a indecisão emerge. De facto, as histórias são sempre analisadas no quadro de narrativas mais vastas, histórica e culturalmente situadas, que estruturam a forma e os processos inerentes à narração (Gonçalves, 1996; Howard, 1991). Esta constitui sempre um processo social, na medida em que resulta da linguagem, dispositivo que, por definição, é socialmente constituído e partilhado. A escolha vocacional desempenha um papel importante na vida das pessoas, uma vez que o trabalho, apesar das transformações profundas que tem vindo a sofrer, continua a assumir um papel de incontornável centralidade nas sociedades pós-industriais. Ele condiciona e determina a forma como os indivíduos constroem a sua identidade pessoal e social e, em larga medida, encontram um significado para as suas vidas (Chen, 1997; Christensen & Johnston, 2003; Erikson, 1968; Parada & Coimbra, 1999). Neste sentido, é possível afirmar que a escolha profissional pode ser vista como uma metanarrativa estruturante das sociedades contemporâneas (Super *et al.*, 1996), mesmo quando, como é presentemente o caso, se assiste a um maior número de transições de carreira no decurso da vida activa dos indivíduos e uma maior precariedade dos vínculos laborais (Bloch, 2005; Canaff & Wright, 2004; Vähämöttönen, Keskinen & Parrila, 1994).

A abordagem construtivista da indecisão vocacional, por outro lado, desloca-se dos resultados obtidos pelos sujeitos em instrumentos de avaliação da indecisão vocacional, sejam estes de natureza unidimensional ou multidimensional, para as histórias que os clientes narram na situação de consulta vocacional. Os instrumentos clássicos de avaliação vocacional (escalas, inventários, etc.) são desvalorizados, de forma implícita ou explícita, privilegiando-se as metodologias de natureza auto-biográfica e discursiva (Gonçalves, 1994; Gonçalves & Gonçalves, 1999; Howard, Maerlender, Myers & Curtin, 1992) que acentuam a dimensão ideográfica em detrimento da dimensão nomotética. Assim, a abordagem construtivista dá um particular relevo às metodologias qualitativas as quais têm vindo a ganhar um peso crescente na investigação no âmbito das ciências sociais e humanas (Denzin & Lincoln, 1994), nomeadamente na psicologia e, particularmente, na área da psicoterapia e da consulta psicológica (Bracero, 1996; Gonçalves, 2000; Gonçalves, Alves, Soares & Duarte, 1996; Gonçalves, Maia, Alves, Soares, Duarte & Henriques, 1996; Howard, 1991; Leod, 1996; Mason-Schrock, 1996). Estas metodologias (observação participante, observação etnográfica, histórias de vida, auto-biografias, narrativas, etc.) procuram avaliar os processos e significados a partir dos quais os indivíduos e os grupos se relacionam com o mundo, afastando-se da tradição positivista que valoriza mais a medição de grandezas, quantidades, intensidades e frequências no quadro de uma análise de natureza causal das variáveis presentes nos fenómenos humanos. No âmbito da investigação sobre a indecisão vocacional, o papel das metodologias qualitativas poderá revelar-se particularmente importante. Com a excepção do interessante estudo de Hagstrom, Skovholt e Rivers (1997), que identificou temas presentes em entrevistas realizadas com estudantes universitários vocacionalmente indecisos, o recurso a metodologias qualitativas de investigação é virtualmente inexistente, situação que contrasta, deve salientar-se, com a crescente popularidade das estratégias qualitativas de avaliação utilizadas ao nível da consulta vocacional (Brott, 2004; McMahon & Patton, 2002).

Uma característica que igualmente diferencia a análise de Mark Savickas (1995a) sobre a indecisão vocacional relativamente a outras abordagens é a importância atribuída às questões epistemológicas. Anteriormente, tudo parecia passar-se como se as referidas questões fossem objecto de um acordo tácito e não necessitassem de ser discutidas. Ora, a abordagem construtivista levanta problemas epistemológicos centrais sobre o processo de conhecimento e de investigação científicas. Por isso, estas questões não podem ser mais relegadas para um plano secundário e devem ser explicitamente discutidas. Savickas (1994, 1995c) designa de perspectivismo o modelo epistemológico que contrapõe ao modelo objectivista do positivismo lógico que foi dominante na psicologia durante grande parte do século XX.

Provavelmente, a abordagem que, no âmbito da psicologia, mais procurou questionar os alicerces epistemológicos do positivismo enquanto filosofia de ciência aplicada à psicologia foi o construcionismo social, que tem em Kenneth Gergen (1985, 1992, 1994) a sua figura maior. O construcionismo social, que parece ter influenciado fortemente a concepção epistemológica perspectivista de Savickas (1994, 1995d), tenta ultrapassar o impasse entre os adeptos de uma filosofia do conhecimento mais orientada para um modelo exógeno (empirista) ou para um modelo endógeno (racionalista, idealista ou fenomenológico). Qualquer destes modelos parte de uma concepção de conhecimento como uma representação do mundo. Ora, esta concepção, que tem vindo a ser fortemente questionada pelas diversas sensibilidades do pensamento pós-moderno no qual o construcionismo social se enquadra (Cahoone, 1996; Kvale, 1992a,b; Lather, 1992; Lyotard, 1989), levanta problemas difíceis de ultrapassar. Gergen propõe que se parta do princípio que o conhecimento é essencialmente o produto de uma actividade socialmente produzida e partilhada na e pela linguagem. Dito de forma mais simples, o conhecimento é linguagem. Qualquer referência ao mundo "real" implica sempre um qualquer código linguístico. Assim, a forma de compreensão humana do mundo constitui sempre um empreendimento que resulta de uma relação cooperativa no quadro de uma relação social historicamente contingente. Para o construcionismo social a investigação científica aplicada à realidade humana deve tomar em consideração as bases históricas e culturais que estruturam uma visão particular do mundo. Desta forma, valoriza a multiplicação de legitimidades emergentes de análises locais e contextualizadas e a emergência de novos critérios de validação do conhecimento (viabilidade, utilidade, etc.) que se afastam do processo clássico de validação empírica da investigação científica de inspiração positivista. Ao mesmo tempo, privilegia as metodologias qualitativas de investigação, mais apropriadas para captar a complexidade dos significados que estruturam a existência humana.

Deve salientar-se que na abordagem construtivista da indecisão vocacional não existem referências a aspectos de natureza desenvolvimentista. A razão que explica esta omissão relaciona-se provavelmente com o facto de as teorias desenvolvimentistas, nomeadamente as relacionadas com o desenvolvimento vocacional, serem de natureza abstracta, construídas com o objectivo de terem uma aplicação universal, sem a preocupação de captar as especificidades de contextos particulares. As abordagens construcionistas estão mais interessadas em fenómenos e particularidades locais, dependentes de jogos de linguagem que permitem às comunidades construir uma visão particular do mundo, do que em leis e teorias gerais, supostamente universais, com uma maior capacidade de explicação.[4]

Ao nível da intervenção vocacional as propostas de Savickas (1995a) são inovadoras e constituem um dos melhores exemplos de como uma abordagem teoricamente sólida pode servir de inspiração para desenvolver uma nova prática de intervenção, neste caso com indivíduos vocacionalmente indecisos. Simultaneamente, essa nova prática de intervenção reconfigura algumas das fronteiras tradicionais da consulta vocacional. Quando o processo de intervenção se centra na identificação dos temas de vida ou nas narrativas individuais, constituindo o principal material de trabalho terapêutico, faz pouco sentido tentar distinguir a consulta vocacional de outras formas de consulta, seja esta designada por consulta psicológica (*counseling*) ou psicoterapia. Este tópico de discussão tem sido objecto de alguma controvérsia, com alguns autores a defender uma distinção mais nítida entre as duas formas de consulta (Brown & Krane, 2000; Crites, 1981), embora reconhecendo uma interacção entre dimensões vocacionais e não-vocacionais, e outros, em maior número, a criticar separações artificiais desta natureza (Betz & Corning, 1993; Blocher, 2000; Blustein & Spengler, 1995; Cochran, 1994; Christensen & Johnston, 2003; Gysbers, 1984; Herr, 1997; Lecomte & Guillon, 2000; Lewis, 2001; Lucas, 1993b; Manuele, 1992; Richardson, 1996; Savickas, 1993; Spokane & Metzler, 1993; Super, 1993; Tolsma, 1993). De forma clara, as propostas de Savickas vêm apoiar as propostas destes últimos.

---

[4] Alguns autores não distinguem modelos construtivistas e construcionistas, usando ambas as designações de forma mais ou menos equivalente (Ibáñez, 1992), enquanto outros estabelecem distinções claras entre eles (Gonçalves, 1997; Sabini & Schulkin, 1994). Identificamo-nos com esta última posição e, em rigor, pensamos que a abordagem de Savickas que descrevemos neste capítulo é de natureza mais construcionista do que construtivista, essencialmente pela ênfase colocada na natureza linguística dos processos e produtos que estruturam o conhecimento humano do mundo.

Nas suas palavras:

"À medida que o foco da intervenção vocacional se desloca do ajustamento objectivo para o processo de construção de significado, a componente de relação e a perspectiva subjectiva verão a sua importância aumentada. Esta ênfase crescente no significado pessoal e na relação terapêutica farão com que a consulta vocacional pós--moderna se assemelhe muito mais à consulta pessoal e à psicoterapia." (Savickas, 1993, p. 212)

De igual forma, a consulta vocacional, perspectivada no âmbito da abordagem construtivista, ao valorizar estratégias narrativas ao nível da intervenção, está necessariamente a fazer com que a emoção, que Jennifer Kidd (1998) identificou como a presença ausente na teoria vocacional, passe a ocupar um lugar central nas práticas de consulta vocacional. As emoções e os sentimentos eram considerados, pelos pressupostos da racionalidade a que já fizemos referência, meros epifenómenos no quadro da consulta vocacional. A expressão raciocínio verdadeiro (*true reasoning*), que designa no modelo de Frank Parsons (1909) o mecanismo através do qual a escolha vocacional conseguiria ajustar características individuais e características das profissões, é disso evidência suficiente. Quando o material de trabalho terapêutico consiste, essencialmente, em histórias, que serão posteriormente objecto de um trabalho de reconstrução narrativa, não é possível ignorar os sentimentos e as emoções dos clientes. Eles serão parte integrante de qualquer narrativa que seja abordada no quadro da consulta porque, como pertinentemente afirmou Law (1996), o desenvolvimento vocacional é sempre emocionalmente investido. Simultaneamente, conforme assinalou Meijers (2002), as emoções desempenham um papel nuclear no processo de construção e reconstrução da identidade vocacional no seio das sociedades contemporâneas.

Na abordagem proposta por Savickas (1995a) julgamos igualmente importante identificar algumas das suas limitações. A principal prende-se com a inexistência, e esta será provavelmente a principal diferença relativamente a abordagens que descrevemos em capítulos anteriores, de investigações de natureza empírica. Embora as propostas de análise e de intervenção propostas por Savickas sejam teoricamente sofisticadas, o facto é que não conseguiram, até ao momento, dar origem a novas investigações. As metodologias qualitativas, a utilizar no quadro de uma investigação de tipo construtivista, exigem um grande investimento de tempo e recursos. É natural, portanto, que um empreendimento desta natureza coloque aos investigadores obstáculos difíceis de ultrapassar. Por outro lado, a abordagem narrativa no quadro da psicoterapia e da consulta psicológica, uma fonte de inspiração na proposta de Savickas, tem sido essencialmente problematizada a partir de contextos de intervenção e não tanto em função de investigações sobre a natureza da narrativa e do seu papel na emergência de perturbações de natureza psicológica (McLeod, 1996), embora tenhamos assistido, nos últimos anos, ao aparecimento de um maior número de estudos que se debruçam sobre este aspecto (Gonçalves, 1995, 2000; Gonçalves *et al.*, 1996).

A abordagem construtivista da indecisão vocacional, particularmente a que enfatiza a dimensão narrativa no processo de desenvolvimento e da escolha vocacionais (Cochran, 1997), pode constituir uma fonte inspiradora susceptível de abrir um campo de investigação particularmente interessante e promissor. No campo da psicologia vocacional, os estudos que optaram por metodologias qualitativas de investigação que se centram na narrativa são praticamente inexistentes.[5] Todavia, a concretizarem-se no futuro, gostaríamos de ver exploradas duas áreas que consideramos fundamentais. A primeira seria tentar verificar como diversos estatutos de decisão vocacional se associam a determinados tipos de produção narrativa. Por exemplo, as características da indecisão generalizada, com a dificuldade recorrente de alguns indivíduos em tomar decisões em vários contextos de vida, incluindo o vocacional, parecem apelar para um padrão narrativo redundante que tem recebido designações várias, como histórias saturadas (Peavy, 1991) ou narrativas-protótipo (Gonçalves, Alves, Soares & Duarte, 1996; Gonçalves, Maia, Alves, Soares, Duarte & Henriques, 1996). Este tipo de investigação narrativa, de tipo paradigmático, foi designado por Polkinghorne (1995) por *análise de narrativas* e procura construir taxinomias de tipos de histórias, personagens e ambientes, por contraponto à *análise narrativa*, em que a investigação procede à recolha de descrições de acontecimentos e à sua síntese, numa ou várias histórias, como sucede, por exemplo, num estudo de caso ou numa biografia.

---

[5] Para uma excepção veja-se o estudo de Young, Friesen e Borycki (1994), que analisaram, recorrendo à análise de narrativas, como é que jovens adultos incorporaram a influência parental no âmbito do seu desenvolvimento vocacional.

Uma segunda área cuja investigação poderia conduzir a resultados potencialmente interessantes consistiria em avaliar o impacto de intervenções vocacionais de inspiração narrativa no estatuto vocacional dos clientes. Em muitos casos, as componentes de intervenção que a investigação demonstrou estarem associadas a progressos mais significativos por parte dos clientes (ver Brown & Krane, 2000) podem ser reconfiguradas no seio de uma abordagem narrativa (Christensen & Johnston, 2003). Como já tivemos a oportunidade de referir no Capítulo 4, a avaliação da eficácia das intervenções vocacionais constitui um assunto complexo que exigirá um grande investimento por parte dos investigadores da área da psicologia vocacional. A abordagem narrativa aplicada à consulta vocacional constitui uma contribuição muito interessante ao nível da consulta vocacional mas, seguramente, terá que analisar-se mais aprofundadamente o seu impacto, tendo em conta a diversidade das problemáticas dos clientes.

CAPÍTULO 7
A indecisão generalizada

A indecisão generalizada constitui um subtipo específico de indecisão vocacional que tem vindo a ser objecto de um interesse particular nas últimas décadas. A dificuldade em tomar decisões vocacionais prende-se, neste caso, com um padrão mais vasto de problemas com as escolhas em múltiplas áreas de vida. Neste capítulo revê-se a forma como a indecisão generalizada foi sendo conceptualizada e a evolução que se verificou ao nível da sua avaliação. Descrevem-se as principais características de personalidade que têm vindo a ser associadas aos indivíduos cronicamente indecisos e os eventuais quadros psicopatológicos que lhes poderão estar associados. Analisam-se as diferenças de género encontradas ao nível da indecisão generalizada e aborda-se a intervenção psicológica que alguns autores propuseram para este tipo de indecisão.

1. A evolução histórica do constructo da indecisão generalizada

A percepção de que no âmbito do fenómeno da indecisão vocacional seria possível distinguir um processo normativo, adequado no plano do desenvolvimento vocacional, e um não normativo, relacionado com dimensões menos adaptativas do funcionamento psicológico, é bastante antiga no campo da psicologia vocacional. Dysinger (1950) foi um dos primeiros autores, há mais de meio século, que procurou diferenciar os dois tipos de indecisão:

"A indecisão pode ser de dois grandes tipos. No primeiro, o jovem está a adiar a questão ou está a considerar a atracção que sobre ele exercem várias alternativas. Isto constitui uma experiência salutar, especialmente quando estimula o jovem a explorar o mundo vocacional de forma mais aprofundada. O segundo tipo de indecisão representa o evitamento do medo da decisão. (...) Muitos jovens estão assustados pelo carácter definitivo de um plano específico e refugiam-se na indecisão." (p. 200)

Por seu turno, Ginzberg, Ginsburg, Axelrad e Herma (1951) propuseram, no início da década de 50, uma teoria do desenvolvimento vocacional que pressupunha uma determinada sequência, marcada por períodos relativamente delimitados, na qual se verificaria um conjunto de compromissos entre os desejos dos indivíduos e as oportunidades educacionais e profissionais existentes. Assim, o primeiro período seria a *Fantasia* e caracterizaria as crianças até aos 10 anos. Predominariam as escolhas baseadas nos desejos e necessidades infantis, sem qualquer preocupação de adequação das aspirações à realidade. No segundo período, *Tentativa*, os indivíduos começariam a tomar em consideração as suas características pessoais no processo de escolha vocacional, tais como interesses, capacidades e valores. No último período, *Realista*, os jovens articulariam mais aprofundadamente as dimensões sociais e pessoais, avaliando os resultados dos seus comportamentos de exploração vocacional e formulando planos vocacionais específicos.

Para além de terem proposto um modelo de desenvolvimento vocacional, Ginzberg *et al.* (1951) chamaram a atenção para a possibilidade de alguns indivíduos se afastarem deste percurso, identificando dois padrões não normativos. O primeiro foi designado de *variante* e descreveria os indivíduos que se afastam da média da população relativamente ao momento em que definem uma escolha vocacional. O segundo padrão, *desviante*, seria aplicável aos sujeitos que não conseguem cristalizar uma escolha vocacional ou que o fazem muito mais tarde do que seria esperado. Um dos critérios propostos para distinguir o padrão variante do desviante é que este último se caracterizaria, essencialmente, pela existência de conflitos de personalidade.

Três factores contribuiriam para a emergência do padrão desviante: a) uma maior permeabilidade a pressões sociais e parentais no que respeita ao futuro profissional; b) a existência de fantasias de teor narcísico; c) finalmente, a manutenção de interesses infantis que entram em conflito com preocupações adultas mais adequadas.

LoCascio (1964) enfatizou também os aspectos de descontinuidade ao nível do desenvolvimento vocacional que as teorias desenvolvimentistas, na sua opinião, tendiam a não dar o relevo adequado. Este autor identificou três trajectórias distintas de desenvolvimento vocacional, que apelidou de unidades, descrevendo-as em termos do repertório comportamental, tarefas desenvolvimentais e aprendizagens associadas. A *unidade de desenvolvimento contínuo* implicaria a seguinte evolução:

1. O indivíduo confronta-se com uma tarefa desenvolvimental de natureza vocacional;
2. Vê-se obrigado, desta forma, a mobilizar o seu repertório comportamental para lidar com a tarefa em causa;
3. Em função do sucesso que obtém realiza novas aprendizagens que aumentam ou modificam o seu repertório comportamental.

Em contraste com o percurso anterior, a *unidade de desenvolvimento atrasado* constituiria o resultado provável da não percepção da necessidade de envolvimento com a tarefa de natureza vocacional ou de um repertório comportamental menos adequado para lidar com essa mesma tarefa. Neste caso, existe um menor sucesso ao lidar com a tarefa desenvolvimental e o processo seria mais prolongado no tempo, o que condicionaria a qualidade da resolução de tarefas subsequentes.

Finalmente, LoCascio (1964) refere uma terceira forma de evolução, que designa de *unidade de desenvolvimento debilitado*. Esta resultaria da não percepção da necessidade de enfrentar a tarefa vocacional ou, em alternativa, no caso de aquela existir, da incapacidade em lidar com as suas exigências. Os indivíduos que manifestam este padrão apresentam repertórios comportamentais pouco elaborados, por comparação com os que se enquadram nas unidades de desenvolvimento contínuo e atrasado. Em consequência, futuras tarefas vocacionais ficam fortemente comprometidas e o desenvolvimento vocacional profundamente perturbado.

Goodstein (1972), autor que já referimos no Capítulo 2, descreveu duas formas de indecisão relacionadas com o desenvolvimento vocacional, que teriam uma relação distinta com a ansiedade, variável que assumiria uma importância particularmente relevante. A primeira forma de indecisão seria o resultado de o indivíduo não ter conseguido desenvolver as competências necessárias para adquirir informação sobre o *self* e sobre o mundo do trabalho. Desta forma, não sendo capaz de realizar uma escolha vocacional, tarefa socialmente valorizada, ele experimenta um nível elevado de ansiedade. Uma intervenção que promova a aprendizagem de competências de decisão faria com que a escolha vocacional se concretize e, consequentemente, a ansiedade baixe de intensidade. No segundo tipo de indecisão a ansiedade desempenha um papel fundamental na emergência e manutenção do problema. Decidir constitui uma actividade ansiogénica, pelo que o acto de escolha não se concretiza, permanecendo o indivíduo indeciso. No primeiro tipo de indecisão a ansiedade constitui essencialmente uma consequência, enquanto que no segundo tipo ela é basicamente uma causa.

Ao analisarmos simultaneamente as contribuições de Ginzberg *et al.* (1951), LoCascio (1964) e de Goodstein (1972) deveremos enfatizar pelo menos dois aspectos. O primeiro é o de que estes autores, apesar das diferenças das suas abordagens, parecem descrever dois tipos de indecisão vocacional. No primeiro, o indivíduo não consegue efectuar uma escolha vocacional pelo facto de não ter conseguido aprender e mobilizar as competências necessárias para lidar com as tarefas vocacionais que tem que enfrentar. Aprendendo essas competências, é plausível que a escolha vocacional possa ocorrer sem dificuldades de maior. O segundo tipo de indivíduo indeciso encontra-se imobilizado no seu percurso de desenvolvimento vocacional por razões que parecem prender-se com conflitos e características de natureza pessoal, impeditivos de um desenvolvimento normal. Se aceitarmos esta hipótese como válida teremos que pressupor ser difícil realizar uma escolha vocacional amadurecida e consistente até que esses conflitos sejam minimamente ultrapassados.

O segundo aspecto que gostaríamos de referir é que os autores nunca utilizam a expressão *indecisão generalizada*, apesar de identificarem um padrão de indecisão vocacional que parece aproximar-se das descrições que mais à frente iremos analisar com mais pormenor.[1]

Foi Tyler (1969) a primeira autora que descreveu de forma mais sistemática a indecisão generalizada, definindo-a como a dificuldade em efectuar escolhas que ultrapassam o domínio vocacional, ocorrendo sistematicamente em outras áreas da vida do sujeito. Mesmo quando as condições parecem ser propícias para que se possa efectuar uma decisão voca-

---

[1] Temos vindo a empregar a expressão *indecisão generalizada* como tradução da palavra inglesa "indecisiveness". Pretendemos designar, desta forma, uma dificuldade em efectuar escolhas em vários domínios de vida, incluindo a dimensão vocacional. Ocasionalmente, utilizaremos também a expressão *indecisão crónica* como sinónimo.

cional, verifica-se a emergência de hesitações e dificuldades que, segundo Tyler, se inscrevem em problemas de natureza pessoal e não em questões específicas relacionadas com a escolha vocacional propriamente dita.

Também Crites (1969) considerou relevante, sob o ponto de vista da intervenção vocacional, distinguir a indecisão vocacional da indecisão generalizada, tendo advertido, porém, para a dificuldade em estabelecer critérios que permitam destrinçar os dois tipos de indecisão sem recorrer a diagnósticos *post hoc*.

Holland e Holland (1977), por seu turno, defenderam a existência de uma disposição para a indecisão generalizada.

> "Esta disposição é vista como o resultado de uma história de vida no decurso da qual a pessoa não adquiriu o envolvimento cultural necessário [*cultural involvement*], auto-confiança, tolerância face à ambiguidade, sentido de identidade, conhecimento necessário do self e do meio ambiente para lidar com o processo de decisão vocacional, assim como com outros problemas comuns. " (p. 413)

Os autores afirmam que aproximadamente um quarto dos estudantes indecisos podem pertencer a esta categoria, embora não apresentem nenhum dado empírico que sustente esta asserção. Os restantes seriam caracterizados por não terem características negativas associadas e poderiam, em muitos casos, ultrapassar a situação de indecisão vocacional sem recorrer a ajuda especializada. As conclusões do estudo de Holland e Holland (1977) possuem uma natureza algo especulativa pelo facto de a indecisão generalizada não ter sido directamente avaliada.

No início dos anos 80 Paul Salomone (1982) escreveu um artigo particularmente influente no qual procurou analisar de forma mais aprofundada a distinção entre indecisão vocacional simples e indecisão generalizada. Para este autor é fundamental distinguir previamente os dois tipos de indecisão, com o objectivo de disponibilizar uma intervenção adequada às necessidades dos clientes no âmbito da consulta vocacional.

Salomone (1982) pressupôs a existência de dois *continua* distintos. O primeiro constitui uma dimensão racional-cognitiva (por exemplo, um jovem que não efectuou uma escolha vocacional porque conhece mal as alternativas de que dispõe). O segundo configura uma dimensão emocional-psicológica (é o caso de sujeitos com uma identidade pouco definida, que experimentam grande ansiedade quando têm que tomar decisões e não conseguem efectuar uma escolha vocacional, independentemente do apoio que possam receber).[2] A indecisão generalizada, segundo Salomone, deveria ser uma classificação reservada unicamente a indivíduos adultos, não se devendo aplicar a estudantes do ensino secundário ou mesmo superior.

Com base em dois casos clínicos, Salomone (1982) descreveu algumas das principais características dos sujeitos que integram a categoria da indecisão generalizada:

a) os indivíduos não conseguem ou não querem tomar uma decisão, mesmo após uma longa série de sessões dedicadas ao processo de decisão;

b) "repetem" muito o problema mas, frequentemente, desviam-se para assuntos colaterais;

c) experienciam elevados níveis de ambivalência, ressentimento e frustração no que respeita à sua situação pessoal e vocacional;

d) pretendem que alguém lhes dê respostas a partir de uma perspectiva diferente da sua, mas minimizam ou ignoram essas respostas;

e) demonstram ser muito dependentes de uma outra pessoa (pais ou figuras do tipo parental) e, aparentemente, não possuem um sentido claro de identidade autónoma;

f) são muito dependentes ao nível financeiro e emocional e, provavelmente, desejam permanecer assim. A possibilidade de uma futura existência independente é sentida como assustadora;

g) são muito manipuladores, têm tendência a lamuriar-se constantemente e são imaturos em muitas áreas das suas vidas;

h) apresentam baixa auto-confiança e auto-estima;

i) tendem a apresentar um *locus* de controlo externo;

j) tendem a culpar outros pela sua situação, que consideram insatisfatória;

k) a motivação para mudar os seus padrões de comportamento não é muito elevada;

l) provavelmente aprenderam a exibir um comportamento de desânimo como forma de desencadear uma resposta de ajuda por parte de outras pessoas.

---

[2] Salomone (1982) designa estas duas dimensões por *decidedness-undecidedness* e por *indecisiveness-decisiveness*, respectivamente.

Em resumo, sintetiza Salomone (1982), "(…) estas pessoas lutam com os benefícios psicológicos da dependência versus a possibilidade de que a independência (assustadora como é) possa ser melhor " (p. 499).

Independentemente de sustentar algumas concepções discutíveis, nomeadamente uma distinção excessivamente marcada entre dimensões racionais e dimensões emocionais do processo de escolha vocacional, a contribuição de Salomone (1982) permanece incontornável para uma conceptualização da indecisão generalizada.

Fuqua e Hartman (1983) e Hartman e Fuqua (1983) criticaram igualmente o facto de alguns autores (e.g., Grites, 1981, 1983; Titley & Titley, 1980) considerarem a indecisão vocacional, na sua generalidade, como a consequência de um momento normativamente adequado e chamaram a atenção para os indivíduos cronicamente indecisos que apresentam dificuldades muito marcadas no processo de escolha vocacional.[3] Estes devem ser identificados e, eventualmente, acompanhados o mais precocemente possível, divergindo neste ponto da sugestão de Salomone em reservar esta designação para indivíduos adultos. Os sujeitos cronicamente indecisos tendem a apresentar características de personalidade que sugerem um desajustamento psicológico que não se afigura compatível com uma situação normativa no plano do desenvolvimento psicológico.

Também Van Matre e Cooper (1984) propuseram uma distinção entre indecisão vocacional simples e indecisão generalizada. A primeira seria um estado de decisão-ausência de decisão, que se refere a um nível de indecisão transitório, mais ou menos elevado, que acompanha todos os processos de escolha. A segunda seria um traço de ausência-presença de indecisão generalizada e diz respeito a uma propensão mais permanente e estrutural que alguns sujeitos apresentam face a qualquer tarefa que envolva tomar decisões, nomeadamente decisões de natureza vocacional. Os autores referem que os conceitos de traço e de estado são semelhantes aos utilizados por Spielberger, Gorsuch e Lashene (1970) relativamente à ansiedade. As duas dimensões, quando consideradas em termos ortogonais, configuram um esquema de diagnóstico vocacional com quatro categorias. Infelizmente, os autores não fornecem qualquer suporte empírico para este esquema, embora ele tenha servido de inspiração a investigações posteriores (ver Cooper, 1986; Miller, 1993).

---

[3] Estes autores utilizam a designação de indecisão vocacional crónica como equivalente a indecisão generalizada.

Todos estes autores que citamos anteriormente parecem estar de acordo relativamente à existência de um tipo de indecisão que não deve, segundo a sua opinião, confundir-se com um processo normativo ao nível do processo de decisão vocacional. Alguns acentuam o carácter estrutural das dificuldades de escolha vocacional, que parecem resistir a uma intervenção vocacional. Outros destacam a relação entre as dificuldades de escolha vocacional e as dificuldades de decisão em outras áreas de vida, colocando em relevo determinadas características de personalidade dos indivíduos cronicamente indecisos. Já Ashby *et al.* (1966) tinham salientado este último ponto ao afirmar:

> "No processo de consulta (...) não é incomum encontrar estudantes que experimentam uma dificuldade excessiva em efectuar qualquer tipo de decisão, seja escolher a gravata que combine com um fato, uma rapariga com quem sair, uma universidade para frequentar ou uma carreira pela qual enveredar. É razoável considerar uma tal característica como fazendo parte de um padrão de personalidade mais global. Tal padrão tem, necessariamente, implicações nas decisões vocacionais de um indivíduo." (p. 1037)

Deveremos salientar, no entanto, que grande parte do que se conhecia sobre a indecisão generalizada até ao início da década de 90 se baseava, no essencial, na experiência clínica obtida ao nível da consulta vocacional, em detrimento de programas de investigação especialmente orientados, em primeiro lugar, para a distinção entre indecisão vocacional simples e indecisão generalizada e, em segundo, para a análise das características específicas da indecisão generalizada.

Foi este contraste marcado entre o discurso teórico e a relativa ausência de investigação de natureza empírica que levou Slaney (1988) a afirmar:

> "A distinção entre indecisão vocacional e indecisão generalizada tem uma história considerável. As ideias que subjazem à distinção parecem razoáveis; todavia, muito pouco progresso claro foi conseguido em demonstrar que os dois constructos são válidos e discrimináveis. Apesar desta falta de apoio empírico existe uma tendência perceptível na literatura para discutir os constructos como se eles fossem claramente definidos, avaliados, delineados e úteis para prescrever intervenções vocacionais." (p. 45)

Este diagnóstico que Slaney (1988) fez relativamente à investigação sobre a indecisão generalizada foi particularmente apropriado na altura em que foi escrito. Todavia, uma alteração substancial ocorreu no panorama da investigação sobre a indecisão vocacional desde, grosso modo, o início da década de 90. Esta evolução deveu-se a duas razões principais. Em primeiro lugar, fortaleceu-se a convicção de que a indecisão vocacional era um fenómeno complexo e que seria possível distinguir diversos tipos de indivíduos vocacionalmente indecisos (Betz, 1992; Fuqua & Hartman, 1983; Lewko, 1994; Phillips, 1992). Em segundo lugar, e provavelmente este constitui o factor causal mais importante, começaram a surgir instrumentos de avaliação que permitiram avaliar de forma mais objectiva a indecisão generalizada, assunto que analisaremos posteriormente com maior profundidade.

Uma das estratégias de investigação que os investigadores mais utilizaram para captar a multiplicidade de tipos de indivíduos vocacionalmente indecisos foi a utilização da análise de *clusters*. Não iremos aqui repetir as conclusões destes estudos, mas não deixaremos de enfatizar que a esmagadora maioria das investigações delimitou um tipo de indecisão que se aproxima muito das descrições típicas da indecisão generalizada e que, nalguns casos, é expressamente associada a ela. Por exemplo, Larson *et al.* (1988) referem um grupo de indivíduos caracterizado por elevados índices de indecisão vocacional e uma baixa percepção relativamente à sua capacidade de resolução de problemas. Lucas e Epperson (1988), por seu turno, identificaram um tipo de indivíduos com elevados índices de ansiedade e objectivos vocacionais difusos. Savickas e Jarjoura (1991) afirmaram que os indivíduos de um dos *clusters* identificados na sua investigação "(...) parecem ajustar-se à descrição de estudantes cronicamente indecisos que necessitam de uma extensa intervenção vocacional e terapêutica" (p. 88). Na investigação de Callanan e Greenhaus (1992), que recorreu a uma amostra de adultos empregados, um dos *clusters* foi designado de indecisão vocacional crónica, o mesmo sucedendo na investigação de Rojewski (1994), esta última realizada com alunos do 9.º ano de escolaridade. No estudo de Wanberg e Muchinsky (1992) um dos grupos identificados foi designado de indeciso ansioso, enquanto que, mais recentemente, Kelly e Pulver (2003) apelidaram de ansioso neurótico um dos *clusters* que emergiram na sua investigação.

Tendo em conta que a análise de *clusters* é realizada recorrendo aos resultados de vários instrumentos de avaliação, e que estes não foram todos utilizados nos exemplos que referimos, verifica-se que um tipo de indecisão, que foi associado à indecisão generalizada, foi repetidamente identificado. Desta forma, a investigação empírica corroborou, de forma global, a descrição da indecisão generalizada que, até então, tinha sido baseada essencialmente em casos clínicos. A análise de *clusters*, que foi utilizada com o objectivo de identificar vários tipos de indivíduos vocacionalmente indecisos, desenvolvendo e consolidando uma concepção multidimensional do constructo da indecisão vocacional, permitiu, desta forma, confirmar a existência de um tipo de indecisão que, tal como vários autores tinham afirmado anteriormente, não é passível de ser considerado como o resultado de um momento normativo em termos de desenvolvimento.

Os estudos que recorreram à análise de *clusters* permitiram também uma avaliação quantitativa do fenómeno da indecisão generalizada. A percentagem dos indivíduos cronicamente indecisos que esta linha de investigação apurou, independentemente das várias designações que foram utilizadas, oscilou, em termos médios, entre os 20% e os 25%. É necessário ser muito cauteloso a avaliar estes valores porque nos encontramos a falar de grupos, constituídos com base em diferentes variáveis, cuja caracterização só faz sentido por comparação com os indivíduos dos outros grupos pertencentes a cada uma das amostras. Mesmo assim deveremos salientar que esta percentagem média, bastante significativa, se aproxima do valor que, algo especulativamente, Holland e Holland (1977) sugeriram como podendo representar numericamente o universo dos indivíduos cronicamente indecisos no âmbito mais vasto da indecisão vocacional.[4]

Embora as investigações que recorreram à análise de *clusters* tenham conseguido avançar substancialmente na delimitação da indecisão generalizada, demonstrando que esta não constituía uma especulação baseada em casos clínicos, o facto é que a indecisão crónica não é avaliada directamente. O que esta análise de estatística multivariada permite é a avaliação

---

[4] Esta comparação torna-se ainda mais problemática pelo facto de Holland e Holland (1977) se referirem à percentagem dos indivíduos cronicamente indecisos no âmbito do universo dos indivíduos vocacionalmente indecisos. Por seu turno, os estudos que empregaram a análise de *clusters* recorreram em alguns casos a amostras de indivíduos vocacionalmente decididos e indecisos e, noutros, a amostras que incluíram somente indivíduos indecisos. Este facto dificulta ainda mais a comparação entre os valores das percentagens.

de diferentes perfis de resultados, que configuram, neste caso particular, a identificação de determinados grupos de indivíduos.

Todavia, mais recentemente, deram-se avanços importantes quer na avaliação da indecisão generalizada, quer na distinção entre esta e a indecisão vocacional. Numa primeira investigação realizada com estudantes belgas finalistas do ensino secundário, Germeijs e De Boeck (2002) propuseram-se atingir três objectivos: 1) criar um novo instrumento de avaliação da indecisão generalizada; 2) demonstrar empiricamente a distinção entre indecisão generalizada e indecisão vocacional; 3) finalmente, verificar o impacto da indecisão generalizada em várias decisões quotidianas e na indecisão vocacional.

Para construir a escala de avaliação da indecisão generalizada, Germeijs e De Boeck (2002) definiram descritores comportamentais susceptíveis de captar o constructo da indecisão generalizada que definiram como a dificuldade genérica em tomar decisões. Estes índices foram os seguintes: 1. tendência para prolongar o processo de decisão; 2. tendência para o adiamento de decisões; 3. tendência para delegar em terceiros a responsabilidade em tomar decisões; 4. instabilidade da decisão; 5. preocupações e arrependimento sobre decisões tomadas. Os itens que foram criados para representar estes descritores nunca incluíram referências a nenhuma decisão específica, dizendo antes respeito ao processo de decisão considerado genericamente.

A investigação de Germeijs e De Boeck (2002) avaliou a indecisão generalizada, com a escala especialmente construída para o efeito, a indecisão vocacional, definida como o nível de certeza relativamente ao curso do ensino superior no qual os estudantes pretendiam prosseguir estudos, a auto-estima e a maior ou menor dificuldade em tomar decisões em várias situações do quotidiano (e.g., escolher um presente para oferecer a um amigo). A análise factorial realizada com os itens das escalas da indecisão generalizada e da indecisão vocacional sugeriu a existência de dois factores distintos, um respeitante às dificuldades de escolha de um curso no ensino superior – indecisão vocacional – e um outro referente às decisões em geral – indecisão generalizada. Verificou-se, igualmente, que a auto-estima se encontrava mais fortemente correlacionada com a indecisão generalizada do que com a indecisão vocacional, o que indicia, tal como vários autores sustentaram anteriormente, que a indecisão crónica se relaciona mais directamente com problemas de personalidade.

Recorrendo à modelação de estruturas de covariância os autores testaram vários modelos que relacionaram a indecisão generalizada, a indecisão vocacional e as dificuldades de escolha em vários domínios específicos. Os índices de ajustamento dos modelos sugerem uma relação entre a variável latente correspondente à indecisão generalizada, por um lado, e as variáveis latentes correspondentes à indecisão vocacional e à capacidade de decisão em assuntos do quotidiano, por outro. Todavia, indicam também que a indecisão generalizada não explica a totalidade das correlações entre as variáveis relacionadas com a indecisão vocacional, o que permite corroborar a leitura que inicialmente tinha sido avançada com base na análise factorial, ou seja, é possível discriminar dois factores distintos correspondentes à indecisão generalizada e à indecisão vocacional.

Deve salientar-se, igualmente, que, tendo em conta a amostra de indivíduos que participaram no estudo, cuja média de idades foi de 18 anos, os autores defendem, contrariamente ao que propunha Salomone (1982), ser possível destrinçar indecisão vocacional e indecisão generalizada em indivíduos com uma idade inferior a 25 anos.

Numa investigação posterior, Germeijs e De Boeck (2003) partiram do pressuposto, baseado numa abordagem normativa do processo de decisão, de que a indecisão vocacional poderia ser decomposta em três factores principais: a *falta de informação* (ausência de percepção relativamente às alternativas disponíveis, desconhecimento sobre os atributos das alternativas e ausência de informação sobre as alternativas e as suas possíveis consequências), *problemas com o processo de avaliação* (valores pouco claros, conflito de valores e uniformidade de valores) e *incerteza relativamente aos resultados* (incapacidade pessoal em avaliar as consequências das opções ou impossibilidade em determinar essas mesmas consequências em função da indivisibilidade dos fenómenos).

O que a investigação tentou determinar foi a relação entre estes três factores e a indecisão vocacional, por um lado, e a relação entre a indecisão generalizada e a indecisão vocacional, por outro. Germeijs e De Boeck (2003) constataram, recorrendo à análise factorial confirmatória, que o modelo dos três factores apresentava bons índices de ajustamento. A indecisão vocacional dos estudantes foi apenas predita pelo factor de avaliação e pelo factor de incerteza relativamente aos resultados. O factor relacionado com a falta de informação não se reflectia na indecisão vocacional, facto que os autores interpretaram como sendo reflexo de a amostra ser constituída por estudantes finalistas do ensino secundário que pretendiam candidatar-se ao ensino superior. Por este motivo estariam já relativamente avançados no seu processo de decisão vocacional. Por fim, verificou-se que a indecisão generalizada se encontrava relacionada com a indecisão vocacional, constatando-se que os factores de avaliação e de incerteza relativamente aos resultados mediavam esta relação.

Estas duas investigações são particularmente importantes, uma vez que procuraram responder directamente às críticas de vários autores, nomeadamente a expressa por Slaney (1988), que clamaram por uma distinção mais clara entre indecisão vocacional e indecisão generalizada. O que os resultados tendem a apontar é que é possível distinguir indecisão vocacional, definida como a dificuldade em efectuar uma escolha vocacional específica, e indecisão generalizada, definida como a dificuldade em tomar decisões. Os dois constructos encontram-se naturalmente relacionados, mas são claramente distinguíveis. Esta evolução só foi possível porque foi operacionalizada uma forma de avaliar a indecisão generalizada, objectivo pelo qual há muito tempo vários autores pugnavam. É sobre a história recente da avaliação da indecisão generalizada que nos iremos debruçar de seguida.

2. A avaliação da indecisão generalizada

A avaliação da indecisão generalizada revelou-se uma tarefa particularmente difícil e a sua história foi algo atribulada. Antes do mais deveremos salientar a importância de um diagnóstico diferencial entre a indecisão vocacional e a indecisão generalizada. Como referimos atrás, a generalidade dos autores considera que a indecisão vocacional simples, ou seja, aquela que resulta de um processo normativo do desenvolvimento vocacional que coincide com um momento de exploração do *self* e do mundo da formação e das profissões, constitui um momento adequado ao nível da decisão vocacional. No caso da indecisão generalizada, como analisaremos posteriormente, e dadas as características de personalidade que parecem associar-se aos indecisos crónicos, tudo indica que a intervenção ao nível do processo de consulta seja mais prolongada e complexa quando comparada com a indecisão vocacional simples e que, antes de se abordar as questões relacionadas com a escolha vocacional, se deva centrar a intervenção nas variáveis e processos que condicionam negativamente a capacidade de decisão dos indecisos crónicos. A este respeito a opinião de Sepich (1987) é clara e particularmente elucidativa:

"(...) as intervenções dirigidas à indecisão vocacional devem ser ajustadas ao tipo de indecisão que a pessoa ou o grupo parecem evidenciar. A indecisão deve ser vista num contínuo e uma avaliação tão precisa quanto possível deve ser realizada ao nível individual antes de se efectuar uma intervenção. No passado, os investigadores condensaram todos os tipos de indivíduos indecisos num grupo genérico e, assim, confundiram as necessidades e os atributos distintos de cada tipo. Intervenções como a utilização de testes, a participação em seminários e a disponibilização de informação vocacional parecem ser bastante eficazes com a maioria dos indivíduos indecisos. Mas estas intervenções, só por si, não permitem grande ajuda ao indivíduo indeciso crónico. A consulta psicológica que visa os problemas subjacentes (e.g., baixa auto-estima, ansiedade e conflitos inter e intra--pessoais) deve preceder qualquer tentativa de lidar directamente com a indecisão vocacional." (p. 19)

Sentindo a necessidade de providenciar intervenções adaptadas aos diversos tipos de indivíduos indecisos, vários investigadores propuseram estratégias de avaliação da indecisão generalizada. John Crites (1969) sugeriu duas metodologias. A primeira consistia em efectuar uma intervenção vocacional com indivíduos vocacionalmente indecisos e avaliar a eficácia dessa intervenção. Aqueles sujeitos que fossem incapazes de efectuar uma escolha vocacional após a intervenção seriam classificados como indecisos crónicos. Presumivelmente, estes últimos apresentariam características psicológicas que os diferenciariam dos indivíduos vocacionalmente indecisos, que responderiam positivamente à intervenção. Esta forma de diagnóstico filia-se na definição que Crites (1969) apresenta do indivíduo indeciso crónico como aquele que "(...) não consegue efectuar uma escolha vocacional mesmo depois de providenciadas todas as condições para que o possa fazer, tais como a disponibilização de alternativas, incentivo para efectuar uma escolha e liberdade de opção" (p. 306).

Pelo menos duas investigações tentaram utilizar esta metodologia para identificar indivíduos indecisos crónicos (McGowan, 1977; Schrader, 1970). Em ambos os casos, verificou-se que esta estratégia de avaliação *post hoc* tinha custos muito elevados e que enfrentava um problema que se afigura difícil de ultrapassar: como definir com exactidão o ponto a partir do qual a intervenção vocacional deverá cessar para dar lugar a um diagnóstico de indecisão generalizada?

Crites (1981) propôs uma segunda metodologia de diagnóstico da indecisão generalizada e da indecisão simples baseada em algumas investigações e na sua experiência clínica. Perante um caso de indecisão generalizada dever-se-ia avaliar a ansiedade de estado e de traço. Seguidamente, a *Attitude Scale* e o *Competence Test*, que integram o *Career Maturity Inventory* seriam também utilizados. Os clientes com indecisão simples tendem a apresentar resultados baixos ou médios no que respeita à ansiedade-traço e resultados médios ou acima da média no que respeita à ansiedade-estado. Os resultados do CMI tendem a ser médios, mas o *Competence Test* tende a evidenciar resultados baixos nas subescalas de auto-avaliação e informação profissional. Por seu turno, os clientes com indecisão generalizada têm normalmente resultados elevados na ansiedade-traço e resultados médios na ansiedade--estado. Os seus resultados tendem a ser médios ou baixos na *Attitude Scale* e médios ou altos no *Competence Test*. Infelizmente, como salienta Savickas (1992), este procedimento apresenta custos consideráveis para ser objecto de uma utilização de rotina no âmbito da consulta vocacional. Por este facto, a sua utilização parece nunca ter sido adoptada como metodologia de avaliação, quer ao nível da intervenção, quer ao nível da pesquisa.

Uma outra linha de investigação que foi utilizada optou pela utilização da *Career Decision Scale* (Osipow *et al.*, 1976) com o objectivo de identificar os sujeitos cronicamente indecisos. Hartman e Hartman (1982) e Hartman, Fuqua e Hartman (1983a) começaram por adaptar e validar a CDS numa amostra de estudantes do ensino secundário. Este grupo de estudantes foi seguido no decurso de um período de quatro anos e contactado diversas vezes após a recolha inicial dos dados. Hartman, Fuqua e Hartman (1983b) concentraram-se nos sujeitos que tinham efectuado uma escolha vocacional e não tinham mudado de planos após essa decisão e nos sujeitos que tinham permanecido indecisos no decurso do período em análise, considerados os cronicamente indecisos. Verificou--se que estes últimos apresentavam resultados mais elevados num dos factores da CDS (Osipow *et al.*, 1976), indicador de falta de estrutura e confiança relativamente às tarefas que envolvem a tomada de decisões vocacionais, quando comparados com os seus colegas que permaneciam decididos.[5]

Numa segunda investigação com a mesma amostra, Hartman, Fuqua, Blum e Hartman (1985) procederam a uma modificação da categorização do estatuto vocacional dos sujeitos. Aqueles que tinham efectuado uma escolha vocacional e não tinham mudado as suas escolhas integraram o grupo dos decididos; os sujeitos que tinham mudado as suas opções uma ou duas vezes eram integrados na categoria da indecisão simples; finalmente, os sujeitos que tinham mudado três ou mais vezes eram considerados cronicamente indecisos. Desta forma, partiu-se do princípio de que a estabilidade do estatuto da decisão vocacional se encontraria relacionada com diferentes formas de indecisão, incluindo a indecisão generalizada.

Os autores recorreram à análise discriminante tendo por base três factores da CDS (Osipow *et al.*, 1976) previamente obtidos. Esta análise evidenciou duas funções estatisticamente significativas. A primeira permitiu verificar que os dois grupos de sujeitos indecisos obtinham resultados mais elevados no Factor 1 da CDS (Osipow *et al.*, 1976), cujas características referenciámos anteriormente. A segunda permitiu distinguir os sujeitos que se enquadravam nos dois tipos de indecisão analisados. As correlações encontradas sugerem que os indivíduos do grupo da indecisão simples apresentam resultados mais elevados no Factor 3, indicador de uma barreira externa que impede ou dificulta uma opção vocacional preferida, e, em menor grau, no Factor 2, relacionado com uma falta de conhecimento do sujeito sobre as suas capacidades. O Factor 1 não se encontrava relacionado com diferenças entre os sujeitos do grupo da indecisão crónica e da indecisão simples. Hartman *et al.* (1985) afirmam que os resultados do seu estudo sugerem que os dois tipos de estudantes indecisos partilham a mesma necessidade de estrutura e falta de confiança relativamente às tarefas de decisão vocacional. Todavia, diferenciam-se na medida em que os sujeitos da categoria da indecisão vocacional simples lidam com questões próprias do processo de desenvolvimento (barreiras externas que impedem uma opção vocacional pretendida ou dificuldade em percepcionar as suas capacidades), enquanto que os sujeitos cronicamente indecisos têm dificuldades em fazer escolhas vocacionais devido,

---

[5] As questões relativas à multidimensionalidade da CDS (Osipow *et al.*, 1976) foram abordadas, recorde-se, no Capítulo 4.

essencialmente, a barreiras psicológicas, mais resistentes à mudança, que inibem o processo de decisão. Os autores, que advertem que esta última conclusão é algo especulativa, sugerem que a utilização dos resultados do Factor 1 da CDS (Osipow et al., 1976) pode servir para distinguir estudantes do ensino secundário que possuem opções vocacionais estáveis daqueles que não as possuem.

Conneran e Hartman (1993) prosseguiram esta linha de investigação. A sua amostra, formada por estudantes de cursos profissionalizantes do ensino secundário, foi dividida em dois grupos: os cronicamente indecisos, ou seja, aqueles que obtinham resultados iguais ou superiores a um desvio--padrão no Factor 1 da CDS (Osipow et al., 1976), e os não cronicamente indecisos, que obtinham resultados inferiores no mesmo factor. Estes dois grupos foram comparados relativamente aos resultados obtidos na *Vocational Identity Scale* (VIS; Holland et al., 1980) e nos constructos secundários de personalidade obtidos a partir da avaliação do perfil de interesses vocacionais no *Self Directed Search* (SDS; Holland, 1985a): congruência, diferenciação, consistência e coerência.[6] Uma vez que se verificaram diferenças de género em alguns dos resultados destes constructos, os autores optaram por analisar separadamente os resultados. A técnica estatística utilizada foi a análise discriminante. Os resultados obtidos demonstraram que os rapazes cronicamente indecisos apresentavam valores mais baixos de identidade vocacional, de diferenciação e de congruência, relativamente ao grupo de rapazes não cronicamente indeciso. Por seu turno, as raparigas cronicamente indecisas apresentavam valores mais baixos de identidade vocacional e de congruência, por comparação com o grupo de raparigas não cronicamente indecisas. Segundo os autores, as conclusões da sua investigação apoiam a utilização de instrumentos de avaliação baseados na teoria de Holland (1985b) para efeitos de diagnóstico de sujeitos cronicamente indecisos.

---

[6] A congruência refere-se à concordância entre o código de interesses evidenciado nos resultados da SDS e o código de interesses das aspirações profissionais do sujeito. A diferenciação avalia a semelhança entre o sujeito, classificado em cada uma das escalas da SDS, e um dos tipos de personalidade descritos na teoria de Holland (1985 b). A consistência tem a ver com a concordância interna do código de interesses, através da comparação da proximidade relativa entre a primeira e a segunda letra do código de interesses, por comparação com a posição que cada um dos tipos de personalidade ocupa no hexágono proposto por Holland. Finalmente, a coerência avalia até que ponto a primeira letra das três aspirações profissionais indicadas na SDS sofre ou não mudanças.

Hartman, Fuqua e Jenkins (1986) propuseram, igualmente, uma metodologia de avaliação da indecisão generalizada que se baseia nos resultados da CDS (Osipow *et al.*, 1976). Partindo do princípio de que existiria uma continuidade entre indecisão simples e indecisão generalizada, estes autores construíram uma tipologia com base nos resultados obtidos na CDS (Osipow *et al.*, 1976). Os sujeitos que obtinham resultados um desvio-padrão abaixo da média eram considerados decididos, os que obtinham resultados entre um desvio-padrão abaixo da média e um desvio-padrão acima da média eram classificados na categoria da indecisão simples e os sujeitos que obtinham resultados acima de um desvio-padrão eram integrados na categoria de indecisão generalizada. Esta proposta de avaliação não viria a conhecer grande sucesso, apesar de algumas utilizações pontuais (e.g., Grabon, 1994).

Embora a linha de investigação que recorreu à CDS tenha obtido alguns resultados interessantes (Osipow & Winer, 1996), o facto é que esta metodologia, de natureza essencialmente quantitativa ao nível do diagnóstico, baseada em instrumentos de avaliação da indecisão vocacional de primeira geração (Savickas, 1992), inviabiliza uma apreciação de carácter mais qualitativo e processual susceptível de distinguir a indecisão simples da indecisão generalizada. A avaliação realiza-se com instrumentos que foram originalmente desenvolvidos para avaliar globalmente a indecisão vocacional, sendo natural, por este motivo, que tivessem surgido controvérsias sobre a adequação desta metodologia de avaliação da indecisão generalizada.

Uma outra linha de investigação procurou equacionar de forma mais directa a avaliação da indecisão crónica. Tal como referiram Hartman e Fuqua (1983), o que se tornava necessário conceber era "(...) alguma forma prática que permita distinguir estudantes que se encontram a explorar alternativas daqueles estudantes que podem ser indecisos crónicos devido a uma disfunção psicológica mais séria, da qual a indecisão é meramente sintomática" (p. 340).

Uma das primeiras tentativas, provavelmente a primeira, de criar um instrumento de avaliação específico da indecisão generalizada surgiu numa investigação de Cooper, Fuqua e Hartman (1984). Estes autores conceberam uma escala de oito itens, a *Trait Indecisiveness Scale* (TIS), a partir de algumas características da indecisão generalizada identificadas no artigo de Salomone (1982). Numa amostra de estudantes universitários, verificaram que a indecisão generalizada se encontrava relacionada com a indecisão vocacional e que os sujeitos com resultados mais elevados na TIS se consideravam a si próprios como mais submissos, menos dominantes, mais auto-críticos, mais passivos e mais cooperantes (característica relacionada com a necessidade de aceitação), por comparação com os seus colegas com resultados mais baixos na mesma escala. Estas diferenças ao nível da personalidade contribuiriam para uma indecisão vocacional mais pronunciada por parte do grupo com elevada indecisão generalizada.

Infelizmente, os autores não forneceram quaisquer dados relativos às características psicométricas da TIS nem prosseguiram o desenvolvimento da mesma, com a excepção da sua utilização posterior numa investigação de Cooper (1986), que não acrescentou praticamente nada quanto ao que já se sabia sobre o instrumento. Slaney (1988) sintetizou bem o que a TIS representou ao escrever:

"Embora a Trait Indecisiveness Scale represente um início algo primitivo, o estudo [de Cooper *et al.* (1984)] permite um reconhecimento público da necessidade de desenvolver uma medida da indecisão generalizada. Falta à escala, todavia, um desenvolvimento cuidadoso e uma base teórica ou empírica sólida para os seus itens. Tal como noutros estudos que revimos, simplesmente não se aborda, de forma consistente, a necessidade de lidar com a delimitação entre a indecisão vocacional e a indecisão generalizada. Esta delimitação será central no estabelecimento da validade de qualquer medida que se proponha avaliar a indecisão generalizada" (p. 44).

Posteriormente, surgiriam outras escalas de auto-relato que vão de encontro às posições expressas por Slaney (1988). Contrariamente ao que sucedeu com a TIS, vários autores partiram do pressuposto de que a forma mais expedita de avaliar a indecisão generalizada seria defini-la como a dificuldade em efectuar decisões e, posteriormente, estudar as características dos indivíduos com resultados elevados nessas escalas. É o caso do trabalho de Frost e Gross (1993) na elaboração e validação da *Indecisiveness Scale* (IS). Esta escala foi originalmente construída no campo da psicologia clínica e tem sido essencialmente utilizada no contexto da investigação sobre perturbações obsessivo-compulsivas (Antony, 2001; Frost & Gross, 1993; Frost, Krause & Steketee, 1996; Frost & Shows, 1993; Gayton, Clavin, Clavin & Broida, 1994; Rassin & Muris, 2005). Tem sido também utilizada, embora mais raramente, no âmbito da psicologia vocacional (Santos & Coimbra, 2000; Santos, 2001; Germeijs & De Boeck, 2002). A validade evidenciada pela IS é muito promissora (Frost & Shows, 1993; Gayton *et al*., 1994; Rassin & Muris, 2005) e parece responder aos anseios de inúmeros investigadores que clamaram pelo desenvolvimento de um instrumento susceptível de avaliar directamente a indecisão generalizada.

Como já tivemos a oportunidade de referir anteriormente, também deve ser salientado o aparecimento de uma outra escala de avaliação da indecisão generalizada, da autoria de Germeijs e De Boeck (2002). Embora de criação recente, a sua utilização tem evidenciado resultados muito interessantes nas investigações em que foi utilizada (Germeijs & De Boeck, 2002, 2003; Germeijs & Verschueren, 2002).

Por seu turno, Serling e Betz (1990) desenvolveram uma escala para avaliar o medo do investimento, a *Fear of Commitment Scale* (FOC). Esta dimensão foi definida pelas autoras como uma reduzida capacidade em tomar decisões importantes devida à percepção negativa das consequências do processo de decisão. Estas consequências incluem, entre outras, o eventual desagrado provocado a pessoas significativas pela opção tomada e o receio de fazer uma escolha errada. O medo do investimento é conceptualizado como uma tendência estável que afecta o processo de decisão dos indivíduos em múltiplas áreas e uma variável que permitiria a distinção entre a indecisão vocacional e a indecisão generalizada. A escala demonstra bons índices de validade, evidenciando um padrão de correlações nas direcções teoricamente previstas com um conjunto de variáveis vocacionais e de personalidade (Betz & Serling, 1993; Wolfe & Betz, 2004).

Outros autores, na sequência da criação de escalas multidimensionais de avaliação da indecisão vocacional, temática que já abordámos no Capítulo 4, criaram instrumentos que permitem, igualmente, avaliar a indecisão generalizada. É o caso do *Career Decision Profile* (Jones, 1989) e do *Career Factors Inventory* (Chartrant *et al*., 1990). Estes instrumentos incluem subescalas de avaliação da indecisão generalizada operacionalmente definida como a dificuldade em tomar decisões.

Em síntese, nos últimos 15 anos assistimos a uma evolução muito positiva e significativa no que respeita à avaliação da indecisão generalizada. Seja no quadro de instrumentos multidimensionais de avaliação da indecisão vocacional, seja através de escalas especialmente concebidas para o efeito, surgiram propostas que vêm responder às necessidades sentidas desde há muito no campo da psicologia vocacional no que respeita ao diagnóstico diferencial entre indecisão vocacional simples e indecisão generalizada. Este diagnóstico é não somente importante ao nível da consulta vocacional, nomeadamente pela possibilidade que se abre à disponibilização de intervenções especialmente dirigidas a indivíduos indecisos crónicos, mas também ao nível da investigação, uma vez que se torna possível estudar especificamente este tipo de indecisão para além do conhecimento obtido em contextos clínicos.

3. Características da indecisão generalizada

Uma das questões mais debatidas em torno da indecisão generalizada consiste na descrição das características associadas aos indivíduos indecisos crónicos. Se, conforme se sustenta pelo menos desde Tyler (1969), a indecisão generalizada se relaciona mais estreitamente com determinadas características de personalidade do que sucede no caso da indecisão vocacional simples, então afigura-se crucial identificar essas características, tanto mais que elas serão particularmente importantes na delineação de estratégias de intervenção psicológica. Neste subcapítulo iremos descrever as principais variáveis, ao nível da personalidade, do género, da psicopatologia e da resposta à intervenção psicoterapêutica, que a investigação demonstrou estarem associadas à indecisão generalizada.

3.1. Características da personalidade e indecisão generalizada

Tivemos a oportunidade de salientar que, desde muito cedo, quer os investigadores, quer os psicólogos mais centrados na intervenção desenvolveram e consolidaram a percepção de que era possível circunscrever um conjunto de características de personalidade susceptíveis de descrever os indivíduos indecisos crónicos por contraponto aos indivíduos que se enquadravam na indecisão vocacional simples.

Os estudos realizados sobre este tópico podem ser divididos em duas grandes categorias. A primeira consistiu em descrições baseadas em estudos de caso ou em apreciações alicerçadas na experiência clínica. Provavelmente, o exemplo mais exemplificativo desta abordagem encontra-se no artigo de Salomone (1982), já por nós referido, que não só apresentou um modelo teórico no qual distinguiu a indecisão vocacional e a indecisão generalizada, como descreveu ainda as principais características de personalidade dos indivíduos indecisos crónicos tendo por base dois casos clínicos. Estas descrições de natureza mais qualitativa, que reúnem o maior número de contributos, explicam-se pelo facto de só muito tardiamente se ter assistido à construção de instrumentos de avaliação da indecisão generalizada.

Procurando realizar uma síntese da investigação produzida neste âmbito, é possível afirmar que as características de personalidade que mais frequentemente foram descritas apontam para um conjunto de variáveis negativas associadas à indecisão generalizada. As mais comummente referidas incluem elevados níveis de ansiedade (Fuqua & Hartman, 1983; Hartman, 1990; Hartman & Fuqua, 1983, Heppner & Hendriks, 1995), *locus* de controlo externo (Fuqua & Hartman, 1983; Hartman & Fuqua, 1983; Johnson, 1990; Salomone, 1982), uma identidade pouco definida (Fuqua & Hartman, 1983; Hartman, 1990; Hartman & Fuqua, 1983; Johnson, 1990; Salomone, 1982), auto-confiança e auto-estima baixas (Crites, 1981; Salomone, 1982) e independência e autonomia reduzida relativamente ao sistema familiar (Crites, 1981; Hartman, 1990; Heppner & Hendriks, 1995; Johnson, 1990; Salomone, 1982). Deve salientar-se, todavia, que esta síntese, baseada em estudos de natureza clínica, deixa em aberto a possibilidade de se questionar a generalização das conclusões para o universo dos indivíduos indecisos crónicos.

Não existem muitas investigações que se tenham debruçado especificamente sobre as características da indecisão generalizada utilizando metodologias quantitativas. Numa investigação anterior (Santos, 2001) tivemos a oportunidade de, com base nos estudos de natureza clínica que referimos atrás, seleccionar um conjunto de variáveis e verificar até que ponto conseguiriam predizer a indecisão crónica. As variáveis escolhidas foram a ansiedade-traço, o *locus* de controlo, a auto-estima, a identidade vocacional e a separação psicológica face às figuras parentais. Este estudo permitiu constatar que todas as variáveis independentes contribuíram para a predição da indecisão generalizada, tendo a ansiedade-traço emergido como o factor preditor mais importante.

Para analisar as variáveis que se associam à indecisão generalizada é necessário estudar o padrão de correlações entre a indecisão generalizada e determinadas características psicológicas em investigações que não foram expressamente concebidas para esse efeito. Na sua maioria, estas correlações foram obtidas no âmbito de investigações nas quais foram utilizados alguns dos instrumentos multidimensionais de avaliação da indecisão vocacional que incluem uma subescala de avaliação da indecisão generalizada.

Do conjunto dos estudos realizados é possível tentar traçar, à semelhança da apreciação baseada em casos clínicos, um quadro das características da indecisão generalizada. Assim, a indecisão crónica tende a associar-se a uma auto-estima baixa (Chartrand *et al.*, 1990; Germeijs & De Boeck, 2002; Lucas & Wanberg, 1995; Wanberg & Muchinsky, 1992), a uma menor satisfação com a vida (Rassin & Muris, 2005), a uma menor predisposição para o optimismo (Lucas & Wanberg, 1995), a uma maior instabilidade de objectivos (Chartrand *et al.*, 1990) e a níveis mais elevados de ansiedade (Chartrand *et al.*, 1990; Jones, 1989; Lancaster *et al.*, 1999; Lucas & Wanberg, 1995; Wanberg & Muchinsky, 1992).

Recorrendo ao modelo dos cinco factores de personalidade (Costa & Widiger, 1994), Kelly e Pulver (2003) encontraram uma correlação positiva moderadamente elevada (r = 0,39) entre indecisão generalizada e neuroticismo. A associação entre a indecisão vocacional e o neuroticismo tinha sido já objecto de estudos anteriores (Meyer & Winer, 1993).[7]

Por seu turno, Gaffner e Hazler (2002) puderam verificar a ausência de correlações entre a indecisão generalizada e as dimensões de personalidade avaliadas pelo *Myers-Briggs Type Indicator* (MBTI; Briggs & Myers, 1977), um conhecido inventário de personalidade baseado na teoria de Carl Jung.

No que respeita a variáveis de natureza vocacional, constatou-se que os resultados obtidos não são uniformes. As investigações revelam correlações moderadamente elevadas entre a indecisão generalizada e a indecisão vocacional. Assim, quando se recorre à CDS (Osipow *et al.*, 1976) ou a outras escalas com o objectivo de avaliar a indecisão vocacional, as correlações com a indecisão generalizada oscilam entre 0,30 e 0,43 (Kelly & Lee, 2002; Sweeney & Schill, 1998; Vidal-Brown & Thompson, 2001). Por seu turno, as correlações com a identidade vocacional, sendo esta

---

[7] Uma revisão de Tokar, Fischer e Subich (1998) deu conta da existência de vários estudos que associam o neuroticismo a um conjunto de variáveis vocacionais, incluindo dificuldades de decisão.

última avaliada através da *Vocational Identity Scale* (VIS; Holland, *et al.*, 1980), são um pouco mais elevadas. Numa investigação de Gayton *et al.* (1994), realizada com estudantes universitários, os alunos que ainda não tinham escolhido uma área de especialização académica evidenciaram níveis mais elevados de indecisão generalizada do que os seus colegas que já tinham efectuado essa escolha. Vidal-Brown e Thompson (2001), por sua vez, verificaram que a indecisão generalizada se correlacionava moderadamente com as três subescalas do *Career Thoughts Inventory*, (CTI; Sampson, Peterson, Lenz, Reardon, & Saunders, 1996), um instrumento que avalia o pensamento vocacional disfuncional, designadamente a *confusão relativamente ao processo de decisão* (0,46), *a ansiedade do investimento* (0,44) e o *conflito externo* (0,28).

Com outras variáveis a relação parece ser menos marcada. Por exemplo, Osipow e Gati (1998) encontraram uma correlação de – 0,29 entre a indecisão generalizada e as expectativas positivas de auto-eficácia relativamente às tarefas de decisão vocacional. Lewis e Savickas (1995) encontraram correlações ainda mais baixas entre duas subescalas – cristalização e especificação – do *Career Develoment Inventory* (CDI; Super, Zelkowitz & Thompson, 1975) e a indecisão generalizada.

Tentando fazer uma síntese destas investigações, é possível afirmar, apesar do seu reduzido número, que se constatam associações entre a indecisão generalizada e variáveis de natureza vocacional, principalmente com escalas que têm vindo a ser utilizadas no contexto da investigação sobre a indecisão vocacional. Os indivíduos que evidenciam níveis mais elevados de indecisão generalizada tendem, igualmente, a apresentar uma indecisão vocacional mais pronunciada. Deve dizer-se, todavia, que a magnitude das correlações apuradas tende, simultaneamente, a apoiar a interpretação dos que sustentaram que a indecisão vocacional e a indecisão generalizada constituem dois constructos psicológicos relacionados mas distintos.

Ao mesmo tempo verifica-se uma convergência com os resultados obtidos com os estudos de natureza mais clínica. Os indivíduos indecisos crónicos tendem a evidenciar um conjunto de características psicológicas ao qual, seguramente, não é possível associar um processo normativo de decisão vocacional.

3.2. *Indecisão generalizada e psicopatologia*

A relação entre a indecisão generalizada e a psicopatologia constituiu um tópico de interesse que foi analisado por alguns investigadores. Recordemos que, no quadro da abordagem diferencial da indecisão vocacional, alguns estudos chegaram a estudar a relação entre as dificuldades no processo de escolha vocacional e a psicopatologia (Poreh & Schullen, 1999; Sabourin & Coallier, 1991). Todavia, como oportunamente afirmaram Newman, Gray e Fuqua (1999), o mais aconselhável seria "(...) analisar como é que subgrupos de indivíduos que se apresentam [vocacionalmente] indecisos se comparam em dimensões desenvolvimentais *e* patológicas da personalidade" (itálico no original, p. 185).

No caso da indecisão crónica, tendo em conta determinadas características de personalidade que lhe estão associadas, é possível sustentar que os indivíduos com níveis mais elevados de indecisão generalizada tendem a apresentar uma maior prevalência de distúrbios psicopatológicos. Haraburda (1998), com base numa revisão da literatura, defendeu que os quadros psicopatológicos que potencialmente mais se relacionam com a indecisão generalizada são as perturbações depressivas e a perturbação obsessiva-compulsiva.

No que respeita especificamente à depressão, encontrámos somente uma investigação que relatou uma correlação positiva entre a sintomatologia depressiva, avaliada pelo *Beck Depression Inventory* (BDI; Beck, Ward, Mendelson, Mock & Erbough, 1961), e a indecisão generalizada (Sweeney & Schill, 1998). Um facto que merece ser realçado é que se constatou que esta associação era particularmente mais forte nas mulheres do que nos homens (0,62 *versus* 0,25).[8]

No que respeita à perturbação obsessiva-compulsiva também se verificou uma associação positiva com a indecisão crónica. Várias investigações verificaram que a dificuldade em tomar decisões se correlacionava

---

[8] Numa outra investigação de Okwumabua, Wong e Duryea (2003) constatou-se, igualmente, uma forte associação entre sintomatologia depressiva e padrões disfuncionais de decisão, estes últimos baseados na teoria de Janis e Mann (1977). Igualmente, Lewicka (1997) constatou que um grupo de indivíduos clinicamente deprimidos necessitava de mais informação e demorava mais tempo a efectuar escolhas em tarefas de decisão efectuadas num contexto experimental do que um grupo equivalente de indivíduos não deprimidos.

positivamente com alguns índices comportamentais que caracterizam a perturbação obsessiva-compulsiva (Frost & Shows, 1993; Gayton *et al.*, 1994; Ghassemzadeh, Mojtabai, Khamseh, Ebrahimkhani, Issazadegan & Saif-Nobakht, 2002; Kyrios, Frost & Steketee, 2000; Mancini, D'Olimpio, Del Génio, Didonna & Prunetti, 2002; Rassin & Muris, 2005). Simultaneamente, o comportamento de acumulação compulsiva, muitas vezes presente em indivíduos diagnosticados com perturbação obsessiva-compulsiva (Frost, Krause & Steketee, 1996), correlacionou-se fortemente com a indecisão generalizada (Frost & Gross, 1993; Frost & Shows, 1993). Comparando o comportamento de uma amostra de indivíduos previamente diagnosticados com perturbação obsessiva-compulsiva numa série de tarefas de decisão, ocorridas num contexto experimental, com uma amostra de sujeitos sem qualquer patologia, verificou-se que os primeiros necessitavam de mais tempo e solicitavam uma maior quantidade de informação antes de efectuarem escolhas de baixo risco (Foa *et al.*, 2003).

Existe também alguma evidência empírica que sugere que a indecisão crónica se poderá relacionar com outros quadros psicopatológicos. Frost e Shows (1993) compararam dois grupos contrastantes ao nível da indecisão generalizada, verificando que os indivíduos indecisos crónicos apresentavam resultados mais elevados em todas as subescalas clínicas do *Brief Symptom Inventory* (BSI; Derogatis & Melisaratos, 1983), um instrumento de avaliação global de psicopatologia e de sintomatologia psiquiátrica, quando comparado com o grupo de baixa indecisão generalizada.

Com base nos poucos estudos que se debruçaram sobre a relação entre a indecisão generalizada e a psicopatologia, é possível afirmar que os indivíduos cronicamente indecisos poderão apresentar uma maior variabilidade de perturbações psicopatológicas do que inicialmente se poderia pensar (Haraburda, 1999). Todavia, os escassos estudos realizados até ao momento não possibilitam que se possa tirar conclusões sólidas a este respeito, pelo que, sobre este assunto específico, se abre um campo de pesquisa que futuras investigações poderão tentar explorar.

3.3. *Indecisão generalizada e género*

As diferenças de género constituem uma das questões que tem sido mais negligenciada no ainda reduzido número de estudos sobre a indecisão generalizada. Contrariamente ao que sucede no campo da indecisão vocacional, no qual as investigações têm revelado resultados algo inconsistentes (e.g., Osipow, 1987), no que respeita à indecisão generalizada a maioria das investigações tem evidenciado níveis mais elevados de indecisão generalizada por parte das mulheres (Chartrand *et al.*, 1990; Chartrand & Robbins, 1997; Kleiman & Gati, 2004; Lewis & Savickas, 1995; Rassin & Muris, 2005; Santos & Coimbra, 2000).

Não é fácil avançar explicações para este resultado. Rassin e Muris (2005) referem que as mulheres apresentam uma maior incidência de perturbações de ansiedade, fenómeno provavelmente explicado por um conjunto complexo, ainda insuficientemente estudado, de variáveis biológicas e ambientais. Sabe-se da existência de uma associação estreita entre a ansiedade e as dificuldades de decisão (Harren, 1979). Assim, poder-se-ia pensar que a existência de um nível mais elevado de indecisão generalizada por parte das mulheres poderia explicar-se pelo facto de o género feminino apresentar uma maior percentagem de perturbações de ansiedade. A mesma linha de raciocínio é susceptível de ser aplicada à depressão, tendo em conta a maior percentagem de indivíduos do género feminino que são diagnosticados como deprimidos (ver Sund, Larson & Wichstrøm, 2001) e a associação entre sintomatologia depressiva e dificuldades de decisão.

Torna-se necessário realizar um esforço de investigação com o objectivo de procurar compreender de forma mais aprofundada esta diferença, tentando verificar, antes do mais, se ela reflecte um fenómeno substantivo. Se as diferenças entre géneros revelarem magnitudes de efeito consideráveis (ver Kirk, 1996; Pederson, 2003; Thompson, 2002; Trusty, Thompson & Petrocelli, 2004; Vacha-Haase, 2001), então urge identificar as variáveis e os processos responsáveis por tais diferenças. Infelizmente, nenhum estudo anterior desenvolveu esta linha de investigação, que, indiscutivelmente, merece um maior investimento por parte dos investigadores.

3.4. *Consulta psicológica e indecisão generalizada*

As propostas de intervenção psicológica com pessoas cronicamente indecisas têm sido objecto de um contraste algo paradoxal entre especulações inspiradas na prática clínica, que foram sendo avançadas ao longo das últimas décadas, e a quase total ausência de investigações sobre a eficácia da intervenção com grupos distintos de indivíduos vocacionalmente indecisos Como tivemos a oportunidade de assinalar no Capítulo 4, sabe-se ainda muito pouco sobre os processos e as variáveis que condicionam a evolução de diferentes subtipos de clientes no quadro da consulta vocacional (Heppner & Heppner, 2003).

A maioria dos autores tem defendido que a consulta psicológica com indivíduos cronicamente indecisos é potencialmente mais difícil, prolongada e próxima de um processo de intervenção no qual provavelmente fará pouco sentido estabelecer distinções entre consulta vocacional e psicoterapia. Assim, Holland e Holland (1977) consideram que os indecisos crónicos "(…) devem ser especialmente difíceis de ajudar porque sofrem de um conjunto complexo de atitudes e comportamentos desajustados que provavelmente não são sensíveis a intervenções vocacionais breves" (p. 413).

Salomone (1982), por sua vez, afirma que as pessoas cronicamente indecisas beneficiariam mais de uma intervenção que aborde questões relacionadas com a identidade, promova um sentimento de auto-estima e auto-confiança e aumente a sua maturidade interpessoal. Assim, sugere "(…) algum tipo de consulta pessoal (dentro do contexto do processo de apoio vocacional) que não é superficial (i.e., avaliação vocacional e duas entrevistas), nem uma psicoterapia de longa duração" (p. 499).

Por seu turno, Fuqua e Hartman (1983) defendem que no caso da indecisão generalizada se justifica uma "(…) relação terapêutica mais intensa e prolongada" (p. 29).

Todas estas sugestões partem do princípio de que sem uma abordagem das variáveis e dos processos que se encontram na génese da dificuldade em efectuar escolhas, de que a indecisão vocacional constituiria um mero epifenómeno, será particularmente difícil ajudar os indivíduos indecisos crónicos na consulta psicológica. O que se deve salientar, todavia, é que as considerações avançadas pelos diversos autores sobre a intervenção nos casos de indecisão generalizada se baseiam na experiência clínica e não em investigações conduzidas especificamente sobre esta temática.

Devemos a Heppner e Hendricks (1995) a realização de uma investigação que constitui um marco importante na investigação sobre a consulta vocacional com indivíduos indecisos. Os autores recorreram a um estudo de caso para analisar os processos de mudança ocorridos em dois clientes, ambos estudantes universitários, previamente classificados como vocacionalmente indecisos. Pelas características avaliadas antes do início do processo de intervenção, um dos clientes foi classificado como indeciso crónico, enquanto o outro foi considerado como pertencente à categoria da indecisão vocacional simples. O primeiro foi diagnosticado com base em algumas características descritas na literatura: ansiedade excessiva, dificuldade em tomar decisões em domínios que ultrapassam o campo vocacional e dificuldades no processo de autonomia face ao sistema familiar. A avaliação destas características implicou uma apreciação de carácter mais clínico e outra de tipo mais psicométrico. O segundo não apresentava nenhuma destas características e as suas dificuldades restringiam-se à escolha vocacional.

A análise do processo de consulta vocacional revelou diferenças apreciáveis entre as duas intervenções, nomeadamente ao nível do processo e do resultado da consulta vocacional. Por exemplo, o cliente cronicamente indeciso atribuiu uma maior importância à abordagem de questões relativas ao seu excessivo sentido auto-crítico e à responsabilidade que sentia para com a sua família no que respeita à sua escolha vocacional. Já o outro cliente considerou que os acontecimentos mais importantes ocorridos no quadro da intervenção foram os relacionados com as características da sua personalidade e de que forma esta se relacionava com um conjunto possível de profissões. Simultaneamente, o estudo de Heppner e Hendricks (1995) permitiu constatar que a relação terapêutica entre a psicóloga e o cliente cronicamente indeciso não funcionou particularmente bem: "(...) os dados sugerem que a psicóloga trabalhou a um nível mais interpessoal (e.g., desafiando crenças rígidas, explorando a ansiedade subjacente), mas o cliente parecia desejar uma abordagem mais directiva e estruturada" (p. 435).

Esta investigação demonstrou ainda que a intervenção nos casos de indecisão generalizada deve ser mais longa, por comparação com os casos de indecisão vocacional simples, caso se deseje obter resultados positivos, corroborando, desta forma, as sugestões anteriormente avançadas (Fuqua & Hartman, 1983; Salomone, 1982). O processo de intervenção terminou ao fim de quatro sessões para o cliente vocacionalmente indeciso, após este ter escolhido uma área de especialização académica, enquanto que seis sessões não foram suficientes para que o indivíduo cronicamente indeciso tomasse uma decisão vocacional. Desta forma, este estudo permitiu dar apoio empírico à necessidade, por muitos reclamada (e.g., Sepich,

1987), de se realizar previamente um diagnóstico diferencial entre os dois tipos de indecisão de forma a adequar as práticas de intervenção às necessidades específicas dos clientes em consulta vocacional.

4. A procrastinação decisional

A procrastinação constitui um fenómeno psicológico que só recentemente começou a atrair a atenção dos investigadores da área da psicologia (Ferrari, Johnson & McCown, 1995). A palavra procrastinação deriva do termo latino *procrastinare*, que significa adiar, sendo ela própria composta por duas palavras: *pro*, que significa movimento para a frente, e *crastinus*, que significa pertencer ao amanhã. Procrastinar é, pois, adiar a realização de tarefas que supostamente deveriam ser concretizadas num determinado prazo.

É possível distinguir duas grandes categorias de procrastinação: a procrastinação funcional, isto é, aquela que é vantajosa para o indivíduo – é o caso do adiamento da realização de uma decisão importante antes de se estar na posse dos principais elementos que caracterizam as diversas alternativas de escolha e as prováveis consequências da decisão – e a procrastinação disfuncional, ou seja, a não realização de uma determinada acção importante que, em consequência, acarreta um prejuízo objectivo para a pessoa e tem implicações ao nível do seu bem-estar – adiar um tratamento médico e sofrer consequências negativas em termos de saúde em função dessa decisão, por exemplo. É esta última forma de procrastinação que tem sido objecto de um interesse crescente por parte dos investigadores, com particular evidência nos últimos 15 anos.

Tendo em conta a investigação realizada, é possível afirmar que a procrastinação constitui um fenómeno comum ao longo do ciclo de vida e fonte de desajustamentos de natureza psicológica (Ferrari *et al.*, 1995). A generalidade dos autores (e.g., Milgram & Tenne, 2000) que se têm debruçado sobre esta temática distingue vários tipos de procrastinação: a *procrastinação académica*, definida como o adiamento de tarefas relacionadas com as exigências escolares; a *procrastinação comportamental* referente a rotinas de vida, relacionada com o adiamento de tarefas inerentes ao quotidiano; a *procrastinação decisional*, definida como a dificuldade em tomar decisões a tempo; finalmente, a *procrastinação crónica*, que configura a simultaneidade da procrastinação decisional e procrastinação comportamental.

O adiamento das decisões constitui o tipo menos estudado das formas de procrastinação (Milgram & Tenne, 2000) e aquele que, no quadro do presente trabalho, mais directamente nos interessa. Existe alguma evidência empírica que demonstra que a procrastinação decisional e a procrastinação comportamental se encontram relacionadas (Ferrari et al., 1995; Milgram & Tenne, 2000; Specter & Ferrari, 2000), o que, de resto, faz todo o sentido. Em muitas circunstâncias, antes de se efectuar determinadas escolhas não é possível agir. Todavia, os dois tipos de procrastinação parecem constituir formas distintas do mesmo fenómeno, tanto mais que alguns investigadores têm demonstrado que, apesar de evidenciarem uma correlação positiva, os índices de procrastinação decisional e comportamental apresentam diferentes padrões de correlações com um conjunto diversificado de indicadores (Orellana-Damacela, Tindale & Suárez-Balcázar, 2000). De facto, como afirmaram Kelly e Pulver (2003), a "(…) decisão é um acontecimento cognitivo e o investimento é um acto comportamental" (p. 452).

Que relação se poderá estabelecer entre a indecisão generalizada e a procrastinação decisional? Recordemos que, de acordo com Germeijs e De Boeck (2002), duas das facetas do constructo da indecisão generalizada são o adiamento e o prolongamento do processo de decisão. Ora, são essencialmente estas duas dimensões que são avaliadas pela *Decisional Procrastination Scale* (DPS; Mann, 1982), o instrumento de avaliação da procrastinação decisional mais utilizado na investigação. Os dados obtidos com esta escala de auto-relato, baseada na teoria de Janis e Mann (1977), podem revelar-se muito úteis na caracterização dos indivíduos com indecisão crónica. Com efeito, pelo menos uma investigação (Orellana-Damacela et al., 2000) revelou uma correlação positiva bastante elevada (0,77) entre a indecisão generalizada, avaliada pela *Indecisiveness Scale* (Frost & Gross, 1993; Frost & Shows, 1993), e a procrastinação decisional, avaliada pela DPS, facto que indicia que os dois instrumentos estarão provavelmente a avaliar o mesmo constructo psicológico ou facetas do mesmo constructo. Desta forma, as investigações realizadas sobre a procrastinação decisional poderão providenciar elementos muito úteis para a compreensão da indecisão generalizada.[9]

---

[9] Tanto quanto conseguimos apurar, apenas no artigo de Milgram e Tenne (2000) se

A investigação tem demonstrado que a procrastinação decisional, nomeadamente a que foi avaliada pela DPS, à semelhança do que sucede com a indecisão generalizada, se encontra relacionada com um conjunto de variáveis que evidenciam um maior grau de desadaptação psicológica. Assim, indivíduos que relatam uma maior propensão para adiar a tomada de decisões evidenciam maiores níveis de procrastinação académica, *locus* de controlo externo, baixa auto-estima, ansiedade social, neuroticismo e estilos menos adaptativos de identidade (Berzonsky & Ferrari, 1996; Effert & Ferrari, 1989; Ferrari *et al.*, 1995). Simultaneamente, os indecisos crónicos utilizam estratégias de pesquisa menos efectivas em tarefas de escolha ocorridas em contexto laboratorial (Ferrari & Dovidio, 2001), facto que parece não se poder atribuir a défices cognitivos, uma vez que não se constataram diferenças ao nível da inteligência entre indivíduos com níveis contrastantes de capacidade de decisão (Berzonsky & Ferrari, 1996; Ferrari & Dovidio, 1997).

Mesmo em investigações que utilizam outros instrumentos de avaliação da procrastinação decisional verifica-se um padrão similar. Por exemplo, Milgram e Tenne (2000) avaliaram a relação entre o adiamento de decisões relativamente a questões menores (e.g., que restaurante escolher) e relativamente a questões importantes (e.g., decidir ter uma criança). Os investigadores puderam constatar uma elevada correlação entre os resultados dos dois instrumentos que avaliavam os dois subtipos de procrastinação decisional, o que indicia, segundo os autores, a existência de uma predisposição comportamental generalizada relativamente ao adiamento de decisões. Simultaneamente, verificaram que a dimensão da personalidade que se encontrava mais relacionada com a procrastinação era o neuroticismo, uma das dimensões do modelo dos cinco factores de personalidade (Costa & Widiger, 1994).

À semelhança do que descrevemos relativamente à indecisão crónica, também a procrastinação decisional parece associar-se a determinados quadros psicopatológicos, especialmente com a perturbação obsessiva-compulsiva (Ferrari & McCown, 1994). Ferrari *et al.* (1995), por exemplo, com uma amostra de estudantes universitários, verificaram a existência de uma correlação positiva significativa entre o comportamento obsessivo

---

faz uma brevíssima referência à investigação sobre indecisão generalizada realizada no âmbito da psicologia vocacional. Os investigadores que têm vindo a estudar procrastinação decisional ignoram os investigadores oriundos da psicologia vocacional e vice-versa.

de verificação e a procrastinação decisional, relação esta que não ocorria com a procrastinação comportamental. Recorrendo a uma subamostra que incluía os indivíduos com um resultado um desvio-padrão acima e abaixo da média relativamente a tendências e comportamentos de natureza obsessiva-compulsiva, os autores verificaram a inexistência de diferenças entre os dois grupos relativamente à procrastinação comportamental, o mesmo não sucedendo com a procrastinação decisional. Os indivíduos com índices mais elevados de comportamentos obsessivo-compulsivos demonstraram um nível substancialmente maior de procrastinação decisional, o que levou Ferrari *et al.* (1995) a afirmar que "(...) a indecisão generalizada [*indecisiveness*] pode ser um componente importante dos clientes clinicamente diagnosticados como obsessivo-compulsivos, tal como é sugerido pelo DSM-III-R" (p. 183).[10]

Numa investigação posterior Ferrari *et al.* (1995) recorreram a uma amostra de indivíduos diagnosticados com a perturbação obsessiva-compulsiva da personalidade, tendo verificado que os resultados na DPS se encontravam correlacionados com o pensamento obsessivo e os comportamentos compulsivos. Mais uma vez verificou-se uma correlação moderada entre a procrastinação decisional e a procrastinação comportamental, mas esta última não se encontrava relacionada com os índices de natureza compulsiva e obsessiva avaliados.

Por último, será importante referir que, contrariamente ao que sucede com a maior parte das investigações que se debruçam sobre a indecisão generalizada, a maioria dos autores não encontrou diferenças de género relativamente à procrastinação decisional (Effert & Ferrari, 1989; Ferrari, 2000; Ferrari & Dovidio, 1997, 2000, 2001; Harriot, Ferrari & Dovidio, 1996; Specter & Ferrari, 2000).

Em suma, as conclusões da investigação realizada em torno da procrastinação decisional revelaram, com a excepção das diferenças de género, uma notável convergência com os estudos sobre a indecisão generalizada que revimos atrás. As pessoas que se percepcionam a si próprias como tendo tendência para prolongar e adiar decisões evidenciam caracte-

---

[10] As diferenças entre os dois grupos não são somente estatisticamente significativas, como revelam ainda uma magnitude do efeito bastante elevada (d de Cohen = 1,02). Este índice, que não é indicado pelos autores, foi por nós calculado tendo em conta os valores de tendência central, de dispersão e de dimensão dos dois grupos (ver Ferrari *et al.*, 1995, p. 182).

rísticas psicológicas menos adaptativas ao nível da personalidade e do funcionamento psicológico. Ao mesmo tempo, constata-se uma associação com determinados quadros psicopatológicos, em especial a perturbação obsessiva-compulsiva. Parece, assim, que este tipo específico de procrastinação constitui um quadro muito próximo daquele que descrevemos a propósito da indecisão generalizada. Tendo em conta que a investigação sobre a indecisão generalizada e a procrastinação decisional se desenvolveu separadamente, a convergência entre as conclusões obtidas é particularmente significativa.

5. Síntese e conclusões

A indecisão generalizada constitui o subtipo de indecisão vocacional que mais interesse despertou no âmbito da temática das dificuldades de escolha vocacional (Gordon, 1998). A percepção de que seria possível distinguir um padrão de indecisão vocacional com características que não se coadunam com um processo normativo de desenvolvimento da carreira é bastante antiga, como vimos, mas a forma como esse padrão se definiria e poderia ser operacionalizado, de forma a possibilitar uma avaliação do mesmo, foi objecto de uma lenta gestação. É possível afirmar que a indecisão generalizada possui um longo passado mas uma curta história.

Actualmente, parece ser relativamente consensual admitir a existência de um subtipo de indecisão vocacional relacionado com uma dificuldade recorrente em efectuar decisões em vários domínios de vida (e.g., Brown & Krane, 2000; Herr & Cramer, 1992). Decidir no plano educacional e profissional é difícil porque para o indeciso crónico o próprio acto de escolha constitui uma tarefa problemática. Tendo em conta quer as abordagens de natureza mais clínica, quer as decorrentes de investigação de natureza empírica, é possível afirmar, considerando as características psicológicas que se associam à indecisão generalizada, que esta não constitui um momento normativo do desenvolvimento, como, de resto, vinham defendendo desde há muito vários autores (e.g., Hartman & Fuqua, 1983). Um conjunto de variáveis psicológicas negativas, como sejam a ansiedade, o *locus* de controlo externo, a falta de definição ao nível da identidade, o neuroticismo, a baixa auto-estima e baixa autonomia dos indivíduos, não permitem enquadrar a indecisão crónica em nenhuma abordagem desenvolvimentista, como sucede no caso da indecisão vocacional simples. O facto de se associar a esta descrição da indecisão generalizada um outro conjunto de características negativas, porventura menos evidentes, relacionadas com o desenvolvimento e o comportamento vocacionais, permite, sem dúvida, considerar a indecisão generalizada como um grande desafio que se coloca à psicologia e consulta vocacionais (Santos, 2000).

Simultaneamente, existe alguma evidência empírica que relaciona a indecisão crónica com determinadas perturbações psicopatológicas, em particular a depressão e a perturbação obsessiva-compulsiva. A questão que a este respeito se coloca foi já parcialmente abordada por Slaney (1988).

"É apropriado deixar uma nota de prudência relativamente às sugestões de que as pessoas cronicamente indecisas podem ter problemas pessoais. Se o termo indeciso crónico [indecisive] tem a pretensão de vir a ser útil, a sua avaliação deve estar claramente relacionada com a sua definição operacional. Mostrar que os esquizofrénicos crónicos, por exemplo, são indecisos crónicos será unicamente útil se for possível discriminar a indecisão crónica da esquizofrenia ou de outros problemas pessoais. Dito de forma simples, não será suficiente demonstrar que pessoas com problemas pessoais são indecisas crónicas se não for possível demonstrar que a indecisão generalizada contribui com alguma variância única." (p. 45)

Em síntese, torna-se necessário prosseguir a investigação sobre a indecisão generalizada em torno de vários eixos que consideramos fundamentais. Em primeiro lugar, é necessário aprofundar o esforço de investigação que incide sobre a caracterização dos indivíduos cronicamente indecisos. O escasso número de investigações de natureza empírica, por comparação com as descrições baseadas em casos clínicos, é ainda muito reduzido para que possamos obter uma caracterização psicológica consolidada da indecisão generalizada.

Em segundo lugar, importa aprofundar a relação entre psicopatologia e indecisão crónica, em particular com os quadros psicopatológicos que parecem relacionar-se de forma mais estreita com este tipo de indecisão. É necessário tentar compreender se a indecisão generalizada constitui uma manifestação de um ou mais quadros psicopatológicos subjacentes ou se, em alternativa, configura um determinado padrão de funcionamento psicológico susceptível de, em determinadas circunstâncias, aparecer associado a determinadas perturbações mentais. A realização de estudos que abordem esta questão, com recurso a amostras clínicas e não clínicas, afigura-se-nos uma necessidade à qual urge dar uma resposta por parte dos investigadores.

É ainda igualmente necessário compreender de forma mais aprofundada as diferenças de género que alguns investigadores têm identificado na manifestação da indecisão generalizada, procurando verificar se a maior dificuldade em tomar decisões que as mulheres tendem a evidenciar se articulam com os dois eixos que anteriormente referimos.

Uma outra área que carece de um grande investimento ao nível da investigação é a intervenção com estudantes cronicamente indecisos. É necessário testar, de forma mais rigorosa e consistente, a eficácia das estratégias terapêuticas sugeridas por diversos autores relativamente à indecisão generalizada (Fuqua & Hartman, 1983; Holland & Holland, 1977; Salomone, 1982). Se anteriormente era possível atribuir à dificuldade em avaliar a indecisão crónica a inexistência de investigações sobre este tópico, actualmente este obstáculo encontra-se em parte ultrapassado, pelo que é mais fácil concretizar estudos desta natureza. Infelizmente, a investigação sobre a interacção entre diferentes modalidades de intervenção e os diversos tipos de clientes no âmbito da consulta vocacional constitui uma matéria sobre a qual pouco ou nada se sabe (Heppner & Heppner, 2003), pelo que se torna premente realizar estudos sobre esta difícil mas central questão (Santos, 2003a).

O que se verifica, em suma, é que a temática da indecisão generalizada parece ganhar um interesse e uma importância crescentes ao nível da investigação, pelo que se justifica plenamente, como parece estar crescentemente a suceder, aceitar a sugestão de Kelly e Lee (2002), que recomendam "(...) que os investigadores ultrapassem a designação da indecisão vocacional como objecto genérico de estudo, identificando problemas específicos de decisão como alvos de inquérito" (p. 324). Isto implica definir à partida que tipo de problemática se propõem investigar, procurando ultrapassar as limitações da concepção unidimensional da indecisão vocacional que, como vimos anteriormente, foram parcialmente responsáveis por um certo impasse da investigação.

Eleger a indecisão generalizada como objecto de investigação específico, procedimento que se encontra alicerçado na concepção da indecisão vocacional que a abordagem multidimensional consagrou, parece-nos uma evolução particularmente adequada e positiva. Contudo, julgamos que um maior investimento neste domínio deve ser acompanhado por um enquadramento teórico mais sólido ao nível da investigação. Recordemos que uma parte substancial dos estudos sobre a indecisão vocacional foi criticada, e muito justamente, pelo facto de se orientar por um quadro ateórico que concedeu preferência às questões relacionadas com a avaliação (Hall, 1992; Spokane & Jacob, 1996; Tinsley, 1992). Seria importante que os investigadores, como oportunamente referem Chartrand *et al.* (1994), relativamente ao constructo da indecisão vocacional, enquadrassem teoricamente as suas pesquisas sobre a indecisão generalizada. Por exemplo, tivemos anteriormente a oportunidade de salientar as semelhanças entre as características dos indivíduos com uma identidade difusa, no quadro da teoria dos estatutos de identidade de James Marcia (ver Kroger, 1996; Marcia, 1966, 1980, 1986, 1987), e a indecisão generalizada (Santos, 2000; Santos & Coimbra, 2000). Dispor de alicerces teóricos sólidos constitui uma condição *sine qua non* para a realização de investigação de qualidade (Hetherington, 2000). Por exemplo, Cohen, Chartrand e Jowdy (1994), recorrendo à teoria de Erik Erikson, demonstraram que os indivíduos cronicamente indecisos evidenciavam os níveis mais baixos de resolução das cinco primeiras crises postuladas por este quadro teórico. É crucial concretizar futuramente mais investigações desta natureza, nas quais se definam previamente quadros teóricos que orientem a pesquisa que os investigadores se propõem realizar.

CAPÍTULO 8
Objectivos, metodologia e resultados do estudo

1. Objectivos

No capítulo anterior tivemos a oportunidade de referir que os estudos que se debruçaram sobre a indecisão generalizada como tipo específico da indecisão vocacional são raros. O desenvolvimento relativamente recente de instrumentos de avaliação da indecisão generalizada, definida como a dificuldade em tomar decisões em vários contextos de vida, fez com que, de uma forma geral, o conhecimento que possuímos sobre os indivíduos cronicamente indecisos se tenha baseado, com raras excepções, em casos clínicos e não em investigações de natureza quantitativa (e.g., Heppner & Hendricks, 1995; Johnson, 1990; Salomone, 1982). Os estudos de caso, apesar da riqueza de análise que possibilitam, possuem sempre uma óbvia limitação, que se prende com o grau de generalização dos seus resultados. Simultaneamente, a grande maioria das investigações de natureza quantitativa não tiveram como objectivo estudar especificamente a indecisão generalizada, conforme tivemos a oportunidade de realçar anteriormente.

De qualquer das formas, quer os estudos clínicos quer as investigações de carácter quantitativo apresentam conclusões relativamente consistentes. A indecisão generalizada surge, como seria de esperar, associada à indecisão vocacional. Ou seja, por outras palavras, indivíduos que se descrevem a si próprios como tendo dificuldades em tomar decisões evidenciam, igualmente, níveis relativamente elevados de indecisão vocacional. Todavia, a investigação tem demonstrado que os dois constructos são destrinçáveis no plano teórico e no plano empírico (Germeijs & De Boeck, 2002; Salomone, 1982; Van Matre & Cooper, 1984).

Simultaneamente, os indivíduos indecisos crónicos evidenciam um conjunto de características psicológicas que não se podem associar a um processo normativo de desenvolvimento psicológico. As características descritas mais frequentemente incluem níveis elevados de ansiedade (Chartrand et al., 1990; Fuqua & Hartman, 1983; Hartman, 1990; Hartman & Fuqua, 1983, Heppner & Hendriks, 1995; Jones, 1989; Lancaster et al., 1999; Lucas & Wanberg, 1995; Wanberg & Muchinsky, 1992), baixa auto--estima (Chartrand et al., 1990; Crites, 1981; Germeijs & De Boeck, 2002; Lucas & Wanberg, 1995; Wanberg & Muchinsky, 1992; Salomone, 1982), *locus* de controlo externo (Fuqua & Hartman, 1983; Hartman & Fuqua, 1983; Johnson, 1990; Salomone, 1982) e uma identidade pouco definida (Chartrand et al., 1990; Fuqua & Hartman, 1983; Hartman, 1990; Hartman & Fuqua, 1983; Johnson, 1990; Salomone, 1982).

Torna-se necessário prosseguir com a investigação sobre as características da indecisão generalizada. Pretende-se, desta forma, contribuir para um conhecimento mais aprofundado dos indivíduos cronicamente indecisos, tendo como objectivo último gerar conhecimento que vise futuramente sustentar programas de intervenção teoricamente fundamentados e empiricamente testados. Recordemos que programas desta natureza são, como já tivemos a oportunidade de referir, virtualmente inexistentes (Heppner & Hendricks, 1995; Heppner & Heppner, 2003).

Parece-nos ainda fundamental analisar o papel desempenhado por duas outras variáveis que raramente foram objecto de uma análise aprofundada. Referimo-nos concretamente ao papel do género e da idade. Quanto ao género, verificámos que alguns estudos constataram que as mulheres evidenciam resultados mais elevados de indecisão generalizada do que os homens (Chartrand et al., 1990; Chartrand & Robbins, 1997; Kleiman & Gati, 2004; Lewis & Savickas, 1995; Santos & Coimbra, 2000). As razões que poderão explicar esta diferença não são claras. Importa estudar mais aprofundadamente as diferenças de género no âmbito da indecisão crónica e analisar o seu papel na predição da indecisão generalizada.

Quanto à idade, não conseguimos encontrar nenhum estudo que equacionasse esta variável relativamente ao seu papel na manifestação da indecisão crónica, pelo que se justifica plenamente analisá-la. Salomone (1982) propôs que o diagnóstico de indecisão crónica fosse somente reservado a adultos com idade superior a 25 anos. Este limite etário tinha como objectivo evitar a confusão entre a indecisão generalizada e a indecisão vocacional. Nas palavras do autor: "Os jovens desenvolvem-se no plano vocacional (e noutros) de formas muito distintas e a ritmos muito diferentes. Deve deixar-se que tropecem ou que se arrastem um pouco sem serem forçados a confrontar-se com uma designação de indecisão generalizada" (p. 498).

Esta preocupação com a eventual confusão entre a indecisão vocacional e a indecisão generalizada era compreensível no início da década de 80, tendo em conta a inexistência de instrumentos fiáveis de avaliação da indecisão crónica. Actualmente, parece-nos pouco defensável essa posição, não só porque se deram passos significativos ao nível da avaliação, como, quer ao nível teórico, quer ao nível empírico, tem vindo a crescer a convicção de que é importante uma identificação tão precoce quanto possível dos indivíduos cronicamente indecisos (Germeijs & De Boeck, 2002; Hartman & Fuqua, 1983). Assim, decidimos incluir a idade como variável de análise na nossa investigação.

O primeiro objectivo do nosso estudo consiste em analisar a influência de um conjunto de variáveis psicológicas na predição da indecisão generalizada. Estas variáveis foram escolhidas em função dos resultados de diversas investigações, já referenciadas, de natureza clínica e quantitativa, que as associam à indecisão crónica. Referimo-nos, concretamente, à ansiedade, à auto-estima, ao *locus* de controlo e à identidade vocacional. De forma mais específica, iremos testar a hipótese de que níveis elevados de ansiedade se relacionarão com níveis elevados de indecisão generalizada. Simultaneamente, iremos testar a hipótese de que o *locus* de controlo, a identidade vocacional e a auto-estima explicarão, em conjunto, uma percentagem da variância da variável critério para além da que se encontra associada à ansiedade.[1] Iremos testar igualmente a hipótese de que níveis elevados de internalidade, de auto-estima e de identidade vocacional se relacionarão com baixos níveis de indecisão generalizada.

Para além destas variáveis, propomo-nos analisar ainda o papel desempenhado pelo género e pela idade na manifestação da indecisão generalizada. Quanto ao género, já referimos que alguns estudos dão conta de

---

[1] Recordemos, tal como fizemos no capítulo 2, que a expressão *variância explicada*, no quadro da regressão múltipla, não tem implícita qualquer relação de natureza causal entre variáveis independentes e variável dependente, designando somente a percentagem da variância que na variável critério se encontra associada à variabilidade nas variáveis independentes (Venter & Maxwell, 2000; Wampold & Freund, 1987).

um nível mais elevado de indecisão crónica por parte das mulheres. No que respeita à idade, nenhum estudo que tenhamos conhecimento analisou o seu papel na manifestação da indecisão crónica. É plausível sustentar que a capacidade e a confiança que os indivíduos experienciam relativamente à sua capacidade de decisão aumente com a idade, à medida que se desenvolve e fortalece a sua autonomia.

Assim, iremos testar a hipótese de que níveis mais elevados de indecisão generalizada se relacionam com o género feminino e com um nível etário mais baixo. Iremos analisar de que forma estas duas variáveis contribuirão para explicar a variância da variável independente, para além da que é explicada pelos dois conjuntos de variáveis que referimos atrás, antecipando que as variáveis psicológicas serão substancialmente mais importantes do que as variáveis sociodemográficas.

Simultaneamente, iremos analisar de que forma as variáveis independentes permitem predizer a indecisão generalizada nas subamostras de alunos do ensino secundário e do ensino superior. Os dois tipos de sujeitos, para além de apresentarem níveis de desenvolvimento psicológico distintos, são igualmente representativos de culturas organizacionais que se diferenciam em muitos aspectos. Referimo-nos, naturalmente, às instituições dos ensinos secundário e superior. Eventuais diferenças na predição da indecisão generalizada poderão ter implicações ao nível da intervenção psicológica que importaria tomar em consideração.

O segundo objectivo deste estudo consiste em testar um modelo da autoria de Van Matre e Cooper (1984) que combina a indecisão vocacional e a indecisão generalizada. Este modelo nunca foi, tanto quanto sabemos, objecto de uma análise empírica. Estes dois autores sustentaram que a indecisão generalizada deveria ser conceptualizada como um *traço* que diz respeito a uma característica de natureza estrutural que condiciona negativamente os indivíduos quando estes são confrontados com a necessidade de tomar decisões. A indecisão vocacional, por seu turno, corresponderia a um *estado* provisório, adequado no plano do desenvolvimento vocacional face à necessidade de ponderar as características das diversas alternativas de carreira susceptíveis de serem escolhidas pelos indivíduos. As concepções de estado e de traço são, segundo os autores, semelhantes às utilizadas por Spielberger *et al.* (1970) na distinção entre ansiedade-traço e ansiedade-estado.

Todavia, contrariamente à análise de Salomone (1982), que conceptualiza a indecisão generalizada e a indecisão vocacional como dois *conti-*

nua distintos, a proposta de Van Matre e Cooper (1984) considera estas duas dimensões ortogonais. Elas seriam susceptíveis de "(…) representar ou incluir quase todas as dificuldades cognitivas, afectivas e comportamentais que se encontram em situações de consulta que lidam com decisões vocacionais" (p. 637). Desta forma, o modelo permite um esquema de diagnóstico com quatro categorias (ver Figura 1).

FIGURA 1
Modelo de Van Matre e Cooper

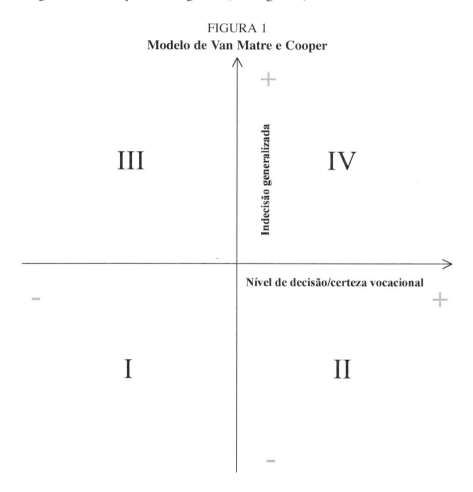

A primeira agrupa os indivíduos que evidenciam baixa indecisão vocacional e baixa indecisão generalizada (quadrante I). A segunda categoria (quadrante II) diz respeito aos indivíduos que não têm dificuldades em tomar decisões e que evidenciam uma elevada certeza quanto à sua escolha vocacional. A terceira categoria (quadrante III) corresponde aos clientes que evidenciam níveis elevados de indecisão generalizada e baixos níveis de certeza vocacional. Presumivelmente, os indivíduos agrupados nesta categoria evidenciarão uma maior prevalência da ansiedade e de características negativas de personalidade que interferirão no processo de escolha vocacional. Por fim, a última categoria (quadrante IV) agrupa os indivíduos que apresentam, simultaneamente, elevados índices de indecisão generalizada e de certeza vocacional. É possível que as decisões vocacionais tomadas por estes indivíduos tenham sido realizadas de forma pouco amadurecida e constituam a consequência do que alguns autores designam por *pseudocristalizações*, podendo ser associadas a uma escolha vocacional condicionada por influências oriundas de figuras parentais (cf. Super, 1982).

Assim, o segundo objectivo desta investigação consiste em testar este modelo e verificar se os quatro grupos formados por estas duas dimensões (elevada ou baixa indecisão vocacional e elevada ou baixa indecisão generalizada) se distinguirão uns dos outros relativamente a um conjunto de variáveis que têm sido recorrentemente mencionadas na literatura sobre a indecisão vocacional. Para esse efeito, recorremos aos preditores de natureza psicológica que referimos atrás: auto-estima, identidade vocacional, *locus* de controlo e ansiedade. A selecção destas variáveis tomou em linha de conta a importância das mesmas no quadro da investigação sobre a indecisão vocacional e a indecisão generalizada, mas também o facto de elas se distribuírem por dimensões cognitivas e emocionais, dimensões estas que devem fazer parte da caracterização de estatutos de decisão vocacional (Lee, 2005; Saunders *et al.*, 2000).

Contrariamente ao que sucede em sistemas do ensino superior de matriz anglo-saxónica, os alunos portugueses do ensino secundário têm que escolher cursos específicos que, nalguns casos, se encontram relacionados com áreas de actuação profissional relativamente delimitadas. É razoável supor, portanto, que ao nível do ensino secundário os indivíduos se encontrem numa fase de exploração vocacional mais intensa. Assim, tendo em conta a estrutura do sistema educativo português, decidimos restringir esta investigação à subamostra de estudantes do ensino secundário, esperando encontrar uma maior variabilidade ao nível da certeza vocacional.

2. Metodologia

2.1. *Amostra e plano de observação*

Na constituição da amostra do presente estudo procurámos reunir um conjunto diversificado de alunos dos ensinos secundário e superior. Relativamente aos alunos do ensino secundário, restringimos a amostra aos estudantes que frequentavam os Cursos Gerais. O facto de não termos recorrido a estudantes de cursos orientados para a inserção na vida activa, nomeadamente Cursos Tecnológicos, prende-se com a circunstância de os alunos destes cursos terem, por norma, um percurso escolar mais atribulado, caracterizado por um maior número de reprovações e desistências (Azevedo, 2002). Sabe-se que a grande maioria dos estudantes dos Cursos Gerais tencionam candidatar-se ao ensino superior (Santos, 1997; Santos, Casillas & Robbins, 2004) e desejávamos circunscrever o nosso estudo aos alunos que perspectivassem, pelo menos, concluir o ensino secundário. Recolhemos dados de estudantes que frequentavam os 11.° e 12.° anos de escolaridade, uma vez que tínhamos decidido privilegiar alunos que estavam a aproximar-se de uma transição importante, seja pela inserção no mercado de trabalho, seja pela prossecução de estudos após a conclusão do ensino secundário. O facto de termos optado por não incluir os alunos do 10.° ano de escolaridade tem igualmente a ver com a elevada taxa de reprovações e de desistências dos estudantes que frequentam este ano de escolaridade (Azevedo, 2002).

No que respeita aos alunos do ensino superior, os dados foram recolhidos em instituições do ensino universitário. Sabe-se que os alunos do ensino superior universitário e politécnico apresentam marcadas diferenças ao nível da sua caracterização social (Balsa, Simões, Nunes, Carmo & Campos, 2001). Por este facto, restringimos a nossa amostra a instituições do ensino universitário. À semelhança do que sucedeu com os alunos do ensino secundário, e por desejarmos privilegiar alunos que se aproximavam de uma transição importante, optámos por recolher dados de estudantes dos dois últimos anos de licenciatura. Assim, no que respeita aos indivíduos que frequentavam cursos de licenciatura com cinco anos de duração, escolhemos os do 4.° e 5.° anos, enquanto no que concerne aos cursos de licenciatura com quatro anos, optámos pelos alunos que frequentavam os 3.° e 4.° anos.

A subamostra de alunos do ensino secundário foi constituída por 729 estudantes (42,4% do género masculino e 57,6% do género feminino). Os alunos eram oriundos de escolas públicas, 6 da cidade do Porto e uma da cidade de Matosinhos. 50,2 % dos alunos frequentavam o 11.° ano de escolaridade e 49,8% o 12.° ano. A distribuição percentual dos alunos pelos respectivos anos de escolaridade e pelas áreas do plano curricular encontram-se indicadas no Quadro 1. A média de idades dos alunos do ensino secundário foi de 16,9 anos (D.P. = 0,94).

QUADRO 1
**Distribuição dos alunos do Ensino Secundário
pelos respectivos anos
de escolaridade e pelas áreas do plano curricular**

	Científico Natural	Artes	Económico Social	Humanidades	Total
11.° ano	214 (29,5 %)	13 (1,8 %)	33 (4,5 %)	104 (14,3 %)	364 (50,1 %)
12.° ano	210 (28,9 %)	21 (2,9 %)	34 (4,7 %)	97 (13,4 %)	362 (49,9 %)
Total	424 (58,4 %)	34 (4,7 %)	67 (9,2 %)	201 (27,7 %)	

Nota. Entre parênteses encontra-se indicada a percentagem relativamente ao número total de alunos do Ensino Secundário da nossa amostra.

A subamostra de alunos do ensino superior universitário incluiu 521 estudantes (30,1% do género masculino e 69,9% do género feminino). Os alunos eram oriundos de seis Faculdades da Universidade do Porto: Faculdade de Belas Artes, Faculdade de Ciências do Desporto e de Educação Física, Faculdade de Ciências da Nutrição e da Alimentação, Faculdade de Ciências, Faculdade de Direito e Faculdade de Letras. A distribuição percentual dos alunos pelas respectivas faculdades indica-se no Quadro 2. A média de idades dos alunos do ensino superior foi de 22,2 anos (D.P. = 1,87).

A amostra total foi constituída por 1250 indivíduos (37,3% do género masculino e 62,7% do género feminino). Os alunos do ensino secundário e superior representavam 58,3% e 41,7% da amostra, respectivamente. O número de elementos da amostra tomou em conta o facto de se pretender obter um nível satisfatório de poder estatístico e uma magnitude do efeito média ($\alpha = 0,05$), tendo em conta o tipo de análises estatísticas que pretendíamos utilizar (cf. Cohen, 1992a,b).[2]

QUADRO 2
Distribuição dos alunos universitários pelos estabelecimentos de ensino superior

FACULDADES	n	%
Faculdade de Belas Artes	50	9,6 %
Faculdade de Ciências do Desporto e de Educação Física	127	24,4 %
Faculdade de Ciências da Nutrição e da Alimentação	19	3,7 %
Faculdade de Ciências	115	22,1 %
Faculdade de Direito	85	16,3 %
Faculdade de Letras	125	23,9 %

2.2. Instrumentos

Os instrumentos que foram utilizados no presente estudo foram os seguintes:

2.2.1. Ficha de caracterização

Esta ficha foi desenvolvida especificamente para esta investigação e possibilitou a recolha de informações relacionadas com variáveis socio-demográficas, nomeadamente o género, a idade, o ano de escolaridade e a escola frequentada, assim como informações relativas ao estatuto socio-económico da família de pertença.

---

[2] Como veremos mais à frente, a análise estatística dos dados recorreu, como técnicas de análise estatística multivariada, à regressão múltipla hierárquica e à análise discriminante.

2.2.2. Indecisiveness Scale

Com o objectivo de avaliar a indecisão generalizada usámos a *Indecisiveness Scale* (IS; Frost & Shows, 1993).[3] Trata-se de um instrumento constituído por 15 itens que avalia a dificuldade em tomar decisões. Um exemplo de um item é: *Parece-me que decidir mesmo sobre as coisas mais simples me leva muito tempo*. Utiliza uma escala tipo Likert de 5 pontos (1 = discordo fortemente, 5 = concordo fortemente), com resultados mais elevados a indicarem uma indecisão generalizada mais pronunciada. Frost e Shows (1993) verificaram que estudantes universitários cronicamente indecisos tendiam a adiar a realização de tarefas e a ter maiores dificuldades em tomar decisões em vários domínios da sua vida, nomeadamente ao nível académico, social e familiar. Simultaneamente, apresentaram um tempo de latência mais prolongado numa série de tarefas de escolha concretizadas em contexto laboratorial. Gayton *et al.*, (1994), por sua vez, constataram que estudantes universitários que ainda não tinham escolhido uma área de especialização académica apresentaram níveis mais elevados de indecisão generalizada quando comparados com aqueles que já o tinham feito. A consistência interna (*alpha* de Cronbach) da IS variou entre 0,80 e 0,90 (Antony, 2001; Frost & Gross, 1993; Frost & Shows, 1993; Gayton *et al.*, 1994; Orellana-Damacela *et al.*, 2000; Rassin & Muris, 2005; Steketee, Frost & Kyrios, 2003).

Na presente investigação recorremos à versão portuguesa da IS (Santos, 1997). Nesta versão, inicialmente adaptada com uma amostra de estudantes do ensino secundário, a consistência interna (*alpha* de Cronbach) foi de 0,78 e a consistência temporal, avaliada com o recurso ao coeficiente de correlação teste-reteste num intervalo de duas semanas, foi de 0,85. Verificou-se, ainda, que a indecisão generalizada se encontrava negativamente correlacionada com o grau de certeza vocacional e positivamente correlacionada com as dimensões pessoais-emocionais e de informação da indecisão vocacional avaliadas pelo *Career Factors Inventory* (CFI; Chartrand *et al.*, 1990).[4] Santos (2003b), recorrendo a uma amostra de estudantes do ensino superior, constatou que as características da IS

---

[3] Esta escala tem sido recentemente designada por *Frost Indecisiveness Scale*.

[4] A correlação do resultado da IS com as dimensões pessoais-emocionais era mais do dobro do que sucedia com as dimensões de informação, circunstância que evidencia a validade discriminante do instrumento.

eram similares às evidenciadas com os estudantes do ensino secundário. A consistência interna calculada (*alpha* de Cronbach) foi de 0,77. O padrão de correlações com dimensões antecedentes da indecisão vocacional, igualmente avaliadas pelo CFI (Chartrand *et al.*, 1990), foi muito próximo do encontrado com a amostra de estudantes do ensino secundário. Na presente investigação a consistência interna (*alpha* de Cronbach) foi de 0,83.

2.2.3. Rosenberg Self-esteem Scale

Com o objectivo de avaliar a auto-estima usámos a *Rosenberg Self-esteem Scale* (RSES; Rosenberg, 1965). Rosenberg definiu auto-estima como "(...) uma atitude positiva ou negativa relativamente a um objecto particular, a saber, o self " (Rosenberg, 1965, p. 30). Uma auto-estima elevada, tal como é avaliada pela RSES, revela que os indivíduos se consideram pessoas de valor, respeitadores de si próprios por aquilo que são, não se sentindo, necessariamente, superiores aos outros. A RSES é constituída por 10 itens, 5 de orientação positiva (e.g., *Globalmente, estou satisfeito comigo próprio*) e 5 de orientação negativa (e.g., *Sinto que não tenho muito de que me orgulhar*). A RSES foi originalmente construída como uma escala Guttman, embora, na maioria dos casos, os investigadores optem por um formato Likert, com quatro alternativas de resposta (concordo fortemente, concordo, discordo e discordo fortemente), com resultados mais elevados a evidenciarem níveis mais altos de auto-estima.

No decurso do processo de validação original verificaram-se associações, nas direcções esperadas, entre os resultados que diversas amostras de sujeitos obtiveram na RSES e o estatuto sociométrico, a depressão e a participação em actividades académicas, entre outros indicadores (ver Rosenberg, 1965, pp. 16-30). A RSES constitui um padrão de referência na avaliação da auto-estima (Blascovich & Tomaka, 1991; Chiu, 1988; Keith & Bracken, 1996), sendo o instrumento mais utilizado de avaliação da auto-estima global ao nível da investigação psicológica. Foi ainda objecto de tradução e adaptação para várias línguas e culturas (Prezza, Trombaccia & Armento, 1997; Pullmann & Allik, 2000; Shapurian, Hojat & Nayerahmadi, 1987; Vallieres & Vallerand, 1990). Esta circunstância permitiu analisar, com maior detalhe, as suas características psicométricas.

Assim, verificou-se que a escala tem evidenciado bons níveis de consistência interna e de estabilidade temporal (para uma revisão, ver Blascovich & Tomaka, 1991; Wylie, 1989).

Em termos de validade, a investigação realizada com a RSES verificou a existência de correlações significativas com outros instrumentos e metodologias de avaliação da auto-estima (Addeo, Greene & Geisser, 1994; Byrne, 1983; Demo, 1985; Francis & Wilcox, 1995; Griffiths *et al.*, 1999; Hagborg, 1996; McCurdy & Kelly, 1997; O'Brien, 1985; Silber & Tippet, 1965; Simpson & Boyle, 1975) e com um conjunto de variáveis de natureza psicológica, como a depressão (Fleming & Courtney, 1984; Prezza *et al.*, 1997; Vallieres & Vallerand, 1990), a ansiedade (Fleming & Courtney, 1984; Prezza *et al.*, 1997), a anomia (Fleming & Courtney, 1984), a satisfação com a vida (Diener & Diener, 1995; Diener, Emmons, Larsen, & Griffin, 1985; Hong, Bianca, Bianca, & Bollington, 1993; Vallieres & Vallerand, 1990), a percepção de apoio social (Prezza *et al.*, 1997) e as desordens alimentares (Griffiths *et al.*, 1999).

Neste estudo usámos a versão portuguesa da RSES adaptada por Santos e Maia (2003) com uma amostra de estudantes do ensino secundário. Uma análise factorial confirmatória indicou que a RSES avalia um único factor.[5] A consistência interna (*alpha* de Cronbach) tem evidenciado valores próximos de 0,85 (Santos, Casillas & Robbins, 2004; Santos & Maia, 2003) e a consistência temporal, avaliada com o recurso ao coeficiente de correlação teste-reteste num intervalo de duas semanas, foi de 0,90. A auto-estima, avaliada com a RSES, evidenciou correlações nas direcções esperadas com a satisfação com a vida e com indicadores do ajustamento psicológico avaliados com o Inventário Clínico do Auto-conceito (ICAC; Vaz Serra, 1986).

Santos (2002a) utilizou uma amostra de estudantes do ensino superior para analisar as características da RSES, tendo concluído que os resultados eram muito próximos dos apurados com os estudantes do ensino secundário. Assim, a consistência interna (*alpha* de Cronbach) da RSES foi de 0,82 e as correlações com variáveis teoricamente associadas, espe-

---

[5] A unidimensionalidade ou multidimensionalidade do constructo avaliado pela RSES tem sido objecto de grande controvérsia nas últimas três décadas. De uma forma geral, as análises factoriais confirmatórias sugerem que a RSES avalia um constructo unidimensional, embora as variâncias residuais dos itens de orientação positiva e negativa influenciem os índices de ajustamento dos vários modelos testados (Santos & Maia, 2003).

cificamente a satisfação com a vida e o ajustamento psicológico, igualmente avaliado pelo ICAC (Vaz Serra, 1986), ocorreram nas direcções esperadas. Na presente investigação a consistência interna (*alpha* de Cronbach) foi de 0,88.

2.2.4. *Vocational Identity Scale*

Para avaliar a identidade vocacional recorremos à *Vocational Identity Scale* (VIS; Holland, Daiger & Power, 1980). A VIS foi desenvolvida no âmbito de um projecto, coordenado por John Holland, que teve como finalidade criar um esquema de diagnóstico das necessidades dos clientes no âmbito da consulta vocacional. O objectivo perseguido era o de seleccionar a intervenção mais adequada em função das características específicas apresentadas pelos indivíduos. Este projecto, que congregou vários estudos no decurso dos quais se analisaram as variáveis associadas à dificuldade em efectuar escolhas vocacionais, teve como consequência a criação de dois instrumentos considerados os antecessores da VIS: a *Identity Scale* (Holland, Gottfredson & Nafziger, 1975; Holland & Holland, 1977) e a *Vocational Decision-Making Difficulty Scale* (Holland, Gottfredson & Power, 1980).

O esquema de diagnóstico conduziu ao desenvolvimento da *My Vocational Situation*, que, segundo Holland *et al.* (1980), avalia as três grandes dificuldades do processo de decisão vocacional: a identidade vocacional, a informação ocupacional e as barreiras contextuais. Para cada uma destas categorias foram desenvolvidas escalas. Todavia, seria a que avalia a identidade vocacional que viria a conhecer uma ampla utilização ao nível da intervenção e da investigação.

A concepção de identidade vocacional que a VIS avalia pressupõe que aquela consiste numa percepção clara dos objectivos e características pessoais que facilita o processo de decisão vocacional.

A VIS é constituída por 18 itens que são respondidos mediante uma alternativa de resposta verdadeiro-falso. Um exemplo de um item é: *Necessito de descobrir que tipo de carreira profissional deverei seguir*. O resultado individual é obtido mediante a soma do número de respostas falsas, com resultados mais altos a corresponderem a níveis mais elevados de identidade vocacional.

A VIS começou a ser utilizada com objectivos muito diversos: ao nível da intervenção, por exemplo, na avaliação das necessidades iniciais de consulta vocacional (Holland, Johnston & Asama, 1993); como indicador da eficácia da intervenção vocacional (e.g., Fretz & Leong, 1982; Kivlighan, Johnston, Hogan & Mauer, 1994); por fim, como instrumento num grande número de estudos realizados ao longo das duas últimas décadas (e.g., Fuqua, Blum & Hartman, 1988; Fuqua & Newman, 1989; Graef, Wells, Hyland & Muchinsky, 1985; Lucas & Epperson, 1990; Lucas, 1993a). Desta forma, as características psicométricas da escala foram objecto de um conhecimento mais aprofundado para além da informação inicialmente disponibilizada (Holland *et al.*, 1980). A consistência interna (*alpha* de Cronbach), que tinha variado entre 0,85 e 0,89 no decurso do processo de validação original, continuou a evidenciar resultados satisfatórios, com valores a situarem-se entre 0,78 e 0,89 (Graef *et al.*, 1985; Nicholas & Pretorius, 1994; Vidal-Brown & Thompson, 2001). No que respeita à consistência temporal, as investigações revelaram que as correlações entre avaliações, com um intervalo de tempo entre um a três meses, se situam em valores próximos de 0,75 (Holland *et al.*, 1993).

No que respeita à validade da VIS, a investigação original foi pouco aprofundada. Holland, Daiger e Power (1980) constataram que indivíduos com níveis elevados de identidade vocacional se viam a si próprios como pessoas organizadas, auto-confiantes e competentes. De uma forma geral, a identidade vocacional parecia aumentar com a idade.

Investigações posteriores, algumas realizadas expressamente com o objectivo de analisar as características psicométricas da VIS, incluindo a validade de constructo, caracterizaram a escala de forma muito mais detalhada. Por exemplo, a identidade vocacional encontra-se positivamente associada ao estilo racional de decisão vocacional e negativamente associada aos estilos dependente e intuitivo (Leong & Morris, 1989). Nas investigações de Fretz e Leong (1982), Graef *et al.* (1985) e Fuqua & Newman (1989), verificaram-se fortes correlações negativas entre a identidade vocacional e a indecisão vocacional, especialmente quando esta era avaliada pela *Career Decision Scale* (Osipow *et al.*, 1976). Savickas (1985), por seu turno, encontrou uma associação entre a identidade vocacional e o desenvolvimento vocacional, em particular com a cristalização da escolha vocacional. A identidade e a maturidade vocacional constituem outras duas variáveis que evidenciam fortes correlações positivas com os resultados da VIS (Graef *et al.*, 1985; Leong & Morris, 1989).

Para além da dimensão vocacional, a investigação tem demonstrado que os resultados da VIS se encontram associados ao ajustamento psicológico dos indivíduos (Leong & Morris, 1989; Savickas, 1985). Parece, assim, que a VIS não avalia a identidade vocacional em sentido estrito, mas abarca uma dimensão mais lata do funcionamento psicológico. Os indivíduos com resultados elevados na escala "(...) são pessoas vocacionalmente maduras, com crenças construtivas sobre o processo de decisão vocacional; são competentes ao nível interpessoal; relativamente isentos de problemas psicológicos incapacitantes; conscienciosos, responsáveis e esperançosos; possuem um sentido claro de identidade; não desistem facilmente perante barreiras ou ambiguidades contextuais. Em contraste, indivíduos com baixos resultados [na escala] sofrem de muitos problemas psicológicos, incluindo baixa auto-estima, neuroticismo, crenças destrutivas acerca do self e do processo de decisão vocacional, identidade difusa, dependência, desespero, evidenciando atitudes e capacidades pouco desenvolvidas de resolução de problemas" (Holland et al., 1993, p. 8).

Neste estudo usámos a versão portuguesa da VIS adaptada por Santos e Ferreira (2004) com uma amostra de estudantes do ensino secundário. A consistência interna (*alpha* de Cronbach) da escala foi de 0,78. A identidade vocacional evidenciou correlações nas direcções esperadas com a auto-estima e com as dimensões pessoais-emocionais e de informação da indecisão vocacional avaliadas pelo *Career Factors Inventory* (Chartrand et al., 1990). Santos (2002b) analisou ainda as características psicométricas da VIS com uma amostra de estudantes do ensino superior. Verificou que a consistência interna (*alpha* de Cronbach) foi de 0,79. A identidade vocacional correlacionou-se positivamente com o grau de certeza vocacional e com a auto-estima. Na presente investigação a consistência interna (*alpha* de Cronbach) foi de 0,82.

2.2.5. *Internal-external Locus of Control Scale*

Para avaliar o *locus* de controlo utilizámos a *Internal-external Locus of Control Scale* (IE; Rotter, 1966). A IE é constituída por 29 questões, que incluem 6 de despiste que não são contabilizadas para efeitos de apuramento dos resultados, nas quais os indivíduos são obrigados a escolher entre dois itens que representam posições contrastantes relativamente a um determinado assunto. Por exemplo: *Muitas vezes sinto que tenho pouca influência nas coisas que me acontecem* e *É-me impossível acreditar que o acaso ou a sorte tenham um papel importante na minha vida*. A IE avalia a externalidade, ou seja, a percepção de que os acontecimentos não se encontram relacionados com o comportamento do indivíduo e, como tal, fora do controlo pessoal. Resultados mais elevados representam um maior grau de externalidade.

Os valores de consistência interna têm oscilado entre 0,60 e 0,83 (Lucas & Wanberg, 1995; Marsh & Richards, 1987; Rotter, 1966).[6] Quanto à consistência temporal, uma investigação revelou uma correlação entre avaliações, com um intervalo de tempo de 26 dias, de 0,68 (Marsh & Richards, 1987). Relativamente à validade da escala, a monografia de Rotter (1966) continua a constituir uma importante referência, dando conta de vários estudos que atestam a validade da IE. Posteriormente, outras investigações corroboraram estas conclusões (e.g., Scott & Severance, 1975). Barros, Barros e Neto (1993) realizaram uma revisão aprofundada das questões mais discutidas em torno da IE, em particular as referentes à dimensionalidade subjacente ao constructo avaliado pela escala, um tópico que tem sido marcado por alguma controvérsia.[7]

Nesta investigação usámos a versão portuguesa da IE, adaptada por Barros, Barros e Neto (1989) com uma amostra de jovens universitários e adultos. A consistência interna (método *split-half*) foi de 0,70. Os resultados da versão portuguesa da IE demonstram uma correlação significativa, na direcção esperada, com uma escala de avaliação multidimensional do *locus* de controlo e com outras variáveis teoricamente relacionadas (Barros & Barros, 1989; Barros et al., 1989). No presente estudo a consistência interna (*alpha* de Cronbach) foi de 0,69.[8]

---

[6] A avaliação da consistência interna da IE tem demonstrado, em múltiplas investigações, que os valores obtidos não são particularmente elevados. Na monografia de Rotter (1966) a média obtida em dez estudos é de 0,72. Rotter (1990) sustentou que esta situação poder-se-ia dever ao facto de o *locus* de controlo, tal como é avaliado pela IE, apelar para várias facetas, que procuram dar conta da diversidade do constructo, fazendo com que a heterogeneidade dos itens se reflicta em valores de consistência interna relativamente modestos. Segundo o autor, consistências internas a oscilar entre 0,65 e 0,75 são apropriadas quando o constructo a avaliar é amplo (cf. Stanton, 2000), como é o caso do *locus* de controlo.

[7] Na investigação de Marsh e Richards (1987) podemos encontrar uma análise muito aprofundada das questões que se prendem com a dimensionalidade da IE.

[8] A consistência interna calculada com o recurso ao método *split-half*, utilizado no decurso do processo de adaptação portuguesa da IE, foi de 0,70, valor idêntico ao calculado na nossa amostra.

2.2.6. State-Trait Anxiety Inventory

Para avaliar a ansiedade usámos a *Trait Scale* (TS) do *State-Trait Anxiety Inventory* (STAI; Spielberger, Gorsuch, Lushene, Vagg & Jacobs, 1983) que avalia "(...) diferenças inter-individuais na tendência para percepcionar situações stressantes como perigosas ou ameaçadoras e na inclinação para reagir a tais situações com elevações mais frequentes ou intensas do estado de ansiedade (...)" (Silva, 2003, p. 50). Esta escala é constituída por 20 itens que são respondidos com uma escala Likert com quatro alternativas de resposta (quase nunca, algumas vezes, frequentemente e quase sempre), com resultados mais elevados a evidenciarem níveis mais altos de ansiedade. Um exemplo de um item é: *Tomo os desapontamentos tão a sério que não consigo afastá-los do pensamento.*

A TS possui excelentes características psicométricas que podem ser consultadas no manual do STAI (Spielberger *et al.*, 1983). Assim, a consistência interna calculada (*alpha* de Cronbach) com amostras de estudantes do ensino secundário e superior oscila entre 0,90 e 0,91, enquanto que a consistência temporal média, calculada com o coeficiente de correlação teste-reteste com um intervalo de tempo que oscilou entre 20 e 30 dias, é de 0,77. Mais recentemente, Barnes, Harp e Jung (2002) fizeram um levantamento exaustivo das investigações que utilizaram o STAI entre 1990 e 2000. Foi possível verificar que, no que respeita à TS, a média dos valores de consistência interna (*alpha* de Cronbach) num universo de 51 estudos foi de 0,89, enquanto que a média dos coeficientes de correlação teste-reteste em 7 investigações foi de 0,88. O manual do STAI apresenta uma longa série de investigações que sustentam a validade da escala (Spielberger *et al.*, 1983).

Neste estudo recorreu-se à versão portuguesa do STAI (Santos & Silva, 1997; Silva & Campos, 1998; Silva, Silva, Rodrigues & Luís, 1999//2000; Silva, 2003). Especificamente, no que respeita à escala que avalia a ansiedade-traço, a consistência interna (*alpha* de Cronbach), calculada com amostras de estudantes do ensino secundário, variou entre 0,88 e 0,90, enquanto que a consistência temporal, analisada com o coeficiente de correlação teste-reteste, com um intervalo de 30 dias, foi de 0,80. Em amostras de estudantes do ensino superior a consistência interna (*alpha* de Cronbach) calculada foi de 0,90. A validade evidenciada pela versão portuguesa da escala, analisada com populações normais e clínicas, é excelente, sendo muito semelhante à evidenciada pela versão original. No presente estudo a consistência interna (*alpha* de Cronbach) foi de 0,92.

2.2.7. *Escala de Certeza Vocacional*

O nível de certeza vocacional dos estudantes do ensino secundário foi avaliado com uma escala de 4 itens. Este instrumento corresponde ao desenvolvimento de um outro instrumento similar, mas mais reduzido (cf. Santos, 1997), tendo sido baseado noutras subescalas de certeza vocacional (ver Savickas, Carden, Toman & Jarjoura, 1992). Utiliza uma escala tipo Likert de 6 pontos (1 = discordo inteiramente, 6 = concordo inteiramente), com resultados mais elevados a indicarem um maior nível de certeza vocacional. Um exemplo de um item é: *Já escolhi uma determinada opção profissional da qual não tenciono afastar-me*. Neste estudo a consistência interna (*alpha* de Cronbach) foi de 0,85.

3. Procedimento

Os instrumentos deste estudo foram aplicados em contexto escolar, em escolas secundárias e estabelecimentos do ensino superior, em tempos lectivos expressamente cedidos para o efeito. Os estudantes foram informados do objectivo genérico da investigação – estudar a forma como tomavam decisões – e da natureza voluntária da sua participação. Foi ainda garantido o anonimato dos dados recolhidos e assegurada a confidencialidade dos mesmos.

Foram dadas algumas instruções sobre o preenchimento da Ficha de Caracterização. Relativamente aos instrumentos de avaliação psicológica foi afirmado que as instruções se encontravam indicadas nas respectivas folhas de resposta.

Com o objectivo de minimizar o enviesamento nas respostas, nomeadamente o relacionado com o cansaço, a ordem de apresentação dos instrumentos de avaliação foi objecto de variação sistemática.

4. Resultados

No Quadro 3 apresentam-se as estatísticas descritivas (médias e desvios-padrões) relativas aos instrumentos utilizados na presente investigação para a amostra total e para as subamostras divididas por género e por nível de ensino. Com o objectivo de analisar eventuais diferenças de género e de nível de ensino nas variáveis da investigação, recorreu-se a uma análise de variância (*one-way anova*). Optou-se por ajustar o valor de *alpha* dividindo-o pelo número de comparações estatísticas que se pretendia realizar (correcção de Bonferroni), com o objectivo de não inflacionar o erro tipo I, ou seja, o de incorrectamente detectar uma diferença estatisticamente significativa quando ela na realidade não existe. Assim, o valor de *alpha* foi fixado em 0,01.[9]

Quanto às diferenças de género, as mulheres revelaram níveis mais elevados de indecisão generalizada, $F(1, 1245) = 18,918$, $p = 0,0001$, de ansiedade, $F(1, 1158) = 36,824$, $p = 0,0001$, de externalidade, $F(1, 1236) = 35,159$, $p = 0,0001$, e mais baixos de auto-estima, $F(1, 1237) = 24,490$, $p = 0,0001$. Não se constataram diferenças estatisticamente significativas ao nível da identidade vocacional, $F(1, 1232) = 6,294$, $p = 0,012$, e da certeza vocacional, $F(1, 727) = 2,021$, $p = 0,156$. Esta última variável foi avaliada unicamente na subamostra dos alunos que frequentavam o ensino secundário.

Com o objectivo de avaliar a magnitude do efeito das diferenças estatisticamente significativas, recorremos ao cálculo do *d* de Cohen.[10] Os

---

[9] Este valor resulta da divisão do *alpha* normalmente utilizado (0,05) pelo número de comparações das variáveis em análise. No caso específico da nossa investigação analisámos eventuais diferenças ao nível dos resultados dos instrumentos comuns às duas subamostras constituídas pelos alunos dos ensinos secundário e superior, num total de cinco (indecisão generalizada, *locus* de controlo, ansiedade, auto-estima e identidade vocacional).

[10] É hoje crescentemente admitido que a significância estatística deve ser complementada por índices que possibilitem avaliar a magnitude do efeito das diferenças (Aiken, 1994; Cohen, 1990; Kirk, 1996; Pederson, 2003; Thompson, 2002; Trusty, Thompson & Petrocelli, 2004; Vacha-Haase, 2001; Vacha-Haase & Nilsson, 1998; Vacha-Haase & Thompson, 1998; Wilkinson & the Task Force on Statistical Inference, 1999). O *d* de Cohen constitui um dos índices mais conhecidos e utilizados para avaliar as diferenças entre médias. De acordo com Cohen (1988), os valores de *d* de 0,20, 0,50 e 0,80 podem ser considerados como indicadores de baixa, média e elevada magnitude, respectivamente.

valores apurados foram de 0,26 para a ansiedade generalizada, 0,37 para a ansiedade, 0,29 para a auto-estima e 0,35 para a externalidade.

QUADRO 3
Médias e desvios-padrões das variáveis da investigação

Variável	Média	Desvio-padrão
Indecisão generalizada (IS)	41,08	8,43
Ansiedade (STAI)	40,41	9,91
Auto-estima (RSES)	31,76	5,02
Locus de controlo (IE)	12,36	3,70
Identidade vocacional (VIS)	10,89	4,18
Certeza vocacional (ECV)	17,19	5,05

Variável	Homens	Mulheres	Homens	Mulheres
Indecisão generalizada (IS)	39,75	41,88	8,18	8,48
Ansiedade (STAI)	38,18	41,77	9,64	9,83
Auto-estima (RSES)	32,68	31,23	5,00	4,96
Locus de controlo (IE)	11,56	12,84	3,82	3,55
Identidade vocacional (VIS)	11,28	10,66	4,23	4,13
Certeza vocacional (ECV)	17,50	16,97	4,86	5,18

Variável	Ensino Secundário	Ensino Superior	Ensino Secundário	Ensino Superior
Indecisão generalizada (IS)	41,74	40,16	8,18	8,70
Ansiedade (STAI)	40,61	40,13	9,76	10,11
Auto-estima (RSES)	31,51	32,12	5,13	4,85
Locus de controlo (IE)	11,99	12,88	3,57	3,82
Identidade vocacional (VIS)	10,07	12,04	4,14	3,95

Nota. Os valores potenciais que os resultados podem apresentar são os seguintes: Indecisão generalizada (15-75); Ansiedade (20-80); *Locus* de controlo (0-23); Auto-estima (10-40); Identidade vocacional (0-18); Certeza vocacional (4-24).

Quanto às diferenças relativas ao nível de ensino (secundário *versus* superior), verificou-se que os alunos do ensino secundário apresentaram níveis de indecisão generalizada mais elevados do que os estudantes do ensino superior, F (1, 1245) = 10,707, p = 0,001, níveis mais baixos de externalidade, F (1, 1236) = 17,536, p = 0,0001, e de identidade vocacional, F (1, 1232) = 70,657, p = 0,0001. Não se verificaram diferenças estatisticamente significativas ao nível da ansiedade, F (1, 1158) = 0,661, p = 0,416, e da auto-estima, F (1, 1237) = 4,529, p = 0,034.

Recorremos novamente ao d de Cohen para avaliar os índices de magnitude do efeito das diferenças estatisticamente significativas. Os valores apurados foram de 0,19 para a ansiedade generalizada, 0,24 para a externalidade e de 0,49 para a identidade vocacional.

O Quadro 4 apresenta a matriz de correlações entre as variáveis da investigação. Todos os resultados correlacionaram-se na direcção esperada com a indecisão generalizada e a magnitude dos coeficientes de correlação pode ser considerada elevada, de acordo com os padrões propostos por Hemphill (2003). As correlações da indecisão generalizada com a ansiedade (0,68), com identidade vocacional (-0,50) e com a auto-estima (-0,58) devem salientar-se.

QUADRO 4
Matriz de correlações das variáveis

		1	2	3	4	5	6	7
1.	Indecisão generalizada (IS)		0,68	- 0,58	0,29	- 0,50	- 0,31	- 0,10
2.	Ansiedade (STAI)			- 0,79	0,31	- 0,45	- 0,24	- 0,01[a]
3.	Auto-estima (RSES)				- 0,26	0,42	0,21	0,05[a]
4.	*Locus* de controlo (IE)					- 0,23	- 0,15	0,08
5.	Identidade vocacional (VIS)						0,66	0,22
6.	Certeza vocacional (ECV)							0,02[a]
7.	Idade							

Nota. Todas as correlações são estatisticamente significativas (p < 0,01), excepto as assinaladas com a). As correlações referentes à certeza vocacional dizem respeito à subamostra de alunos do Ensino Secundário.

Com o objectivo de analisar a influência da idade, do género, da ansiedade, do *locus* de controlo, da auto-estima e da identidade vocacional na manifestação da indecisão generalizada, utilizámos uma regressão múltipla hierárquica. Este tipo de análise estatística multivariada é passível de ser utilizado quando é objectivo da investigação analisar de que forma blocos constituídos por determinadas variáveis independentes permitem explicar sucessivamente a variância da variável dependente. Na regressão múltipla hierárquica, ao contrário da regressão múltipla simultânea, torna-se necessário invocar algum critério que sustente a ordem de entrada das variáveis. Na maioria dos casos, o critério relaciona-se com modelos teóricos, nomeadamente os que implicam algum tipo de sequência causal entre as variáveis (Cohen, Cohen, West & Aiken, 2003). Como afirma Petrocelli (2003): "A ordem de entrada das variáveis preditoras pode ser ditada pela relevância hierárquica de cada preditor relativamente ao critério. A selecção da ordem de entrada dos preditores pode ainda reflectir a prioridade causal, um enquadramento teórico ou um enquadramento psicométrico" (p. 14).

No presente estudo, não estando em causa a avaliação de um modelo teórico específico *stricto senso*, entendemos, por razões metodológicas e psicométricas, recorrer à regressão hierárquica múltpla. Esta opção relaciona-se com o facto de pretendermos analisar especificamente o papel da ansiedade na predição da indecisão generalizada. A ansiedade tem sido frequentemente apontada como a variável mais relacionada com a indecisão crónica ao nível teórico (Fuqua & Hartman, 1983; Goodstein, 1972; Salomone, 1982) e empírico (Kelly & Pulver, 2003; Santos, 2001; Wanberg & Muchinsky, 1992). Como tal, quisemos analisar especificamente o papel da ansiedade na relação com a indecisão generalizada, para além das restantes variáveis psicológicas – *locus* de controlo, identidade vocacional e auto-estima – e das variáveis sociodemográficas – género e idade.

No primeiro passo da regressão introduzimos as variáveis idade e género, conforme é recomendado para a regressão hierárquica múltpla (cf. Petrocelli, 2003). No segundo passo introduzimos a variável ansiedade. No terceiro passo, inserimos as variáveis auto-estima, identidade vocacional e *locus* de controlo.

No que respeita à amostra total todos os modelos foram estatisticamente significativos. O primeiro passo da regressão explicou 2,6% da variância, o segundo 39,9% e o terceiro 7,1%. Os três blocos de variáveis explicaram 49,3% da variância da variável-critério (ver Quadro 5).

Com o objectivo de analisar a relação das variáveis preditoras com a variável independente e o respectivo poder explicativo, analisámos os coeficientes beta, coeficientes estandardizados de regressão susceptíveis de serem comparados entre si, uma vez que recorrem a uma métrica comum. Verificámos que as variáveis género e idade deixaram de apresentar valores estatisticamente significativos do primeiro passo da regressão para o último. De qualquer das formas, a análise dos coeficientes beta vai no sentido das nossas hipóteses que postularam uma relação linear negativa entre a idade e a indecisão generalizada. O género feminino também se associou à indecisão generalizada. Quando consideradas simultaneamente, as quatro variáveis psicológicas corroboraram as hipóteses que avançámos anteriormente. Assim, a ansiedade e o *locus* de controlo (externalidade) evidenciaram uma relação linear positiva com a indecisão generalizada, enquanto que a auto-estima e a identidade vocacional evidenciaram uma relação linear negativa. A ansiedade constitui a variável mais importante no quadro da presente análise, apresentando quase o dobro do poder explicativo relativamente à identidade vocacional. Segue-se a auto-estima e o *locus* de controlo, sendo esta última variável a menos relevante no âmbito da predição da indecisão generalizada.[11]

No que respeita à subamostra de alunos do ensino secundário, todos os modelos foram estatisticamente significativos. O primeiro passo da regressão explicou 3% da variância, o segundo 38,2% e o terceiro 6,4%. Os três blocos de variáveis explicaram 47,6% da variância da variável--critério (ver Quadro 6).

---

[11] Tendo em conta que se registaram algumas correlações moderadamente elevadas entre as variáveis independentes, importava analisar o eventual impacto da multicolinearidade nos resultados da regressão. Tendo em conta os valores dos índices de tolerância, da proporção da variância e do *condition index* (ver Hair *et al.*, 1995; Pestana & Gageiro, 2003), podemos afirmar que a multicolinearidade não afectou substancialmente os resultados da equação de regressão.

QUADRO 5
Sumário da análise da regressão hierárquica múltipla das variáveis preditoras da indecisão generalizada
(amostra total)

Modelo	Variáveis independentes	R^2	R^2 ajustado	ΔR^2	β	F	Mudança de F
1		0,026	0,024	0,026		16,514****	16,514****
	Género				0,129****		
	Idade				- 0,104****		
2		0,424	0,423	0,399		306,237****	862,856****
	Género				0,019		
	Idade				- 0,089****		
	Ansiedade				0,641****		
3		0,496	0,493	0,071		203,655****	58,601****
	Género				0,005		
	Idade				- 0,040		
	Ansiedade				0,404****		
	Auto-estima				- 0,155****		
	Locus de controlo				0,081****		
	Identidade vocacional				- 0,235****		

Nota. A variável género foi codificada da seguinte maneira: 1 = género masculino, 2 = género feminino. **** $p < 0,0001$.

QUADRO 6
Sumário da análise da regressão hierárquica múltipla das variáveis preditoras da indecisão generalizada
(subamostra dos alunos do ensino secundário)

Modelo	Variáveis independentes	R^2	R^2 ajustado	ΔR^2	β	F	Mudança de F
1		0,030	0,028	0,030		11,420****	11,420****
	Género				0,173****		
	Idade				0,029		
2		0,412	0,410	0,382		169,572****	471,089****
	Género				0,051		
	Idade				0,004		
	Ansiedade				0,630****		
3		0,476	0,472	0,064		109,400****	29,342****
	Género				0,038		
	Idade				0,004		
	Ansiedade				0,420****		
	Auto-estima				- 0,131**		
	Locus de controlo				0,085**		
	Identidade vocacional				- 0,219****		

Nota. A variável género foi codificada da seguinte maneira: 1 = género masculino, 2 = género feminino. * $p < 0,05$; ** $p < 0,01$; *** $p < 0,001$; **** $p < 0,0001$.

Analisando novamente os coeficientes beta constatámos, desta vez, que somente a variável género era estatisticamente significativa no primeiro passo da regressão, na mesma direcção verificada na regressão hierárquica anterior, ou seja, o género feminino associou-se à indecisão generalizada. Todavia, a significância estatística desta variável desaparece no passo seguinte. As variáveis psicológicas corroboraram as hipóteses que avançámos inicialmente. Assim, a ansiedade e o locus de controlo (externalidade) evidenciaram uma relação linear positiva com a indecisão generalizada, enquanto que a auto-estima e a identidade vocacional evidenciaram uma relação linear negativa. A ansiedade constitui, mais uma vez, a variável mais importante no quadro da presente análise, apresentando quase o dobro do poder explicativo relativamente à identidade vocacional, a segunda mais importante, seguindo-se a auto-estima e o *locus* de controlo. A magnitude dos coeficientes beta obtidos na regressão realizada com a subamostra de estudantes do ensino secundário é muito próxima da obtida com a amostra total e a ordem desses coeficientes é idêntica.

No que respeita à subamostra de alunos do ensino superior, apenas os dois últimos modelos foram estatisticamente significativos. O primeiro passo da regressão explicou 1% da variância, o segundo 42,2% e o terceiro 8,6%. Os três blocos de variáveis explicaram 51,8% da variância da variável-critério (ver Quadro 7). Mais uma vez, verificou-se que a magnitude dos coeficientes beta relativos às variáveis preditoras de natureza psicológica é muito próxima das anteriormente calculadas e que a ordem dos referidos coeficientes não sofre alterações.

Com o objectivo de analisar possíveis diferenças entre indivíduos que evidenciaram resultados elevados ao nível da indecisão generalizada e indivíduos com baixos resultados na mesma variável ao nível das variáveis preditoras usadas nesta investigação, criámos dois grupos contrastantes (elevada indecisão generalizada *versus* baixa indecisão generalizada) usando, para o efeito, a média dos resultados obtidos na *Indecisiveness Scale*. As médias e os desvios-padrões das diversas variáveis dos dois grupos, criados com base na totalidade da amostra, encontram-se no Quadro 8. Recorremos a uma análise de variância (*one-way anova*), tendo verificado a existência de diferenças estatisticamente significativas em todas as variáveis. Assim, os indivíduos com elevada indecisão generalizada são mais ansiosos, $F(1, 1155) = 495,326$, $p = 0,0001$, têm uma menor auto-estima, $F(1, 1234) = 327,724$, $p = 0,0001$, são mais externos, $F(1, 1233) = 84,614$, $p = 0,0001$, e têm uma menor identidade vocacional, $F(1, 1229) = 316,628$, $p = 0,0001$, quando comparados com os indivíduos com baixa indecisão generalizada.[12]

---

[12] No que respeita a duas variáveis – ansiedade e auto-estima – o pressuposto da homogeneidade das variâncias não se verificou. Assim, recorremos ao teste de Brown-Forsythe, considerado uma alternativa robusta quando os grupos a comparar evidenciam variâncias não homogéneas (Mendes & Pala, 2004). O resultado confirmou as conclusões da análise de variância (*one-way anova*).

QUADRO 7
Sumário da análise da regressão hierárquica múltipla das variáveis preditoras da indecisão generalizada
(subamostra dos alunos do ensino superior)

Modelo	Variáveis independentes	R^2	R^2 ajustado	ΔR^2	β	F	Mudança de F
1		0,010	0,006	0,010		2,582	2,582
	Género				0,076		
	Idade				- 0,053		
2		0,432	0,429	0,422		131,138****	384,427****
	Género				- 0,025		
	Idade				- 0,075*		
	Ansiedade				0,657****		
3		0,518	0,512	0,086		91,961****	30,407****
	Género				- 0,048		
	Idade				- 0,059		
	Ansiedade				0,377****		
	Auto-estima				- 0,194****		
	Locus de controlo				0,078*		
	Identidade vocacional				- 0,245****		

Nota. A variável género foi codificada da seguinte maneira: 1 = género masculino, 2 = género feminino. * $p < 0,05$; ** $p < 0,01$; *** $p < 0,001$; **** $p < 0,0001$.

QUADRO 8
Médias e desvios-padrões dos grupos contrastantes no que respeita à indecisão generalizada

Variável	Média Grupo 1	Média Grupo 2	Desvio-padrão Grupo 1	Desvio-padrão Grupo 2
Ansiedade	35,23	46,09	7,22	9,32
Auto-estima	33,93	29,33	3,87	5,05
Locus de controlo	11,48	13,36	3,73	3,38
Identidade vocacional	12,67	8,88	3,64	3,83

Nota. Grupo 1 = baixa indecisão generalizada; Grupo 2 = elevada indecisão generalizada.

Avaliámos a magnitude do efeito das diferenças recorrendo, mais uma vez, ao *d* de Cohen. Os valores foram de 1,31 para a ansiedade, 1,03 para a auto-estima, 0,53 para o *locus* de controlo e de 1,02 para a identidade vocacional. Com a excepção da magnitude do efeito do *locus* de controlo, considerada média de acordo com os padrões de Cohen (1988), os restantes valores ultrapassam 0,80, o valor de referência para a elevada magnitude.

Para testar o modelo de Van Matre e Cooper (1984), analisámos somente os dados da subamostra de estudantes do ensino secundário. Com o objectivo de criar quatro grupos de participantes, dividimos a amostra em duas subamostras (resultados acima da média *versus* resultados abaixo da média), tendo em conta os resultados obtidos na *Indecisiveness Scale* (Frost & Shows, 1993) e na Escala de Certeza Vocacional. Desta forma, criámos quatro grupos: baixa indecisão generalizada/ /baixa certeza vocacional (n = 117), baixa ansiedade generalizada/elevada certeza vocacional (n = 232), elevada ansiedade generalizada/baixa certeza vocacional (n = 225) e elevada indecisão generalizada/elevada certeza vocacional (n = 153).

Tendo em conta que pretendíamos avaliar as diferenças entre os grupos ao nível das variáveis ansiedade, *locus* de controlo, auto-estima e identidade vocacional e, simultaneamente, testar um modelo taxinómico, recorremos à análise discriminante múltipla como principal tipo de análise estatística (cf. Betz, 1987; Brown & Wicker, 2000; Huberty & Hussein, 2001; Huberty & Lowman, 1998). A análise discriminante constitui uma técnica estatística multivariada que possibilita avaliar se conjuntos de variáveis conseguem diferenciar dois ou mais grupos. Desta forma, torna-se possível descrever e compreender as diferenças entre grupos, pelo que a análise discriminante é particularmente apropriada para testar taxinomias.

No Quadro 9 indicam-se as estatísticas descritivas das variáveis independentes para os quatro grupos. Uma análise de variância revelou que os quatro grupos se diferenciaram de forma estatisticamente significativa ao nível de todas as variáveis independentes.

QUADRO 9
Médias e desvios-padrões dos grupos utilizados na análise discriminante

		Média	D.P.
Grupo I Baixa indecisão generalizada Baixa decisão vocacional	Ansiedade	36,44	6,24
	Auto-estima	33,25	3,99
	Locus de controlo	11,48	3,26
	Identidade vocacional	9,09	3,55
Grupo II Baixa indecisão generalizada Elevada decisão vocacional	Ansiedade	34,27	6,88
	Auto-estima	33,98	3,90
	Locus de controlo	10,71	3,78
	Identidade vocacional	13,22	3,19
Grupo III Elevada indecisão generalizada Baixa decisão vocacional	Ansiedade	46,20	9,40
	Auto-estima	29,05	5,14
	Locus de controlo	13,11	3,18
	Identidade vocacional	6,58	2,72
Grupo IV Elevada indecisão generalizada Elevada decisão vocacional	Ansiedade	44,27	8,83
	Auto-estima	30,03	5,11
	Locus de controlo	12,91	3,35
	Identidade vocacional	11,15	3,34

Verificámos que duas das três funções discriminantes eram estatisticamente significativas (Wilk's $\Delta = 0,45$, $\chi^2 (12) = 515.889$, $p = 0,0001$ e Wilk's $\Delta = 0,85$, $\chi^2 (6) = 108,586$, $p = 0,0001$), explicando 83% e 17% da variância intergrupal, respectivamente. A combinação das quatro variáveis independentes permitiu classificar correctamente 57% dos casos, 30% melhor do que uma classificação efectuada ao acaso (ver Quadro 10 para os resultados da classificação).[13] Os grupos elevada certeza voca-

---

[13] Hair *et al.* (1995) sugerem que, como regra geral, a correcção da classificação global deve ser pelo menos um quarto maior do que a conseguida através do acaso. Tomando em conta o critério do acaso proporcional, que considera as percentagens de indivíduos em cada grupo relativamente ao número total de indivíduos da amostra, a percentagem de indivíduos correctamente escolhidos ao acaso é de 27%, pelo que, no caso da presente investigação, esse limite atinge-se aos 34%, o que atesta a capacidade preditiva do nosso modelo.

cional/baixa indecisão generalizada e baixa certeza vocacional/elevada indecisão generalizada apresentaram as percentagens mais elevadas de classificação correcta.

QUADRO 10
Resultados da classificação para os quatro grupos de participantes com ansiedade, *locus* de controlo, identidade vocacional e auto-estima como variáveis preditoras

Grupos	Resultados da classificação preditiva			
	Grupo 1	Grupo 2	Grupo 3	Grupo 4
1. Baixa indecisão generalizada/baixa certeza vocacional	**47,9 %**	23,1 %	17,9 %	11,1 %
2. Baixa indecisão generalizada/elevada certeza vocacional	18,1 %	**62,5 %**	3,9 %	15,5 %
3. Elevada indecisão generalizada/baixa certeza vocacional	22,7 %	2,2 %	**61,8 %**	13,3 %
4. Elevada indecisão generalizada/elevada certeza vocacional	14,4 %	20,3 %	17,6 %	**47,7 %**

Nota. A percentagem global dos casos correctamente classificados foi 57%. A classificação correcta encontra-se assinalada a negrito.

No Quadro 11 apresentam-se os coeficientes da função discriminante (*discriminant function coefficients*) e as saturações discriminantes (*discriminant loadings*) das primeiras duas funções. Estes dois tipos de indicadores estatísticos são importantes para a interpretação dos resultados. Os coeficientes da função discriminante permitem analisar informação relativa à contribuição única de cada variável para a função, enquanto que as saturações discriminantes são particularmente úteis para a interpretação e designação da dimensão que avaliam (Hair *et al.*, 1995).[14] A identidade vocacional e a ansiedade foram as variáveis que mais contribuíram para a primeira função discriminante. A análise das saturações discriminantes sugere que níveis elevados de identidade vocacional e auto-estima e baixos níveis de ansiedade caracterizam esta função. Designámo-la por *pro-*

---

[14] Na interpretação das saturações discriminantes seguimos os mesmos princípios de interpretação dos factores na análise factorial, dando especial relevância às correlações iguais ou superiores a 0,40.

QUADRO 11
Coeficientes das funções discriminantes e das saturações discriminantes

Variável preditora		Coeficientes da função discriminante	Saturações discriminantes
Função 1	Ansiedade	-0,50	-0,62
	Auto-estima	-0,13	0,45
	Locus de controlo	-0,08	-0,29
	Identidade vocacional	0,81	0,91
Função 2	Ansiedade	0,80	0,74
	Auto-estima	-0,07	-0,53
	Locus de controlo	0,30	0,34
	Identidade vocacional	0,67	0,40

cesso funcional de decisão. A ansiedade e a identidade vocacional foram igualmente as variáveis mais importantes para a segunda função. As saturações discriminantes indicam que níveis elevados de ansiedade e de identidade vocacional e baixos níveis de auto-estima caracterizam esta função. Designámo-la por *processo disfuncional de decisão*.

A função 1 diferencia principalmente os grupos de baixa indecisão generalizada/elevada certeza vocacional e elevada indecisão generalizada/baixa certeza vocacional, enquanto que a função 2 diferencia principalmente os grupos baixa indecisão generalizada/baixa certeza vocacional e elevada indecisão generalizada/elevada certeza vocacional.

5. Discussão dos resultados

A análise dos resultados da equação de regressão permitiu-nos avaliar a capacidade preditiva das variáveis independentes relativamente à indecisão generalizada. Assim, no que respeita à amostra total, foi possível constatar que os três blocos de variáveis no seu conjunto predisseram quase metade da variância da variável critério. Recordemos que, no âmbito da regressão múltipla, Cohen (1992a) considerou que um índice de magnitude do efeito f^2 igual a 0,35 pode ser considerado grande.[15] No nosso caso, o valor de f^2 é de 0,97, ou seja, quase o triplo. Trata-se, portanto, de um resultado estatística e substantivamente relevante.

Cada um dos blocos explicou uma percentagem de variância estatisticamente significativa. Todas as variáveis psicológicas relacionaram-se com a indecisão generalizada de acordo com as hipóteses inicialmente avançadas. Quanto às variáveis sociodemográficas verificou-se que a idade e o género explicaram uma percentagem muito pequena de variância, embora se relacionassem com a variável dependente de acordo com as hipóteses que inicialmente avançamos. Tendo em conta a ausência de significância estatística dos coeficientes beta no último passo da regressão, assim como a baixa magnitude do primeiro bloco ($f^2 = 0,02$), é possível afirmar que estas dimensões parecem ser pouco relevantes no âmbito da predição da indecisão generalizada e que, de acordo com o que inicialmente previamos, as variáveis psicológicas são muito mais importantes no âmbito da predição da indecisão generalizada por comparação com variáveis sociodemográficas.[16]

De uma forma muito clara, a ansiedade foi a variável mais importante no quadro da predição da indecisão generalizada. Não somente explicou a maior parte da variância da variável-critério, como demonstrou ser a variável mais importante em termos de poder explicativo, por comparação com as restantes variáveis independentes. Simultaneamente, evidenciou a correlação mais elevada com a indecisão generalizada. Como já tivemos a oportunidade de realçar, a relação estreita entre a ansiedade e a indecisão generalizada tem vindo a ser enfatizada por vários autores (Fuqua & Hartman, 1983; Hartman, 1990; Hartman & Fuqua, 1983; Heppner & Hendricks, 1995). Esta relação fez com que, no início da década de 80,

---

[15] No artigo de Cohen (1992a) o índice de magnitude do efeito f^2 é calculado através da fórmula $R^2/1-R^2$. f^2 de 0,02 é considerado uma magnitude de efeito pequena, f^2 de 0,15 uma magnitude de efeito média e f^2 de 0,35 uma magnitude de efeito grande.

[16] O facto de o género e a idade não terem evidenciado uma capacidade preditiva substantiva ao nível da indecisão generalizada não nos pode fazer concluir pela irrelevância destas variáveis no quadro mais vasto da indecisão crónica. As diferenças de género ao nível da indecisão generalizada, com as mulheres a evidenciarem uma dificuldade mais pronunciada em tomar decisões, e entre alunos do ensino secundário e superior, que traduz, pelo menos parcialmente, a influência da variável idade, com os alunos mais velhos a demonstrarem uma maior capacidade de decisão, merecem continuar a ser estudadas.

Fuqua e Hartman (1983) afirmassem, numa altura em que a avaliação da indecisão crónica ainda se encontrava num grau incipiente de desenvolvimento, que "(...) a presença de elevados níveis de ansiedade pode ser a melhor pista (...) para identificar um estudante como cronicamente indeciso" (p. 29). Esta intuição, baseada em dados de natureza clínica, recebe, com a presente investigação, um forte apoio empírico.

A importância da ansiedade no quadro da predição da indecisão generalizada permite, igualmente, apoiar a interpretação de Goodstein (1972) que sustentou que os indecisos crónicos apresentam dificuldades pronunciadas ao nível do processo de decisão, uma vez que efectuar escolhas constitui, para eles, uma tarefa ameaçadora e ansiogénica.

Analisando as regressões realizadas com as subamostras de estudantes dos ensinos secundário e superior, o que de forma mais imediata emerge é a similitude dos resultados das regressões. Em ambos os casos a percentagem de variância explicada é muito semelhante, embora um pouco mais alta para a subamostra de alunos do ensino superior (51,8% versus 47,6%). Todavia, e no que respeita às variáveis psicológicas, as mais relevantes, tal como sucedeu com a amostra total, a ansiedade emergiu como o preditor mais importante, destacando-se das outras variáveis. Nas três regressões a ordem de grandeza das variáveis e a sua magnitude, avaliada com o recurso aos coeficientes beta, revelou uma notável constância.

De realçar, igualmente, as diferenças ao nível das variáveis preditoras de natureza psicológica entre indivíduos com baixa indecisão generalizada e indivíduos com elevada indecisão generalizada. Estes últimos evidenciaram níveis mais elevados de ansiedade e externalidade e níveis mais baixos de auto-estima e identidade vocacional. Com a excepção do *locus* de controlo, que evidenciou uma magnitude do efeito média, as restantes diferenças foram de grande magnitude.[17] Isto indicia o facto de as diferenças encontradas não reflectirem fenómenos de natureza estatística, eventualmente relacionados com o tamanho da amostra, mas radicarem em diferenças reais e substantivas. Efectivamente, os dois grupos diferenciam-se ao nível das variáveis psicológicas analisadas e estas diferenças

---

[17] Tinsley e Brown (2000) sugerem que a proposta de categorização de Cohen (1988) relativa ao índice d, de magnitude do efeito de diferenças de médias, deverá ser complementada com uma nova categoria que reflicta magnitudes muito grandes ($d > 0,80$). A nossa investigação evidencia esta necessidade, uma vez que três dos índices ultrapassam o valor 1.

vão ao encontro das descrições que têm sido feitas sobre os indivíduos cronicamente indecisos que os associam a uma constelação negativa de variáveis psicológicas (Chartrand *et al.*, 1990; Crites, 1981; Fuqua & Hartman, 1983; Germeijs & De Boeck, 2002; Hartman, 1990; Hartman & Fuqua, 1983, Heppner & Hendriks, 1995; Johnson, 1990; Jones, 1989; Lancaster *et al.*, 1999; Lucas & Wanberg, 1995; Salomone, 1982; Santos, 2001; Wanberg & Muchinsky, 1992).

Em suma, é possível afirmar que as hipóteses do primeiro estudo da nossa investigação foram corroboradas e que os resultados se enquadram na linha de conclusões de estudos anteriormente realizados, que foram, como já anteriormente enfatizámos, de natureza predominantemente clínica. O facto de os resultados da regressão realizada com a amostra total serem muito próximos dos obtidos nas duas regressões das subamostras de estudantes dos ensinos secundário e superior, aumenta a solidez das conclusões e, de alguma forma, possibilita a generalização dos resultados nos dois tipos de indivíduos.

No que respeita ao segundo estudo, que testou o modelo de Van Matre e Cooper (1984), foi possível verificar que o mesmo permitiu discriminar significativamente os quatro grupos usando as variáveis psicológicas preditoras utilizadas na regressão múltipla hierárquica. A caracterização das funções discriminantes, assim como a percentagem global de casos correctamente classificados e as percentagens referentes aos diferentes grupos, permite-nos concluir que este esquema de diagnóstico pode ser potencialmente útil no quadro da sua aplicação a contextos de intervenção. Recordemos as palavras de Van Matre e Cooper relativamente à sua proposta: "Dada a utilidade potencial deste esquema bi-dimensional, é importante desenvolver posteriormente instrumentos práticos de avaliação de forma a ultrapassar o julgamento clínico destes factores [indecisão vocacional e indecisão generalizada]" (p. 639). O nosso estudo permitiu verificar o carácter fundado deste objectivo traçado há mais de duas décadas. Não só foi possível alicerçar a avaliação da indecisão vocacional e, essencialmente, a avaliação da indecisão generalizada em instrumentos baseados em metodologias objectivas, como o esquema proposto parece possuir um potencial de aplicação ao nível da consulta vocacional particularmente promissor.

A necessidade de estabelecer uma avaliação prévia à intervenção vocacional, nomeadamente baseada em taxinomias de diagnóstico vocacional, tem sido um tema que, de forma recorrente, alguns autores abordaram ao longo das últimas décadas (Campbell & Cellini, 1981; Crites, 1969, 1981; Miller, 1993; Rounds & Tinsley, 1984). Acontece, porém, que estas taxinomias têm sido muito pouco utilizadas, apesar da alegada importância de que se revestem, nomeadamente para a intervenção vocacional. São diversas as razões que poderão explicar esta situação, desde a complexidade de alguns esquemas propostos (e.g., Campbell & Cellini, 1981), até à dificuldade em operacionalizar a sua avaliação. Como consequência, torna-se difícil avaliar as necessidades específicas dos clientes e possibilitar-lhes uma intervenção adequada e empiricamente validada (Phillips, 1992).

Os nossos resultados vão no sentido de providenciar apoio empírico para o esquema de Van Matre e Cooper (1984) e, embora estejamos certos de que tal esquema não esgota a diversidade de situações que se encontram ao nível da consulta vocacional, pensamos estar perante uma proposta que, combinando simplicidade conceptual e facilidade de utilização, é susceptível de ser aplicada a contextos de intervenção. A utilização de duas escalas de reduzida dimensão de avaliação da indecisão vocacional e da indecisão generalizada permite que, de uma forma relativamente rápida, seja possível concretizar uma primeira avaliação das características dos clientes. Julgamos ser crucial prosseguir com estudos suplementares de validação empírica e, essencialmente, com um projecto que, de forma sistemática, vise analisar a eficácia das intervenções vocacionais em função do tipo de intervenção e do tipo específico de cliente. Como vimos, esta constitui uma matéria sobre a qual praticamente não existe investigação e que exige um investimento consistente e prolongado (Heppner & Heppner, 2003; Whiston et al., 1998).

Quanto às características dos grupos que o modelo de Van Matre e Cooper (1984) evidenciou no nosso estudo, procederemos, de seguida, a uma pequena descrição de cada um deles, fazendo, igualmente, algumas referências às implicações para a consulta vocacional. O grupo I, constituído por indivíduos com baixa decisão vocacional e baixa indecisão generalizada, evidencia um nível de ansiedade inferior à média e uma auto-estima elevada. Como seria de esperar, a identidade vocacional é baixa. Este grupo de indivíduos exibe uma indecisão vocacional que parece ser apropriada no plano do desenvolvimento psicológico. A consulta com estes clientes poderá passar por uma intervenção clássica ao nível da orientação escolar e profissional, com uma ênfase particular na exploração vocacional. Em termos genéricos, estes clientes constituem o caso típico que surge no contexto da consulta vocacional.

O grupo II inclui os indivíduos que não têm dificuldades em tomar decisões e que evidenciam uma elevada certeza quanto à sua escolha vocacional. Apresentam o conjunto de características psicológicas mais favorável. Assim, o seu nível de ansiedade e de externalidade é o mais baixo e o de auto-estima e de identidade vocacional o mais elevado. É pouco provável que estes estudantes procurem ajuda ao nível da consulta vocacional de forma espontânea uma vez que, aparentemente, possuem um forte sentido de identidade.

O grupo III corresponde aos clientes que têm fortes dificuldades em tomar decisões e, simultaneamente, baixa certeza vocacional. Estes indivíduos aproximam-se das descrições clássicas da indecisão generalizada, apresentando o valor mais elevado de ansiedade e de externalidade e o mais baixo valor de auto-estima e de identidade vocacional. A dificuldade em tomar decisões de natureza vocacional evidenciada pelos indivíduos deste último grupo, filia-se em problemas de natureza estrutural, presumivelmente mais difíceis de ultrapassar, e que, em princípio, implicam uma intervenção mais prolongada. Como afirmou Gordon (1998), "(...) até que o processo de consulta atenda aos problemas centrais de personalidade dos indivíduos cronicamente indecisos, as decisões vocacionais não serão provavelmente tomadas e a consulta tradicional vocacional tradicional não será eficaz" (p. 399).

Finalmente, o grupo IV apresenta um conjunto interessante de características, na medida em que inclui indivíduos com dificuldades em tomar decisões mas que, ao mesmo tempo, expressam uma elevada certeza vocacional. Os resultados ao nível da ansiedade, do *locus* de controlo e da auto-estima são próximos dos do grupo III. As razões para esta aparente contradição podem ser variadas e, presentemente, só podemos avançar explicações algo especulativas. É possível que as escolhas vocacionais destes estudantes tenham sido condicionadas pelos seus pais ou por outras figuras de tipo parental e que aquelas possam ser, desta forma, consideradas pseudocristalizadas ou outorgadas (Marcia, 1980; Super, 1982). Podemos ainda admitir que a estabilidade destas decisões seja menor e que os indivíduos mudem de projectos vocacionais mais facilmente (ver Salomone & Mangicaro, 1991). De salientar, também, que o grupo IV evidencia o valor mais elevado na função 2, que designámos por processo disfuncional de decisão, que se caracteriza por níveis elevados de ansiedade e de identidade vocacional e baixos níveis de auto-estima. Parece, assim, que estes estudantes, apesar do seu nível de certeza vocacional, partilham com os seus colegas cronicamente indecisos um conjunto de características psicológicas negativas. Esta constatação parece evidenciar, como alguns autores fizeram questão de enfatizar, que, contrariamente a uma percepção outrora comum, ainda hoje muito disseminada, nem sempre o nível de certeza dos planos vocacionais corresponde a uma ausência de necessidade de intervenção (Gordon, 1981; Krieshok, 2003). Um objectivo que urge ser concretizado consiste na realização de investigações de natureza qualitativa (e.g., entrevistas) com o objectivo de compreender mais aprofundadamente os processos que se encontram na base da construção de projectos vocacionais pelos indivíduos que integram este grupo.

Relativamente ao modelo de Van Matre & Cooper (1984), é necessário prosseguir com mais investigações. Em primeiro lugar, seria interessante verificar se outras variáveis psicológicas conseguiriam igualmente discriminar os grupos em questão e, eventualmente, contribuir para o aumento da capacidade preditiva da classificação. Por exemplo, as expectativas de auto-eficácia relativamente às tarefas de decisão vocacional (Betz, 2000) poderiam constituir uma variável susceptível de ser analisada neste contexto. Em segundo lugar, parece-nos particularmente importante estudar a progressão desenvolvimental dos indivíduos classificados nos diferentes grupos e a sua maior ou menor estabilidade. Poderemos antecipar que alguns grupos possam incluir indivíduos com maior estabilidade do que outros. Por exemplo, os indivíduos dos grupos II e III poderão apresentar um maior grau de estabilidade do que os dos grupos I e IV. Analisar a trajectória destes estudantes ao longo do ensino secundário e da transição para o ensino superior ou para a vida activa dar-nos-ia, de igual forma, informações particularmente preciosas sobre o seu funcionamento psicológico, nomeadamente ao nível do desenvolvimento vocacional.

Apesar dos resultados positivos que ambos os estudos evidenciaram, é necessário ter presente as suas limitações. Em primeiro lugar, as variáveis incluídas na investigação foram avaliadas através de instrumentos de auto-relato, susceptíveis, portanto, de serem influenciados por mecanismos de desejabilidade social. Em segundo lugar, não é possível retirar quaisquer ilações de natureza causal entre as variáveis em questão. Por fim, deve salientar-se que o facto de a amostra utilizada ter sido de conveniência e de não ter incluído determinados estudantes do ensino secundário e superior (alunos de cursos secundários profissionalizantes e alunos de cursos do ensino superior politécnico).

Mesmo tendo em conta estas limitações, pensamos que ambos os estudos permitem sustentar a multidimensionalidade do constructo da indecisão vocacional e a necessidade de equacionar, no âmbito da consulta vocacional, diferentes abordagens ao nível da intervenção. Em particular, os estudos que realizámos demonstram que a indecisão generalizada ou crónica constitui um subtipo de indecisão vocacional que não deve ser confundido com um momento normativamente adequado no plano do desenvolvimento vocacional e que, presumivelmente, exigirá uma intervenção mais prolongada.

Por outro lado, e não menos importante, foi confirmar que o modelo de Van Matre e Cooper (1984) emergiu como um esquema de diagnóstico vocacional susceptível de ser utilizado ao nível da consulta vocacional, independentemente de serem necessárias investigações posteriores que procedam a novos esforços de validação.

CONCLUSÃO

A indecisão vocacional constitui, como vimos no decurso do presente trabalho, um tema clássico da psicologia vocacional. Se é certo que uma parte substancial da investigação que se realizou sobre este constructo, em particular a que se organizou em torno da abordagem diferencial, não permitiu a obtenção de resultados conclusivos, é necessário reconhecer que se registaram, nos últimos anos, passos relevantes que importa realçar. Em primeiro lugar, é hoje assumido pela generalidade dos autores que a indecisão vocacional constitui um constructo multidimensional. Os indivíduos podem encontrar-se vocacionalmente indecisos por várias razões. Se ignorarmos as diferentes causas susceptíveis de explicar a dificuldade em tomar decisões vocacionais, dificilmente poderemos conceber estratégias adequadas de intervenção. Embora não se tenha chegado a um consenso sobre as dimensões subjacentes à indecisão vocacional, como constatámos no Capítulo 4, julgamos ser possível afirmar que a existência da indecisão simples, adequada no plano do desenvolvimento vocacional, e da indecisão generalizada ou crónica, de natureza mais estrutural, constitui o mínimo denominador comum de múltiplas abordagens de natureza teórica e empírica. Na ausência de uma distinção clara entre estes dois tipos de indecisão, dificilmente a psicologia vocacional poderá experimentar avanços significativos ao nível da investigação e da intervenção no campo da indecisão vocacional. A utilização de instrumentos de avaliação unidimensionais, como a CDS (Osipow *et al.*, 1976), conduz a uma perda significativa de informação, porquanto sintetiza num único índice os resultados de vários processos relativamente destrinçáveis. Torna-se necessário investir em estudos que privilegiem tipos específicos de indecisão vocacional como objectos de investigação (Kelly & Lee, 2002), ao invés de, como continua presentemente a suceder, insistir numa concepção unidimensional da indecisão vocacional, mesmo se integrada em investigações sofisticadas no plano metodológico (e.g., Guay *et al.*, 2003). Foi essa uma das nossas apostas no âmbito do presente trabalho.

Relativamente à intervenção, já tivemos a oportunidade de referir a necessidade de testar programas que analisem o impacto de diferentes modalidades e estratégias de consulta vocacional com diversos tipos de indivíduos vocacionalmente indecisos. Infelizmente, continuamos ainda a constatar a existência de estudos que avaliam a eficácia de intervenções perspectivando a indecisão vocacional como um constructo unitário (e.g., Jurgens, 2000; Kern, 1995).

Na indecisão generalizada, em particular, a maioria dos autores aponta para uma duração mais prolongada da intervenção, que aborde as dimensões psicológicas que condicionam negativamente a capacidade de tomar decisões e, consequentemente, o processo de decisão vocacional. Todavia, sabemos muito pouco sobre as características que a consulta vocacional deve assumir com indivíduos cronicamente indecisos. No estudo de Heppner e Hendricks (1995), que analisou os processos de mudança que ocorreram em dois clientes vocacionalmente indecisos, um dos quais indeciso crónico, verificou-se que este último "(…) parecia desejar uma abordagem mais directiva e estruturada" (p. 435) ao nível da consulta vocacional do que aquela que experimentou. A necessidade de realizar investigações que nos possibilitem compreender de forma mais aprofundada os processos psicoterapêuticos que se encontram associados a uma mudança positiva nos casos de indecisão generalizada é premente e deverá constituir um objectivo prioritário para os investigadores no campo da consulta vocacional.

Parece-nos igualmente importante tentar alicerçar a investigação sobre a indecisão generalizada em quadros teóricos sólidos e abrangentes o que, como vimos, praticamente não sucedeu, com a excepção do estudo de Cohen *et al.* (1994). Pensamos que as abordagens a privilegiar beneficiariam se tivessem um cunho marcadamente desenvolvimentista, porquanto parece ser razoavelmente claro que o percurso de desenvolvimento psicológico que se pode inferir a partir da descrição de casos de indivíduos cronicamente indecisos (Heppner & Hendricks, 1995; Johnson, 1990; Salomone, 1982) desempenha um papel importante na manifestação da indecisão crónica.

Julgamos ainda que a adopção de um enquadramento desenvolvimentista poderia assumir uma óbvia mais-valia na prossecução de um segundo objectivo que consideramos igualmente relevante. Referimo-nos à investigação sobre a relação entre a indecisão crónica e a psicopatologia que alguns estudos evidenciaram. Como afirmou Joyce-Moniz (1993), "(…) toda a psicopatologia é *desenvolvimentista*, na medida em que a patologia se constitui num processo desviante que ocorre durante o tempo, tornando possível a comparação com um processo de desenvolvimento normal" (p. 4). O percurso de desenvolvimento psicológico que alguns indivíduos trilharam estará seguramente relacionado com as dificuldades de decisão pronunciadas que manifestam, o que, por sua vez, parecem associar-se a determinadas manifestações psicopatológicas. Numa observação particularmente perspicaz sobre esta questão, Deffenbacher (1992) escreveu:

"Os psicólogos [*counseling psychologists*] deparam-se frequentemente com indivíduos que sofrem de ansiedade crónica e de indecisão relativamente às suas opções de carreira, são ansiosos relativamente ao facto de se separarem da sua família de origem ou são cronicamente ansiosos resultantes do falhanço em encontrar significado nas suas vidas. Estes são indivíduos para os quais não existe frequentemente um diagnóstico (…) claro. Será que se poderia considerar que sofrem de perturbação pós-stress traumático, sendo esta mais moderada em intensidade e na qual o acontecimento traumático é uma ou mais tarefas desenvolvimentais falhadas? As experiências parecem ser paralelas. (p. 723)

Embora Deffenbacher (1992) reconheça o carácter especulativo destas apreciações, elas constituem, sem dúvida, um caminho que merece ser explorado, tendo em conta as potencialidades que se podem abrir para uma compreensão mais aprofundada da indecisão crónica, nomeadamente ao nível da intervenção psicológica.

É necessário ter presente, porém, que se a distinção entre vários tipos de indecisão vocacional constitui uma condição sem a qual dificilmente poderemos compreender e intervir de forma a ajudar os clientes que se defrontam com dificuldades no processo de escolha vocacional, torna-se necessário considerar diferenciações análogas entre os indivíduos vocacionalmente decididos. Com efeito, durante muito tempo, partiu-se do pressuposto de que os indivíduos com níveis elevados de certeza vocacional constituiriam um conjunto de pessoas vocacionalmente maduras sem que se questionasse a qualidade dos processos psicológicos subjacentes aos projectos e às decisões vocacionais expressas. Ora, sabemos hoje que exprimir um objectivo de natureza vocacional não constitui necessariamente o resultado de uma escolha autónoma, sendo necessário considerar outras variáveis, como, por exemplo, a influência dos pais ou de outras figuras de natureza parental (Brisbin & Savickas, 1994; Raskin, 1985; Super, 1982). Nem sempre os investigadores da área da psicologia vocacional foram sensíveis ao reconhecimento deste facto, apesar de, nos últimos anos, ter crescido a percepção de que importa considerar a qualidade da exploração vocacional como indicador do grau de maturidade das escolhas e investimentos vocacionais (Dellas & Jernigan, 1981; Melgosa, 1987; Raskin, 1989; Taveira & Campos, 1987).

É plausível que a temática do processo de decisão, seja relacionada com o desenvolvimento vocacional ou com outras áreas do funcionamento psicológico dos indivíduos, venha a conhecer um interesse crescente por parte da investigação psicológica. Como recentemente assinalou Barry Schwartz (2000, 2004), as sociedades contemporâneas proporcionam aos indivíduos um número crescente de opções em todos os domínios da existência. Esta tendência é particularmente visível nas oportunidades de consumo de que dispõem os cidadãos das sociedades economicamente mais desenvolvidas, verificando-se, igualmente, em muitas outras áreas, como sejam os estilos de vida e de identidade, em que cada vez mais diferentes possibilidades se abrem às escolhas individuais. Escolher, na vida contemporânea, afirma Schwartz, é uma necessidade de tal modo generalizada que os indivíduos enfrentam "(…) uma exigência para realizar escolhas que não tem paralelo na história humana" (Schwartz, 2004, p. 43). O resultado é que a generalidade das pessoas se encontra cada vez mais sobrecarregada pela necessidade de tomar decisões que, no passado, simplesmente não existiam ou que implicavam um muito menor número de alternativas. Desde o fornecedor de acesso à Internet ou o banco que assegura o empréstimo bancário para a aquisição de um qualquer bem nas condições mais vantajosas, até ao seguro automóvel com melhor relação qualidade--preço, sem esquecer, naturalmente, as alternativas de natureza educacional e profissional, que conheceram, nos últimos anos, um crescimento verdadeiramente exponencial, as possibilidades de escolha – e as concomitantes decisões – configuram um cenário ao qual não se pode escapar. Decidir transformou-se, em certa medida, no destino do homem contemporâneo.

Ao mesmo tempo, muitas destas escolhas são realizadas cada vez mais precocemente. Como afirmou Tedesco (1999):

"A escolha, enquanto capacidade a exercer, a nível individual, é uma conduta que surge cada vez mais cedo no processo de formação da personalidade. É verdade que as decisões políticas e, nalguns casos, as decisões acerca da entrada no mercado de trabalho, são tomadas relativamente tarde. Porém, antecipou-se bastante o momento de optar em aspectos pertencentes ao âmbito da vida privada: sexualidade, modo de vestir, prática de actividades (desporto, tempo livre, etc.). Os jovens de hoje são chamados a optar, a tomar decisões que, até há pouco tempo eram definidas por autoridades exteriores ao indivíduo: Estado, família, Igreja e até a empresa." (p. 102)

Aparentemente, o crescimento destas escolhas, em número e em complexidade, constitui um triunfo da liberdade humana. Todavia, Schwartz (2004) argumenta convincentemente que as consequências de tal liberdade podem ser negativas para a generalidade dos indivíduos, embora esse impacto possa variar de acordo com as suas características pessoais. De facto, nem todas as pessoas lidam com as tarefas de decisão da mesma forma, incluindo as que antecedem a decisão e as que lhe sucedem. Todavia, parece-nos claro que quanto mais crescem as possibilidades de escolha nas nossas sociedades, mais provável se torna que os indecisos crónicos se sintam particularmente pressionados no que diz respeito ao seu papel de decisores, que eles assumem com tanta relutância e dificuldade. Assim, é provável que a temática da indecisão generalizada se venha a revelar um tópico capaz de congregar cada vez mais atenções, quer no âmbito de investigações de índole mais teórica quer no âmbito da psicologia aplicada.

REFERÊNCIAS[1]

ABEL, W. H. (1966). Attrition and the student who is certain. *Personnel and Guidance Journal, 44,* 1042-1045.
ACHTER, J. A., LUBINSKI, D., & BENBOW, C. P. (1996). Multipotentiality among the intellectually gifted: "It was never there and already it's vanishing". *Journal of Counseling Psychology, 43,* 65-76.
ADAMS, G. R., DYK, P., & BENNION, L. D. (1987). Parent-adolescent relationships and identity formation. *Family Perspective, 21,* 249-260.
ADDEO, R. R., GREENE, A. F., & GEISSER, M. E. (1994). Construct validity of the Robson Self-esteem Questionnaire in a college sample. *Educational and Psychological Measurement, 54,* 439-446.
AIKEN, L. R. (1994). Some observations and recommendations concerning research methodology in the behavioral sciences. *Educational and Psychological Measurement, 54,* 848-860.
AINSWORTH, M. D. (1989). Attachments beyond infancy. *American Psychologist, 44,* 709-716.
AKOS, P., KONOLD, T., & NILES, S. G. (2004). A career readiness typology and typal membership in middle school. *The Career Development Quarterly, 53,* 53-66.
ALBION, M. J. (2000). Career decision-making difficulties of adolescent boys and girls. *Australian Journal of Career Development, 9,* 14-19.
ALBION, M. J., & FOGARTY, G. J. (2002). Factors influencing career decision making in adolescents and adults. *Journal of Career Assessment, 10,* 91-126.
ALDERFER, C. (2004). A family therapist's reaction to "The family influences of the family of origin on career development: A review and analysis". *The Counseling Psychologist, 32,* 569-577.
ALLPORT, G. W. (1966). *Desenvolvimento da personalidade*. São Paulo: Herder. (Trabalho publicado originalmente em 1955)
AMUNDSON, N. E., & PENNER, K. (1998). Parent involved career exploration. *The Career Development Quarterly, 47,* 135-144.
ANDERSON, B. C., CREAMER, D. G., & CROSS, L. H. (1989). Undecided, multiple change, and decided students: How different are they? *NACADA Journal, 9,* 46-50.
ANTONY, M. M. (2001). Measures for obsessive-compulsive disorder. In Martin M. Antony, Susan M. Orsillo & Lizabeth Rolmer (Eds.), *Practitioner's guide to empirically based measures of anxiety* (pp. 219-243). New York: Kluwer Academic/Plenum.

---

[1] Os textos precedidos de um asterisco (*) não foram consultados directamente.

ARNOLD, J., & JACKSON, C. (1997). The new career: Issues and challenges. *British Journal of Guidance and Counselling, 25*, 427-433.
ARTHUR, M. B. (1994). The boundaryless career: A new perspective for organizational inquiry. *Journal of Organizational Behavior, 15*, 295-306.
ASHBY, J. D., WALL, H. W., & OSIPOW, S. H. (1966). Vocational certainty and indecision in college freshmen. *Personnel and Guidance Journal, 44*, 1037-1041.
AZEVEDO, J. (1999). *Voos de borboleta: Escola, trabalho e profissão*. Porto: Asa.
AZEVEDO, J. (2002). *O fim de um ciclo: A educação em Portugal no início do século XXI*. Porto: Asa.
BAIRD, L. L. (1969). The undecided student – How different is he? *Personnel and Guidance Journal, 47*, 429-434.
BALSA, C., SIMÕES, J. A., NUNES, P., CARMO, R., & CAMPOS, R. (2001). *Perfil dos estudantes do ensino superior: Desigualdades e diferenciação*. Lisboa: Colibri/CEOS.
BANDURA, A. (1977). Self-efficacy: Toward a unifying theory of behavioral change. *Psychological Review, 84*, 191-215.
*BANSBERG, B., & SKLARE, J. (1986). *Career decision diagnostic assessment*. New York: McGraw-Hill.
BARAK, A., CARNEY, C. G., & ARCHIBALD, R. D. (1975). The relationship between vocational information seeking and educational and vocational decidedness. *Journal of Vocational Behavior, 7*, 149-159.
BARAK, A., & FRIEDKES, R. (1981). The mediating effects of career indecision and subtypes on career-counseling effectiveness. *Journal of Vocational Behavior, 20*, 120--128.
BARKER, P. (2000). *Fundamentos da terapia familiar*. Lisboa: Climepsi Editores. (Trabalho originalmente publicado em 1998);
BARNES, L. L. B., HARP, D., & JUNG, W. S. (2002). Reliability generalizations of scores on the Spielberger State-Trait Anxiety Inventory. *Educational and Psychological Measurement, 62*, 603-618.
BARON, R. M., & KENNY, D. A. (1986). The moderator-mediator variable distinction in social research: Conceptual, strategic, and statistical considerations. *Journal of Personality and Social Psychology, 51*, 1173-1182.
BARRET, T. C., & TINSLEY, H. E. A. (1977). Measuring vocational self-concept crystallization and vocational indecision. *Journal of Vocational Behavior, 11*, 305-313.
BARROS, J. H., & BARROS, A. M. (1989). Locus de controlo dos professores: Relação com o tempo de serviço e o nível de ensino. In José F. Cruz, Rui A. Gonçalves, & Paulo P.P. Machado (Eds.), *Psicologia e educação: Investigação e intervenção* (pp. 327--336). Porto: APPORT.
BARROS, J. H., BARROS, A. M., & NETO, F. (1989). Adaptação da escala de locus de controlo de Rotter. In José F. Cruz, Rui A. Gonçalves, & Paulo P.P. Machado (Eds.), *Psicologia e educação: Investigação e intervenção* (pp. 337-350). Porto: APPORT.
BARROS, J. H., BARROS, A. M., & NETO, F. (1993). *Psicologia do controlo pessoal: Aplicações educacionais, clínicas e sociais*. Braga: Universidade do Minho, Instituto de Educação e Psicologia.
*BECK, A. T., WARD, C. H., MENDELSON, M., MOCK, J., & ERBOUGH, J. (1961). An inventory for measuring depression. *Archives of General Psychiatry, 4*, 561-571.

BEILIN, H. (1955). The application of general developmental principles to the vocational area. *Journal of Counseling Psychology, 2*, 53-57.
BERGER-GROSS, V., KAHN, M. W., & WEARE, R. (1983). The role of anxiety in the career decision making of liberal arts students. *Journal of Vocational Behavior, 22*, 312--323.
BERGERON, L. M., & ROMANO, J. L. (1994). The relationships among career decision--making self-efficacy, educational indecision, vocational indecision, and gender. *Journal of College Student Development, 35*, 19-24.
BERRÍOS-ALLISON, A. C. (2005). Family influences on college students' occupational identity. *Journal of Career Assessment, 13*, 233-247.
BERZONSKY, M. D., & FERRARI, J. R. (1996). Identity orientation and decisional strategies. *Personality and Individual Differences, 20*, 597-606.
BETSWORTH, D. G., & HANSEN, J. C. (1996). The categorization of serendipitous career development events. *Journal of Career Assessment, 4*, 91-98.
BETZ, N. E. (1987). Applications of discriminant analysis to counseling psychology research. *Journal of Counseling Psychology, 34*, 393-403.
BETZ, N. E. (1992). Career assessment: A review of critical issues. In Steven D. Brown & Robert W. Lent (Eds.), *Handbook of counseling psychology* (2nd ed.) (pp. 453-484). New York: Wiley.
BETZ, N. E. (2000). Self-efficacy theory as a basis for career assessment. *Journal of Career Assessment, 8*, 205-222.
BETZ, N. E., & BORGEN, F. H. (2000). The future of career assessment: Integrating vocational interests with self-efficacy and personal styles. *Journal of Career Assessment, 8*, 329-338.
BETZ, N. E., & CORNING, A. F. (1993). The inseparability of "career" and "personal" counseling. *The Career Development Quarterly, 42*, 137-142.
BETZ, N. E, KLEIN, K. L., & TAYLOR, K. M. (1996). Evaluation of a short form of the Career Decision-making Self-efficacy Scale. *Journal of Career Assessment, 4*, 47-57.
BETZ, N. E., & LUZZO, D. A. (1996). Career assessment and the Career Decision-making Self-efficacy Scale. *Journal of Career Assessment, 4*, 413-428.
BETZ, N. E., & SERLING, D. A. (1993). Construct validity of Fear of Commitment as an indicator of career indecisiveness. *Journal of Career Assessment, 1*, 21-34.
BLANCHARD, S. (1996). Décision d'orientation: modèles et applications. *L'Orientation Scolaire et Professionnelle, 25*, 5-30.
BLASCOVICH, J., & TOMAKA, J. (1991). Measures of self-esteem. In J. P. Robinson, P. R. Shaver, & L. S. Wrightsman (Eds.), *Measures of personality and social psychological attitudes* (Vol. 1) (pp. 115-160). San Diego, CA: Academic Press.
BLOCH, D. P. (2005). Complexity, chaos, and nonlinear dynamics: A new perspective on career development theory. *The Career Development Quarterly, 53*, 194-207.
BLOCHER, D. H. (2000). *Counseling: A developmental approach* (4th ed.). New York: Wiley.
BLUSTEIN, D. L. (1989). The role of goal instability and career self-efficacy in the career exploration process. *Journal of Vocational Behavior, 35*, 194-203.
BLUSTEIN, D. L. (1994). "Who am I?": The question of self and identity in career development. In M. L. Savickas & R. W. Lent (Eds.), *Convergence in career development theories* (pp. 139-154). Palo Alto, CA: Consulting Psychologists.

BLUSTEIN, D. L. (2001). The interface of work and relationships: Critical knowledge for the 21st century. *The Counseling Psychologist, 29*, 179-192.
BLUSTEIN, D. L. (2004). Moving from the inside out: Further explorations of the family of origin/career development linkage. *The Counseling Psychologist, 32*, 603-611.
BLUSTEIN, D. L., ELLIS, M. V., & DEVENIS, L. E. (1989). The development and validation of a two-dimensional model of commitment to career choices process. *Journal of Vocational Behavior, 35*, 342-378.
BLUSTEIN, D. L., & NOUMAIR, D. A. (1996). Self and identity in career development: Implications for theory and practice. *Journal of Counseling and Development, 74*, 433--441.
BLUSTEIN, D. L., PAULING, M. L., DEMANIA, M. E., & FAYE, M. (1994). Relation between exploratory and choice factors and decisional progress. *Journal of Vocational Behavior, 44*, 75-90.
BLUSTEIN, D. L., & PHILLIPS, S. D. (1990). Relation between ego identity statuses and decision-making styles. *Journal of Counseling Psychology, 37*, 160-168.
BLUSTEIN, D. L., PREZIOSO, M. S., & SCHULTHEISS, D. P. (1995). Attachment theory and career development: Current status and future directions. *The Counseling Psychologist, 23*, 416-432.
BLUSTEIN, D. L., & SPENGLER, P. M. (1995). Personal adjustment: Career counseling and psychotherapy. In W. B. Walsh & S. H. Osipow (Eds.), *Handbook of vocational psychology* (2nd ed.) (pp. 295-329). Mahwah, NJ: Lawrence Erlbaum.
BLUSTEIN, D. L., WALBRIDGE, M. L., FRIEDLANDER, M. L., & PALLADINO, D. E. (1991). Contributions of psychological separation and parental attachment to the career development process. *Journal of Counseling Psychology, 38*, 39-50.
BORDIN, E. S. (1984). Psychodynamic model of career choice and satisfaction. In D. Brown & L. Brooks and Associates (Eds.), *Career choice and development* (pp. 94-136). San Francisco: Jossey Bass.
BORDIN, E. S., NACHMANN, B., & SEGAL, S. J. (1963). An articulated framework for vocational development. *Journal of Counseling Psychology, 23*, 55-59.
BORGEN, F. H. (1991). Megatrends and milestones in vocational behavior: A 20-year counseling psychology retrospective. *Journal of Vocational Behavior, 39*, 263-290.
BORGEN, F. H., & BARNETT, D. C. (1987). Applying cluster analysis in counseling psychology research. *Journal of Counseling Psychology, 34*, 456-468.
*BOWEN, M. (1978). *Family therapy in clinical practice*. New York: Jason Aronson.
BOWLBY, J. (1982). Attachment and loss: Retrospect and prospect. *American Journal of Orthopsychiatry, 52*, 664-678.
BOWLBY, J. (1988). *A secure base: Clinical applications of attachment theory*. London: Routledge.
BRACERO, W. (1996). Ancestral voices: Narrative and multicultural perspectives with an Asian schizophrenic. *Psychotherapy, 33*, 93-103.
BRADLEY, R. W., & MIMS, G. A. (1992). Using family systems and birth order dynamics as the basis for a college career decision-making course. *Journal of Counseling and Development, 70*, 445-448.
BRATCHER, W. E. (1982). The influence of the family on career selection: A family systems perspective. *Personnel and Guidance Journal, 61*, 87-91.

*Briggs, K., & Myers, I. (1977). *Myers-Briggs Type Indicator, Form G.* Palo Alto, CA: Consulting Psychologists Press.

Brisbin, L. A., & Savickas, M. L. (1994). Career indecision scales do not measure foreclosure. *Journal of Career Assessment, 2,* 352-363.

Bronfenbrenner, U. (1979). *The ecology of human development: Experiments by nature and design.* Cambridge, MA: Harvard University Press.

Brott, P. E. (2001). The storied approach: A postmodern perspective for career counseling. *The Career Development Quarterly, 49,* 304-313.

Brott, P. E. (2004). Constructivist assessment in career counseling. *Journal of Career Development, 30,* 189-200.

Brown, D. (1990). Models of career decision making. In Duane Brown, Linda Brooks and Associates (Eds.), *Career choice and development* (2nd ed.) (395-421). San Francisco: Jossey-Bass.

Brown, D., & Brooks, L. (1991). *Career counseling techniques.* Boston: Allyn and Bacon.

Brown, M. T., Lum, J. L., & Voyle, K. (1997). Roe revisited: A call for the reappraisal of the theory of personality development and career choice. *Journal of Vocational Behavior, 51,* 283-294.

Brown, M. T., & Wicker, L. R. (2000). Discriminant analysis. In Howard E. A. Tinsley & Steven D. Brown (Eds.), *Handbook of applied multivariate statistics and mathematical modelling* (pp. 209-235). San Diego: Academic Press.

Brown, S. D., & Krane, N. E. R. (2000). Four (or five) sessions and a cloud of dust: Old assumptions and new observations about career counseling. In Steve D. Brown & Robert W. Lent (Eds.), *Handbook of counseling psychology* (3rd ed.) (pp. 740-766). New York: Wiley.

Bruner, J. (1997). *Actos de significado.* Lisboa: Edições 70. (Trabalho originalmente publicado em 1990)

Bujold, C. (1990). Biographical-hermeneutical approaches to the study of career of development. In R. A. Young & W. A. Borgen (Eds.), *Methodological approaches to the study of career* (pp. 57-69). New York: Praeger.

Bujold, C. (2004). Constructing career through narrative. *Journal of Vocational Behavior, 64,* 470-484.

Byng-Hall, J. (1995). Creating a secure family base: Some implications of attachment theory for family therapy. *Family Process, 34,* 45-58.

Byrne, B. M. (1983). Investigating measures of self-concept. *Measurement and Evaluation in Guidance, 16,* 115-126.

Caffery, T., & Erdman, P. (2003). Attachment and family systems theories: Implications for family therapists. *Journal of Systemic Therapies, 22,* 3-15.

Cahoone, L. E. (1996). Introduction. In Lawrence E. Cahoone (Ed.), *From modernism to postmodernism: An anthology* (pp. 1-23). Oxford: Blackwell.

Callanan, G. A., & Greenhaus, J. H. (1992). The career indecision of managers and professionals: An examination of multiple subtypes. *Journal of Vocational Behavior, 41,* 212-231.

Campbell, C., & Ungar, M. (2004a). Constructing a life that works: Part 1, Blending pos-

tmodern family therapy and career counseling. *The Career Development Quarterly, 53*, 16-27.
CAMPBELL, C., & UNGAR, M. (2004b). Constructing a life that works: Part 2, An approach to practice. *The Career Development Quarterly, 53*, 28-40.
CAMPBELL, R. E., & CELLINI, J. V. (1981). A diagnostic taxonomy of adult career problems. *Journal of Vocational Behavior, 41*, 212-231.
CAMPOS, B. P. (1976). *Educação sem selecção social*. Lisboa: Livros Horizonte.
CAMPOS, B. P. (1980). *Orientação vocacional no unificado e formação de professores*. Lisboa: Livros Horizonte.
CAMPOS, B. P. (1993). Consulta psicológica nas transições desenvolvimentais. *Cadernos de Consulta Psicológica, 9*, 5-9.
CAMPOS, B. P., & COIMBRA, J. L. (1991). Consulta psicológica e exploração do investimento vocacional. *Cadernos de Consulta Psicológica, 7*, 11-19.
CAMPOS, B. P., COSTA, M. E., & MENEZES, I. (1993). A dimensão social na educação psicológica deliberada. *Cadernos de Consulta Psicológica, 9*, 11-18.
CANAFF, A. L., & WRIGHT, W. (2004). High-anxiety: Counseling the job-insecure client. *Journal of Employment Counseling, 41*, 2-10.
CARDOSO, A. (1949). *Como organizar a orientação escolar*. Porto: Maranus.
CARLSEN, M. B. (1988). *Meaning-making: Therapeutic process in adult development*. New York: Norton.
CESARI, J. P., WINER, J. L., & PIPER, K. R. (1984). Vocational decision status and the effect of four types of occupational information on cognitive complexity. *Journal of Vocational Behavior, 25*, 215-224.
CESARI, J. P., WINER, J. L., ZYCHLINSKI, F., & LAIRD, I. R. (1982). Influence of occupational information giving on cognitive complexity in decided versus undecided students. *Journal of Vocational Behavior, 21*, 224-230.
CHARTRAND, J. M., & CAMP, C. (1991). Advances in the measurement of career development constructs: A 20-year review. *Journal of Vocational Behavior, 39*, 1-39.
CHARTRAND, J. M., MARTIN, W. F., ROBBINS, S. B., MCAULIFFE, G. J., PICKERING, J. W., & CALLIOTTE, J. A. (1994). Testing a level versus an interactional view of career indecision. *Journal of Career Assessment, 2*, 55-69.
CHARTRAND, J. M., & NUTTER, K. J. (1996). The Career Factors Inventory: Theory and applications. *Journal of Career Assessment, 4*, 205-218.
CHARTRAND, J. M., & ROBBINS, S. B. (1990). Using multidimensional career decision instruments to assess career decidedness and implementation. *The Career Development Quarterly, 39*, 166-177.
CHARTRAND, J. M., & ROBBINS, S. B. (1997). *Career Factors Inventory: Applications and technical guide*. Palo Alto, CA: Consulting Psychologists Press.
CHARTRAND, J. M., ROBBINS, S. B., MORRILL, W. H., & BOGGS, K. (1990). Development and validation of the Career Factors Inventory. *Journal of Counseling Psychology, 37*, 491-501.
CHEN, C. P. (1997). Career projection: Narrative in context. *Journal of Vocational Education and Training, 49*, 311-326.
CHEN, C. P. (2001). Enhancing vocational psychology practice through narrative inquiry. *Australian Journal of Career Development, 11*, 14-21.

CHISHOLM, L., & HURRELMANN, K. (1995). Adolescence in modern Europe: Pluralized transition patterns and their implications for personal and social risks. *Journal of Adolescence, 18,* 129-158.
CHIU, L. H. (1988). Measures of self-esteem for school-age children. *Journal of Counseling and Development, 66,* 298-301.
CHOPE, R. C. (2002). *Family matters: Influences of the family in career decision making.* Comunicação apresentada na International Career Development Conference, Irvine, CA, 6-10 de Novembro de 2002.
CHRISTENSEN, T. K., & JOHNSTON, J. A. (2003). Incorporating the narrative in career planning. *Journal of Career Development, 29,* 149-160.
CLAES, M. (1990). *Os problemas da adolescência* (2nd ed.). Lisboa: Verbo. (Trabalho originalmente publicado em 1983)
COCHRAN, L. R. (1987). Framing career decisions. In R. A. Neimeyer & G. J. Neimeyer (Eds.), *Personal construct therapy casebook* (261-276). New York: Springer.
COCHRAN, L. R. (1990). Narrative as a paradigm for career research. In R. A. Young & W. A. Borgen (Eds.), *Methodological approaches to the study of career* (pp. 71-86). New York: Prager.
COCHRAN, L. R. (1994). What is a career problem? *The Career Development Quarterly, 42,* 204-215.
COCHRAN, L. R. (1997). *Career counselling: A narrative approach.* Thousand Oaks: Sage.
COHEN, C. R., CHARTRAND, J. M., & JOWDY, D. P. (1995). Relationships between career indecision subtypes and ego identity development. *Journal of Counseling Psychology, 42,* 440-447.
COHEN, J. (1988). *Statistical power analysis for the behavioral sciences* (2nd ed.). Hillsdale, NJ: Lawrence Erlbaum.
COHEN, J. (1990). Things I have learned (so far). *American Psychologist, 45,* 1304-1312.
COHEN, J. (1992a). A power primer. *Psychological Bulletin, 112,* 155-159.
COHEN, J. (1992b). Statistical power analysis. *Psychological Science, 1,* 98-101.
COHEN, J., COHEN, P., WEST, S. G., & AIKEN, L. S. (2003). *Applied multiple regression/correlation analysis for the behavioral sciences* (3rd ed.). Mahwah, NJ: Lawrence Erlbaum.
COLLIN, A., & WATTS, A. G. (1996). The death and transfiguration of career – and of career guidance? *British Journal of Guidance and Counselling, 24,* 385-398.
COLLINS, W. A., & REPINSKY, D. J. (1994). Relationships during adolescence: Continuity and change in interpersonal perspective. In Raymond Montemayor, Gerald R. Adams, & Thomas P. Gullota (Eds.), *Personal relationships during adolescence: Advances in adolescence development,* (Vol. 6) (pp. 7-36). BeverlyHills, CA: Sage.
COMBRINCK-GRAHAM, L. (1985). A developmental model for family systems. *Family Process, 24,* 139-150.
CONNERAN, J. M., & HARTMAN, B. W. (1993). The concurrent validity of the Self Directed Search in identifying chronic career indecision among vocational education students. *Journal of Career Development, 19,* 197-208.
COOPER, S. E. (1986). The effects of group counseling and individual vocational counseling on career indecision and personal indecisiveness. *Journal of College Student Personnel, 27,* 39-42.

COOPER, S. E., FUQUA, D. R., & HARTMAN, B. W. (1984). The relationship of trait indecisiveness to vocational uncertainty, career indecision, and interpersonal characteristics. *Journal of College Student Personnel, 25,* 353-356.
COSTA, M. E. (1991). *Contextos sociais de vida e desenvolvimento da identidade.* Porto: INIC.
*COSTA, P.T., JR., & WIDIGER, T. A. (1994). *Personality disorders and the five-factor model of personality.* Washington, DC: American Psychological Association.
CREED, P. A., PATTON, W., & BARTRUM, D. (2004). Internal and external barriers, cognitive style, and the career development variables of focus and indecision. *Journal of Career Development, 30,* 277-294.
CREED, P. A., PATTON, W., & WATSON, M. B. (2002). Cross-cultural equivalence of the Career Decision-making Self-efficacy Scale – Short Form: An Australian and South African comparison. *Journal of Career Assessment, 10,* 327-342.
CRITES, J. O. (1969). *Vocational psychology.* New York: McGraw-Hill.
*CRITES, J. O. (1973). *Theory and research handbook for the Career Maturity Inventory.* Monterey, CA: CTB/McGraw-Hill.
CRITES, J. O. (1981). *Career counseling.* New York: McGraw-Hill.
CSIKSZENTMIHALYI, M., & BEATTIE, O. V. (1979). Life themes: A theoretical and empirical exploration of their origins and effects. *Journal of Humanistic Psychology, 19,* 45-63.
DAHLBÄCK, O. (1995). The scope of the rational choice perspective in sociological research. *Journal for the Theory of Social Behaviour, 24,* 237-261.
DAMÁSIO, A. (1995). *O erro de Descartes: Emoção, razão e cérebro humano.* Lisboa: Publicações Europa-América.
DAMÁSIO, A. (2003). *Ao encontro de Espinosa: As emoções sociais e a neurobiologia do sentir.* Lisboa: Publicações Europa-América.
DAWIS, R. V. (1992). The individual differences tradition in counseling psychology. *Journal of Counseling Psychology, 39,* 7-19.
DAWIS, R. V. (1987). Scale construction. *Journal of Counseling Psychology, 34,* 481-489.
DE SHAZER, S., KIMBERG, I., LIPCHIK, E., NUNNALLY, E., MOLNAR, A., GINGERICH, W., & WEINER-DAVIS, M. (1986). Brief therapy: Focused solution development. *Family Process, 25,* 207-221.
DEFFENBACHER, J. L. (1992). Counseling for anxiety management. In Steven D. Brown & Robert W. Lent (Eds.), *Handbook of counseling psychology* (2nd ed.) (pp. 719-756). New York: Wiley.
DELLAS, M., & JERNIGAN, L. P. (1981). Development of an objective instrument to measure identity status in terms of occupation crisis and commitment. *Educational and Psychological Measurement, 41,* 1039-1050.
DEMO, D. H. (1985). The measurement of self-esteem: Refining our methods. *Journal of Personality and Social Psychology, 48,* 1490-1502.
DENZIN, N. K., & LINCOLN, Y. S. (1994). Introduction: Entering the field of qualitative research. In Norman K. Denzin & Yvonna S. Lincoln (Eds.), *Handbook of qualitative research* (pp. 1-17). Thousand Oaks: Sage.
*DEROGATIS, L. R., & MELISERATOS, N. (1983). The Brief Symptom Inventory: An introductory report. *Psychological Medicine, 13,* 595-605.

DETRY, B., & CARDOSO, A. (1996). *Construção do futuro e construção do conhecimento: Investigação-acção junto de jovens sem a escolaridade obrigatória num bairro degradado*. Lisboa: Fundação Calouste Gulbenkian.
DICKINSON, J., & TOKAR, D. M. (2004). Structural and discriminant validity of the Career Factors Inventory. *Journal of Vocational Behavior, 65*, 239-254.
DIENER, E., & DIENER, M. (1995). Cross-cultural correlates of life satisfaction and self--esteem. *Journal of Personality and Social Psychology, 68*, 653-663.
DIENER, E., EMMONS, R. A., LARSEN, R. J., & GRIFFIN, S. (1985). The Satisfaction With Life Scale. *Journal of Personality Assessment, 49*, 71-75.
DOSNON, O. (1996). L'indécision face aux choix scolaire ou professionnel: Concepts et mesures. *L'Orientation Scolaire et Professionnele, 25*, 129-168.
DOSNON, O. (2001). Eduquer a la prise de decision. *L'Orientation Scolaire et Professionnele, 30*, 428-434.
DOSNON, O., WACH, M., BLANCHARD, S., & LALLEMAND, N. (1997). La measure de l'indécision chez les lycéens: Presentation de trois instruments. *L'Orientation Scolaire et Professionnele, 26*, 57-88.
DOWNING, K. R., & DOWD, E. T. (1988). Career indecision: A summary of the research and implications for counselling. *British Journal of Guidance and Counselling, 16*, 145-156.
DYSINGER, W. S. (1950). Maturation and vocational guidance. *Occupations, 29*, 198-201.
ECKBLAD, G. F. (1993). The "circumplex" and curvilinear functions [Commentary]. *Family Process, 32*, 473-476.
EFFERT, B. R., & FERRARI, J. R. (1989). Decisional procrastination: Examining personality correlates. *Journal of Social Behavior and Personality, 4*, 151-156.
EIGEN, C. A., HARTMAN, B. W., & HARTMAN, P. T. (1987). Relations between family interaction patterns and career indecision. *Psychological Reports, 60*, 87-94.
ELAAD, I. (1993). Career indecision of demobilized soldiers in Israel. *Psychological Reports, 73*, 1083-1088.
*ELLIS, A. (1962). *Reason and emotion in psychotherapy*. New York: Lyle Stuart.
ELTON, C. F., & ROSE, H. A. (1971). A longitudinal study of the vocationally undecided male student. *Journal of Vocational Behavior, 1*, 85-92.
ERIKSON, E. H. (1963). *Childhood and society* (2nd ed.). New York: Norton.
ERIKSON, E. H. (1968). *Identity: Youth and crisis*. New York: Norton.
FABRIGAR, L. R., WEGENER, D. T., MACCALLUM, R. C., & STRAHAN, E. J. (1999). Evaluating the use of exploratory factor analysis in psychological research. *Psychological Methods, 4*, 272-299.
FERRARI, J. R. (2000). Procrastination and attention: Factor analysis of attention deficit, boredomness, intelligence, self-esteem, and task delay frequencies. *Journal of Social Behavior and Personality, 15*, 185-196.
FERRARI, J. R., & DOVIDIO, J. F. (1997). Some experimental assessments of indecisives: Support for a non-cognitive failures hypothesis. *Journal of Social Behavior and Personality, 12*, 527-538.
FERRARI, J. R., & DOVIDIO, J. F. (2000). Examining behavioral processes in indecision: Decisional procrastination and decision-making style. *Journal of Research in Personality, 34*, 127-137.

FERRARI, J. R., & DOVIDIO, J. F. (2001). Behavioral information search by indecisives. *Personality and Individual Differences, 30*, 1113-1123.
FERRARI, J. R., JOHNSON, J. L., & MCCOWN, W. (1995). *Procrastination and task avoidance: Theory, research, and treatment*. Plenum: New York.
FERRARI, J. R., & MCCOWN, W. (1995). Procrastination tendencies among obsessive-compulsive and their relatives. *Journal of Clinical Psychology, 50*, 162-167.
FISHBANE, M. (2001). Relational narratives of the self. *Family Process, 3*, 273-291.
FLEMING, J. S., & COURTNEY, B. E. (1984). The dimensionality of self-esteem: II. Hierarchical facet model for revised measurement scales. *Journal of Personality and Social Psychology, 46*, 404-421.
FLUM, H. (2001). Relational dimensions in career development. *Journal of Vocational Behavior, 59*, 1-16.
FOA, E. B., MATHEWS, A., ABRAMOWITZ, J. S., AMIR, N., PRZEWORSKI, A., RIGGS, D. S., FILIP, J. C., & ALLEY, A. (2003). Do patients with obsessive-compulsive disorder have deficits in decision-making? *Cognitive Therapy and Research, 27*, 431-445.
FORNER, Y., & AUTRET, K. (2000). La l'indécision et adapation à la université. *L'Orientation Scolaire et Professionnele, 29*, 499-517.
FORNER, Y. (2001a). Quelle place pour l'indécision dans l'education a l'orientation? *L'Orientation Scolaire et Professionnele, 30*, 305-316.
FORNER, Y. (2001b). À propos de l'indécision. *Carriélogie: Revue Francophone Internationale, 8*, 213-231.
FRANCIS, L. J., & WILCOX, C. (1995). Self-esteem: Coopersmith and Rosenberg compared. *Psychological Reports, 76*, 1050.
FRETZ, B. R., & LEONG, F. T. L. (1982). Career development status as a predictor of career outcomes. *Journal of Counseling Psychology, 29*, 388-393.
FREY, B. S., & BENZ, M. (2002). *From imperialism to inspiration: A survey of economics and psychology*. Working paper n.° 118. Institute for Empirical Research in Economics, University of Zurich.
FRIEDMAN, E. (1982). Family therapy with "single" people. *Family Therapy Networker, 6*, 31-32.
FROST, R. O. & GROSS, R. C. (1993). The hoarding of possessions. *Behavior Research Therapy, 31*, 367-381.
FROST, R. O., KRAUSE, M. S., & STEKETEE, G. (1996). Hoarding and obsessive-compulsive symptoms. *Behavior Modification, 20*, 116-132.
FROST, R. O., & SHOWS, D. L. (1993). The nature and measurement of compulsive indecisiveness. *Behavior Research Therapy, 31*, 683-692.
FUQUA, D. R., BLUM, C. R., & HARTMAN, B. W. (1988). Empirical support for the differential diagnosis of career indecision. *The Career Development Quarterly, 36*, 364-373.
FUQUA, J. L., GRAY, E. A., & FUQUA, D. R. (1999). The relation of career indecision to personality dimensions of the California Psychological Inventory. *Journal of Vocational Behavior, 54*, 174-187.
FUQUA, D. R., & HARTMAN, B. W. (1983). Differential diagnosis and treatment of career indecision. *Personnel and Guidance Journal, 62*, 27-29.
FUQUA, D. R., & NEWMAN, J. L. (1989). An examination of the relations among career subscales. *Journal of Counseling Psychology, 36*, 487-491.

FUQUA, D. R., NEWMAN, J. L., & SEAWORTH, T. B. (1988). Relation of state and trait anxiety to different components of career indecision. *Journal of Counseling Psychology, 35*, 154-158.

FUQUA, D. R., SEAWORTH, T. B., & NEWMAN, J. L. (1987). The relationship of career indecision and anxiety: A multivariate examination. *Journal of Vocational Behavior, 30*, 175-186.

GAFFNER, D. C., & HAZLER, R. J. (2002). Factors related to indecisiveness and career indecision in undecided college students. *Journal of College Student Development, 43*, 317-326.

GALINSKY, M. D., & FAST, I. (1966). Vocational choice as a focus of the identity search. *Journal of Counseling Psychology, 13*, 89-92.

GALOTTI, K. M. (1999). Making a "major" real-life decision: College students choosing an academic major. *Journal of Educational Psychology, 91*, 379-387.

GALOTTI, K. M. (2002). *Making decisions that matter: How people face important life choices*. Mahwah, NJ: LEA.

GARCIA-MARQUES, T., & AZEVEDO, M. (1995). A inferência estatística múltipla e o problema da inflação do nível de alfa: A ANOVA como exemplo. *Psicologia, X*, 195--220.

GATI, I., KRAUSZ, M., & OSIPOW, S. H. (1996). A taxonomy of difficulties in career decision making. *Journal of Counseling Psychology, 43*, 510-526.

GATI, I., OSIPOW, S. H., KRAUS, M., & SAKA, N. (2000). Validity of the Career Decision--Making Difficulties Questionnaire: Counselee versus career counselor perceptions. *Journal of Vocational Behavior, 56*, 99-113.

GATI, I., & SAKA, N. (2001a). High school students' career-related decision-making difficulties. *Journal of Counseling and Development, 79*, 331-340.

GATI, I., & SAKA, N. (2001b). Internet-based versus paper-and-pencil assessment: Measuring career decision-making difficulties. *Journal of Career Assessment, 9*, 397--416.

GAYTON, W. F., CLAVIN, R. H., CLAVIN, S. L., & BROIDA, J. (1994). Further validation of the Indecisiveness Scale. *Psychological Reports, 75*, 1631-1634.

GELATT, H. B. (1989). Positive uncertainty: A new decision-making framework for counseling. *Journal of Counseling Psychology, 36*, 252-256.

GERGEN, K. J. (1985). The social constructionist movement in modern psychology. *American Psychologist, 40*, 266-275.

GERGEN, K. J. (1992). Toward a postmodern psychology. In Steiner Kvale (Ed.), *Psychology and postmodernism* (pp. 17-30). London: Sage.

GERGEN, K. (1994). Exploring the postmodern: Perils or potentials? *American Psychologist, 49*, 412-416.

GERMEIJS, V., & DE BOECK, P. (2002). A measurement scale for indecisiveness and its relationship to career indecision and other types of indecision. *European Journal of Psychological Assessment, 18*, 113-122.

GERMEIJS, V., & DE BOECK, P. (2003). Career indecision: Three factors from decision theory. *Journal of Vocational Behavior, 62*, 11-25.

GERMEIJS, V., & VERSCHUEREN, P. (2002). *The career decision-making process and some determinants: A cross-sectional study among high-school students*. Comunicação

apresentada na 17th Biennial Meeting of the International Society for the Study of Behavioural Development, Ottawa, 2-16 de Agosto de 2002.
GHASSEMZADEH, H., MOJTABAI, R., KHAMSEH, A., EBRAHIMKHANI, N., ISSAZADEGAN, A. L., & SAIF-NOBAKHT, Z. (2002). Symptoms of obsessive-compulsive disorder in a sample of Iranian patients. *International Journal of Social Psychiatry, 48*, 20-28.
GIANAKOS, I. (1999). Patterns of career choice and career decision-making efficacy. *Journal of Vocational Behavior, 54*, 244-258.
GIANAKOS, I., & SUBICH, L. M. (1986). The relationship of gender and sex-role orientation to vocational undecidedness. *Journal of Vocational Behavior, 29*, 42-50.
GIDDENS, A. (1999). *Runaway world*. London: Profile Books.
GILLIGAN, C. (1997). *Teoria psicológica e desenvolvimento da mulher*. Lisboa: Fundação Calouste Gulbenkian. (Trabalho publicado originalmente em 1982)
GINZBERG, E., GINSBURG, S. W., AXELRAD, S., & HERMA, J. L. (1951). *Occupational choice: An approach to a general theory*. New York: Columbia University Press.
GONÇALVES, C. (1997). *A influência da família no desenvolvimento vocacional de adolescentes e jovens*. Dissertação de Mestrado não publicada. Faculdade de Psicologia e de Ciências da Educação da Universidade do Porto, Porto.
GONÇALVES, C., & COIMBRA, J. L. (1994/1995). A influência do clima psicossocial da família no desenvolvimento vocacional. *Cadernos de Consulta Psicológica, 10/11*, 43-52.
GONÇALVES, M. M. (1994). Pós-modernidade e avaliação psicológica: Da racionalidade positivista ao construcionismo social. *Psychologica, 11*, 45-55.
GONÇALVES, M. M. (1997). Construtivismos, relativismo e avaliação psicológica. In Miguel Gonçalves, Iolanda Ribeiro, Salvador Araújo, Carla Machado e Mário Simões (Organizadores), *Avaliação psicológica: Formas e contextos* (Vol. V) (pp. 53-62). Braga: APPORT.
GONÇALVES, M. M. (2004). Identidade e narrativa pessoal. In Francisco Teixeira (Coordenador), *Identidade pessoal: Caminhos e perspectivas* (pp. 165-179). Coimbra: Quarteto.
GONÇALVES, M. M., & GONÇALVES, O. F. (2004). Personalidade e construcionismo social: Dos traços às narrativas. *Psychologica, 22*, 123-133.
GONÇALVES, O. F. (1995). Hermeneutics, constructivism, and the cognitive-behavioral therapies: From the object to the project. In Robert A. Neimeyer & Michael J. Mahoney (Eds.), *Constructivism in psychotherapy* (pp. 195-230). Washington: American Psychological Association.
GONÇALVES, O. F. (1996). Cognição, narrativa e psicoterapia. *Psicologia: Teoria, Investigação e Prática, 1*, 255-264.
GONÇALVES, O. F. (2000). *Viver narrativamente*. Coimbra: Quarteto.
GONÇALVES, O. F., ALVES, A.R., SOARES, I., & DUARTE, Z. T. (1996). Narrativas prototipo y psicopatología: Un estudo com pacientes alcohólicos, anoréxicas y opiáceo-dependientes. *Revista de Psicopatología y Psicología Clínica, 1*, 105-114.
GONÇALVES, O. F., MAIA, A., ALVES, A.R., SOARES, I., DUARTE, Z. T., & HENRIQUES, M. (1996). Narrativas protótipo e psicopatologia. *Psicologia: Teoria, Investigação e Prática, 1*, 307-317.
GOODSON, W. D. (1981). Do career development needs exist for all students entering colleges or just the undecided major students? *Journal of College Student Personnel, 22*, 413-417.

GOODSTEIN, L. D. (1972). Behavioral views of counseling. In B. Stefflre & W. H. Grant (Eds.), *Theories of counseling* (2nd ed.) (pp. 243-286). New York: McGraw-Hill.
GOODYEAR, R. K. (1980). Perceiving in terms of systems: A new way of understanding. *Personnel and Guidance Journal, 59,* 124-127.
GORDON, V. N. (1981). The undecided student: A development perspective. *Personnel and Guidance Journal, 59,* 433-439.
GORDON, V. N. (1995). *The undecided college student: An academic and career advising challenge* (2nd ed.). Springfield: Charles Thomas.
GORDON, V. N. (1998). Career decidedness types: A literature review. *Career Development Quarterly, 46,* 386-403.
GORDON, V. N., & KLINE, D. I. (1989). Ego-identity statuses of undecided and decided students and their perceived advising needs. *NACADA Journal, 9,* 5-15.
GOTTFREDSON, L. S. (1981). Circumscription and compromise: A developmental theory of occupational aspirations. *Journal of Counseling Psychology, 28,* 545-579.
GRABON, S. C. (1993). *The avoidant personality and chronic career indecision.* Tese de doutoramento não publicada. Seton Hall University, South Orange.
GRAEF, M. I., WELLS, D. L., HYLAND, A. M., & MUCHINSKY, P. M. (1985). Life history antecedents of vocational indecision. *Journal of Vocational Behavior, 27,* 276-297.
GREENHAUS, J. H., & SIMON, W. E. (1977). Career salience, work values, and vocational indecision. *Journal of Vocational Behavior, 10,* 104-110.
GRIFFITHS, R. A., BEUMONT, P. J. V., GIANNAKOPOULOS, E., RUSSEL, J., SCHOTTE, D., THORNTON, C., TOUYZ, S. W., & VARANO, P. (1999). Measuring self-esteem in dieting disordered patients: The validity of the Rosenberg and Coopersmith contrasted. *International Journal of Eating Disorders, 25,* 227-231.
GRITES, T. J. (1981). Being "undecided" might be the best decision they could make. *The School Counselor, 29,* 340-346.
GRITES, T. J. (1983). "Undecided" or undecided: A reexamination. *The School Counselor, 30,* 347-349.
GROTEVANT, H. D., & COOPER, C. R. (1985). Patterns of interaction in family relationships and the development of identity exploration in adolescence. *Child Development, 56,* 415-428.
GROTEVANT, H. D., & COOPER, C. R. (1986). Individuation in family relationships: A perspective on individual differences in the development of identity and role-taking skill in adolescence. *Human Development, 29,* 82-100.
GROTEVANT, H. D., & COOPER, C. R. (1988). The role of family experience in career exploration: A life-span perspective. In P. Baltes, R. H. Lerner, & D. Featherman (Eds.), *Life-span development and behavior* (Vol. 8) (pp. 231-258). Hillsdale, NJ: Lawrence Erlbaum.
GUAY, F., SENÉCAL, C., GAUTHIER, L., & FERNET, C. (2003). Predicting career indecision: A self-determination theory perspective. *Journal of Counseling Psychology, 50,* 165--177.
GUICHARD, J., & HUTEAU, M. (2001). *Psychologie de l'orientation.* Paris: Dunod.
GYSBERS, N. C. (1984). Major trends in career development theory and practice. In N. C. Gysbers & Associates (Eds.), *Designing careers* (pp. 618-632). San Francisco: Jossey Bass.

HAGBORG, W. J. (1996). Scores of middle-school-age students on the Rosenberg Self-esteem Scale. *Psychological Reports, 78,* 1071-1074.

HAGSTROM, S. J., SKOVHOLT, T. M., & RIVERS, D. A. (1997). The advanced undecided college student: A qualitative study. *NACADA Journal, 17,* 23-30.

HAIR, J. F., JR., ANDERSON, R. E., TATHAM, R. L., & BLACK, W. C. (1995). *Multivariate data analysis* (4th ed.). Upper River, NJ: Prentice Hall.

HAIRSTON, J. E. (2000). How parents influence African-American students' decisions to prepare for vocational teaching careers. *Journal of Career and Technical Education, 16,* 5-15.

HALL, A. S. (2003). Expanding academic and career self-efficacy: A family systems framework. *Journal of Counseling and Development, 81,* 33-39.

HALL, D. T. (1992). Career indecision research: Conceptual and methodological problems [Comment]. *Journal of Vocational Behavior, 41,* 245-250.

HALL, D. T. (2003). The protean career: A quarter-century journey. *Journal of Vocational Behavior, 65,* 1-13.

HAMER, R. J., & BRUCH, M. A. (1997). Personality factors and inhibited career development: Testing the unique contribution of shyness. *Journal of Vocational Behavior, 50,* 382-400.

HAMPTON, N. Z. (2005). Testing for the structure of the Career Decision Self-efficacy Scale – short form among Chinese college students. *Journal of Career Assessment, 13,* 98-113.

HARABURDA, E. M. (1998). *The relationship of indecisiveness to the five factor model and psychological symptomatology.* Tese de doutoramento não publicada. The Ohio State University, Columbus.

HARGROVE, B. K., CREAGH, M. G., & BURGESS, B. L. (2002). Family interaction patterns of vocational identity and career decision-making self-efficacy. *Journal of Vocational Behavior, 61,* 185-201.

HARMAN, R. L. (1973). Students who lack vocational identity. *Vocational Guidance Quarterly, 21,* 169-173.

HARMON, L. W. (1994). Career Decision Scale. In Jerome T. Kapes, Marjorie M. Mastie & Edwin A. Whitfield (Eds.), *A counselor's guide to career assessment instruments* (pp. 258-262). Alexandria: National Career Development Association and Association for Assessment in Counseling.

HARREN, V. A. (1979). A model of career decision making for college students. *Journal of Vocational Behavior, 14,* 119-133.

HARRIOT, J. S., FERRARI, J. R., & DOVIDIO, J. F. (1996). Distractibility, daydreaming, and self-critical cognitions as determinants of indecision. *Journal of Social Behavior and Personality, 11,* 337-344.

HARRIS-BOWLSBEY, J. (1984). The computer and career development. *Journal of Counseling and Development, 63,* 145-148.

HARTMAN, B. W. (1990). Endless unacceptable alternatives: The case of Sondra. *Career Development Quarterly, 39,* 40-43.

HARTMAN, B. W., & FUQUA, D. R. (1983). Career indecision from a multidimensional perspective: A reply to Grites. *School Counselor, 30,* 340-346.

HARTMAN, B. W., FUQUA, D. R., & BLUM, C. R. (1985). A path-analytic model of career indecision. *Vocational Guidance Quarterly, 33,* 231-240.
HARTMAN, B. W., FUQUA, D. R., & HARTMAN, P. T. (1983a). The construct validity of the Career Decision Scale administered to high school students. *Vocational Guidance Quarterly, 31,* 250-258.
HARTMAN, B. W., FUQUA, D. R., & HARTMAN, P. T. (1983b). The predictive potential of the Career Decision Scale in identifying chronic career indecision. *Vocational Guidance Quarterly,* 32, 103-108.
HARTMAN, B. W., FUQUA, D. R., & JENKINS, S. J. (1986). The reliability/generalizability of the construct of career indecision. *Journal of Vocational Behavior, 28,* 142-148.
HARTMAN, B. W., FUQUA, D. R., BLUM, C. R., & HARTMAN, P. T. (1985). A study of the predictive validity of the Career Decision Scale in identifying longitudinal patterns of career indecision. *Journal of Vocational Behavior, 27,* 202-209.
HARTMAN, B. W., & HARTMAN, P. T. (1982). The concurrent and predictive validity of the Career Decision Scale adapted for high school students. *Journal of Vocational Behavior, 20,* 244-252.
HARTMAN, B. W., JENKINS, S. J., FUQUA, D. R., & SUTHERLAND, V. E. (1987). An analysis of gender differences in the factor structure of the Career Decision Scale. *Educational and Psychological Measurement, 47,* 1099-1106.
HARTMAN, B. W., UTZ, P. W., & FARNUM, S. O. (1979). Examining the reliability and validity of an adapted scale of educational-vocational undecidedness in a sample of graduate students. *Journal of Vocational Behavior, 15,* 224-230.
HARTUNG, P. J. (1995). Developing a theory-based measure of career decision-making: The Decisional Process Inventory. *Journal of Career Assessment, 3,* 299-313.
HARTUNG, P. J., LEWIS, D. M., MAY, K., & NILES, S. G. (2002). Family patterns and college student career development. *Journal of Career Assessment, 10,* 78-90.
HARTUNG, P. J., & MARCO, C. D. (1998). Refinement and further validation of the Decisional Process Inventory. *Journal of Career Assessment, 7,* 147-162.
HAWKINS, J. G., BRADLEY, R. W., & WHITE, G. W. (1977). Anxiety and the process of deciding about a major and vocation. *Journal of Counseling Psychology, 24,* 398-403.
HAZLER, R. J., & ROBERTS, G. (1984). Decision making in vocational theory: Evolution and implications. *Personnel and Guidance Journal, 62,* 408-410.
HEESACKER, M., NEIMEYER, G. J., & LINDEKENS, S. E. (2001). Vocational development: Assessment and intervention in adolescent career choice. In C. E. Walker & M. C. Roberts (Eds.) *Handbook of clinical child psychology* (3rd ed.) (pp. 737-756). New York: Wiley.
HELWIG, A. A. (2004). A ten-year longitudinal study of the career development of students: Summary findings. *Journal of Counseling and Development, 82,* 49-57.
HEMPHILL, J. F. (2003). Interpreting the magnitudes of correlation coefficients. *American Psychologist, 58,* 78-79.
HEPPNER, P. P. (1989). Identifying the complexities within client's thinking and decision making. *Journal of Counseling Psychology, 36,* 257-279.
HEPPNER, M. J., & HENDRICKS, F. (1995). A process and outcome study examining career indecision and indecisiveness. *Journal of Counseling and Development, 73,* 426--437.

Heppner, M. J., & Heppner, P. P. (2003). Identifying process variables in career counseling: A research agenda. *Journal of Vocational Behavior, 62,* 429-452.
Heppner, P. P., Witty, T. E., & Dixon, W. A. (2004). Problem-solving appraisal and human adjustment: A review of 20 years of research using the Problem Solving Inventory. *The Counseling Psychologist, 32,* 344-428.
Hermans, H. J. M. (2004). Introduction: The dialogical self in a global and digital age. *Identity: An International Journal of Theory and Research, 4,* 297-320.
Herr, E. L. (1997). Career counseling: A process in process. *British Journal of Guidance and Counselling, 25,* 81-93.
Herr, E. L., & Cramer, S. H. (1992). *Career guidance and counseling through the life span: Systematic approaches* (4th ed.). New York: Harper Collins.
Herr, E. L., & Lear, P. B. (1984). The family as an influence on career development. *Family Therapy Collections, 10,* 1-15.
Hevern, V. W. (2004). Threaded identity in cyberspace: Weblogs & positioning in the dialogical self. *Identity: An International Journal of Theory and Research, 4,* 321-335.
Hetherington, J. (2000). Role of theory and experimental design in multivariate analysis and mathematical modeling. In Howard E. A. Tinsley & Steven D. Brown (Eds.), *Handbook of applied multivariate statistics and mathematical modeling* (pp. 37-63). San Diego: Academic Press.
Hodkinson, P., & Sparkes, A. C. (1997). Careership: A sociological theory of career decision making. *British Journal of Sociology of Education, 18,* 29-44.
Hoffman, J. A. (1984). Psychological separation of late adolescents from their parents. *Journal of Counseling Psychology, 31,* 170-178.
Hoffman, J. J., Hofacker, C., & Goldsmith, E. B. (1992). How closeness affects parental influence on business college students' career choices. *Journal of Career Development, 19,* 65-73.
Hogan, T. P., Benjamin, A., & Brezinski, K. L. (2000). Reliability methods: Frequency of use of various types. *Educational and Psychological Measurement, 60,* 523-531.
Hong, S. M., Bianca, M. A., Bianca, M. R., & Bollington, J. (1993). Self-esteem: The effects of life satisfaction, sex, and age. *Psychological Reports, 72,* 95-101.
*Holland, J. L. (1985a). *The Self Directed Search: A guide to educational and vocational planning.* Odessa, FL: Psychological Assessment Resources.
*Holland, J. L. (1985b). *Making vocational choices: A theory of vocational personalities and work environments.* Englewood Cliffs, N.J.: Prentice-Hall.
Holland, J. L., Daiger, D. C., & Power, P. G. (1980). *Manual for My Vocational Situation.* Palo Alto, CA: Consulting Psychologists Press.
Holland, J. L., Gottfredson, D. C., & Nafziger, D. H. (1975). Testing the validity of some theoretical signs of vocational decision-making ability. *Journal of Counseling Psychology, 22,* 411-422.
Holland, J. L., Gottfredson, D. C., & Power, P. G. (1980). Some diagnostic scales for research in decision making and personality: Identity, information, and barriers. *Journal of Personality and Social Psychology, 6,* 1191-1200.
Holland, J. L., & Holland, J. E. (1977). Vocational indecision: More evidence and speculation. *Journal of Vocational Behavior, 24,* 404-414.

HOLLAND, J. L., MAGOON, T. M., & SPOKANE, A. R. (1981). Counseling psychology: Career interventions, research, and theory. *Annual Review of Psychology, 32,* 279--305.
HOLLAND, J. L., & NICHOLS, R. C. (1964). The development and validation of an Indecision Scale: The natural history of a problem in basic research. *Journal of Counseling Psychology, 11,* 27-34.
HOLLAND, J. L., JOHNSTON, J. A., & ASAMA, N. F. (1993). The Vocational Identity Scale: A diagnostic and treatment tool. *Journal of Career Assessment, 1,* 1-12.
HORNAK, J., & GILLINGHAM, B. (1980). Career indecision: A self-defeating behavior. *Personnel and Guidance Journal, 59,* 252-253.
HOWARD, G. S. (1991). Culture tales: A narrative approach to thinking, cross-cultural psychology, and psychotherapy. *American Psychologist, 46,* 187-197.
HOWARD, G. S., MAERLENDER, A. C., MYERS, P. R., & CURTIN, T. D. (1992). In stories we trust: Studies of the validity of autobiographies. *Journal of Counseling Psychology, 39,* 398-405.
HUBERTY, C. J., & HUSSEIN, M. H. (2001). Reporting information in multiple correlation and multiple regression studies. In Edgar I. Farmer & Jay W. Rojewski (Eds.), *Research pathways: Writing professional papers, theses, and dissertations in workforce education* (pp. 325-348). Lanham: University Press of America.
HUBERTY, C. J., & HUSSEIN, M. H. (2003). Some problems in reporting use of discriminant analysis. *Journal of Experimental Education, 71,* 177-191.
HUBERTY, C. J., & LOWMAN, L. L. (1998). Discriminant analysis in higher education research. In J. C. Farmer & J. Smart (Eds.), *Higher education: Handbook of theory and research education* (Vol. XIII) (pp. 181-234). New York: Academic Press.
HUGHEY, K. F., & HUGHEY, J. K. (1999). Preparing students for the future: Making career development a priority. *Journal of Career Development, 25,* 203-216.
HULTQUIST, A. K. (2002). Introduction to "psychological type and family functioning". *Journal of Systemic Therapies, 21,* 90-108.
IBÁÑEZ, T. (1992). Cómo se puede no ser constructivista hoy en día? *Revista de Psicoterapia, III,* 17-27.
INKSON, K., & AMUNDSON, N. E. (2002). Career metaphors and their application in theory and counseling practice. *Journal of Employment Counseling, 39,* 98-108.
*JANIS, I. L., & MANN, L. (1977). *Decision-making.* New York: Free Press.
JEPSEN, D. A. (1975). Occupational decision development over the high school years. *Journal of Vocational Behavior, 7,* 225-237.
JEPSEN, D. A. (1994). The thematic-extrapolation method: Incorporating career patterns into career counseling. *The Career Development Quarterly, 43,* 43-53.
JEPSEN, D. A., & CHOUDHURI, E. (2001). Stability and change in 25-year occupational career patterns. *The Career Development Quarterly, 50,* 3-19.
JEPSEN, D. A., & DILLEY, J. S. (1974). Vocational decision-making models: A review and comparative analysis. *Review of Educational Research, 44,* 331-344.
JOHNSON, D. P. (1990). Indecisiveness: A dynamic, integrative approach. *Career Development Quarterly, 39,* 34-39.

JOHNSON, P., BUBOLTZ, W. C., & NICHOLS, C. N. (1999). Parental divorce, family functioning, and vocational identity of college students. *Journal of Career Development, 26,* 137-146.

JOHNSON, R. H. (1978). Individual styles of decision making: A theoretical model for counseling. *Personnel and Guidance Journal, 56,* 530-536.

JONES, L. K. (1989). Measuring a three-dimensional construct of career indecision among college students: A revision of the Vocational Decision Scale – The Career Decision Profile. *Journal of Counseling Psychology, 36,* 477-486.

JONES, L. K., & CHENERY, M. F. (1980). Multiple subtypes among vocationally undecided college students: A model and assessment instrument. *Journal of Counseling Psychology, 27,* 469-477.

JONES, L. K., & LOHMANN, M. F. (1998). The Career Decision Profile: Using a measure of career decision status in counseling. *Journal of Career Assessment, 6,* 209-230.

JOSSELSON, R. (1988). The embedded self: I and thou revisited. In Daniel K. Lapsley & F. Clark Power (Eds.), *Self, ego, and identity* (pp. 91-106). New York: Springer-Verlag.

JURGENS, J. C. (2000). The undecided student: Effects of combining levels of treatment parameters on career certainty, career indecision, and client satisfaction. *The Career Development Quarterly, 48,* 237-250.

KAHNEMAN, D. (2003). A perspective on judgment and choice: Mapping bounded rationality. *American Psychologist, 58,* 697-720.

KAPLAN, D. M., & BROWN, D. (1987). The role of anxiety in career indecisiveness. *Career Development Quarterly, 36,* 148-162.

KEITH, L. K., & BRACKEN, B. A. (1996). Self-concept instrumentation: A historical and evaluative review. In B. A. Bracken (Ed.), *Handbook of self-concept: Developmental, social, and clinical considerations* (pp. 91-170). New York: Wiley.

*KELLY, G. A. (1955). *The psychology of personal constructs* (Vols. 1-2). New York: W.W. Norton.

KELLY, K. R., & LEE, W.C. (2002). Mapping the domain of career indecision problems. *Journal of Vocational Behavior, 61,* 302-326.

KELLY, K. R., & PULVER, C. A. (2003). Refining measurement of career indecision types: A validity study. *Journal of Counseling and Development, 81,* 445-454.

KERN, C. W. (1995). Career decision-making course: Helping the undecided student. *College Student Affairs Journal, 14,* 75-82.

KETTERSON, T. U., & BLUSTEIN, D. L. (1997). Attachment relationships and the career exploration process. *The Career Development Quarterly, 46,* 167-178.

KIDD, J. M. (1998). Emotion: An absent presence in career theory. *Journal of Vocational Behavior, 52,* 275-288.

KIMES, H. G., & TROTH, W. A. (1974). Relationship of trait anxiety to career decisiveness. *Journal of Counseling Psychology, 21,* 277-280.

KING, Z. (2001). Career self-management: A framework for guidance of employed adults. *British Journal of Guidance and Counselling, 29,* 65-78.

KINNIER, R. T., BRIGMAN, S. L., & NOBLE, F. C. (1990). Career indecision and family enmeshment. *Journal of Counseling and Development, 68,* 309-312.

Kirk, R. E. (1996). Practical significance: A concept whose time has come. *Educational and Psychological Measurement, 56*, 746-759.
Kirk, R. E. (2001). Promoting good statistical practices: Some suggestions. *Educational and Psychological Measurement, 61*, 213-218.
Kirschner, T., Hoffman, A., & Hill, C. E. (1994). Case study of the process and outcome of career counseling. *Journal of Counseling Psychology, 41*, 216-226.
Kivlighan, D. M. Johnston, J. A., Hogan, R. S., & Mauer, E. (1994). Who benefits from computerized career counseling? *Journal of Counseling and Development, 72*, 289--292.
Kleiman, T., & Gati, I. (2004). Challenges of internet-based assessment: Measuring career decision-making difficulties. *Measurement and Evaluation in Counseling and Development, 37*, 41-55.
Knefelkamp, L. L., & Sleptiza, R. (1976). A cognitive-development model of career Development – An adaptation of the Perry scheme. *The Counseling Psychologist, 6*, 53-58.
Kozlowska, K., & Hanney, L. (2002). The network perspective: An integration of attachment and family systems theories. *Family Process, 41*, 285-312.
Kracke, B. (1997). Parental behaviors and adolescents' career exploration. *The Career Development Quarterly, 42*, 137-142.
Kraus, W. (1998). La fin des grands projets: Le development de l'identité dans le champ du travail comme navigation à vue. *L'Orientation Scolaire et Professionnelle, 27*, 105-121.
Krieshok, T. S. (1998). An anti-introspectivist view of career decision making. *The Career Development Quarterly, 46*, 210-229.
Krieshok, T. S. (2001). How decision-making literature might inform career center practice. *Journal of Career Development, 27*, 207-216.
Krieshok, T. S. (2003). *Being decided at the expense of being adaptive*. Comunicação apresentada na Sixth Bi-annual Conference of the Society for Vocational Psychology, Coimbra, 12-14 de Junho de 2003.
Kroger, J. (1996). *Identity in adolescence: The balance between self and other* (2nd ed.). London. Routlege.
Kroger, J. (2000). Ego identity status research in the new millennium. *International Journal of Behavioral Development, 24*, 145-148.
Krumboltz, J. D. (1992). The wisdom of indecision [Comment]. *Journal of Vocational Behavior, 41*, 239-244.
Kush, K., & Cochran, L. (1993). Enhancing a sense of agency through career planning. *Journal of Counseling Psychology, 40*, 434-439.
Kvale, S. (1992a). Introduction: From the archaeology of the psyche to the architecture of cultural landscapes. In Steinar Kvale (Ed.), *Psychology and postmodernism* (pp. 1--16). London: Sage.
Kvale, S. (1992b). Postmodern psychology: A contradiction in terms? In Steinar Kvale (Ed.), *Psychology and postmodernism* (pp. 31-57). London: Sage.
Kyrios, M., Frost, R. O., & Steketee, G. (2004). Cognitions in compulsive buying and acquisition. *Cognitive Therapy and Research, 28*, 241-258.

LANCASTER, B. P., RUDOLPH, C. E., PERKINS, T. S., & PATTEN, T. G. (1999). The reliability and validity of the Career Decision Difficulties Questionnaire. *Journal of Career Assessment, 7*, 393-413.

LANKARD, B. A. (1995). *Family role in career development*. (ERIC Document Reproduction Service N.° EDO-CE-95-164).

LAPLANTE, B., COALLIER, J., SABOURIN, S., MARTIN, F. (1994). Dimensionality of the Career Decision Scale: Methodological, cross-cultural, and clinical issues. *Journal of Career Assessment, 2*, 19-28.

LARSON, J. H. (1995). The use of family systems theory to explain and treat career decision problems in late adolescence: A review. *The American Journal of Family Therapy, 23*, 328-337.

LARSON, J. H., WILSON, S., MEDORA, N., & ALLGOOD, S. (1994). The multidimensional assessment of career decision problems: The Career Decision Diagnostic Assessment. *Journal of Counseling and Development, 72*, 323-328.

LARSON, J. H., & WILSON, S. M. (1998). Family of origin influences on young adult career decision problems: A test of bowenian theory. *American Journal of Family Therapy, 26*, 39-53.

LARSON, L. M., & HEPPNER, P. P. (1985). The relationship of problem-solving appraisal to career decision and indecision. *Journal of Vocational Behavior, 26*, 55-65.

LARSON, L. M., HEPPNER, P. P., HAM, T., & DUGAN, K. (1988). Investigating multiple subtypes of career indecision through cluster analysis. *Journal of Counseling Psychology, 35*, 439-446.

LARSON, L. M., & MAJORS, M. S. (1998). Applications of the Coping With Career Indecision Instrument with adolescents. *Journal of Career Assessment, 6*, 163-179.

LARSON, L. M., TOULOUSE, A. L., NGUMBA, E. W., & FITZPATRICK, L. A. (1991). *The development and validation of the Career Planning Inventory*. Comunicação apresentada na American Psychological Association National Convention, San Francisco.

LARSON, L. M., TOULOUSE, A. L., NGUMBA, E. W., FITZPATRICK, L. A., & HEPPNER, P. P. (1994). The development and validation of Coping With Career Indecision. *Journal of Career Assessment, 2*, 91-110.

LATHER, P. (1992). Postmodernism and the human sciences. In Steiner Kvale (Ed.), *Psychology and postmodernism* (pp. 88-109). London: Sage.

LAW, B. (1981). Community interaction: A 'mid-range' focus for theories of career development in young adults. *British Journal of Guidance and Counselling, 9*, 142--158.

LAW, B. (1991). Community interaction in the theory and practice of careers work. In Bártolo P. Campos (Ed.), *Psychological intervention and human development* (pp. 151--162). Porto: ICPFD and Louvain-La-Neuve: Academia.

LAW, B. (1993). Understanding careers work. *Career Development Quarterly, 41*, 297-313.

LAW, B. (1996). A career-learning theory. In A. G. Watts, B. Law, J. Killeen, J. M. Kidd & R. Hawthorn (Eds.), *Rethinking careers education and guidance: Theory, policy, and practice* (pp. 46-71). London: Routledge.

LECOMTE, C., & GUILLON, V. (2000). Counseling personnel, counseling de carrière et psychothérapie. *L'Orientation Scolaire et Professionnelle, 29*, 117-140.

LEE, H. Y., & HUGHEY, K. F. (2001). The relationship of psychological separation and parental attachment to the career maturity of college freshmen from intact families. *Journal of Career Development, 27*, 279-293.
LEE, K. H. (2005). Coping with career indecision: Differences between four career choice types. *Journal of Career Development, 31*, 279-289.
LEONG, F. T. L., & MORRIS, J. (1989). Assessing the construct validity of Holland, Daiger, and Power's measure of Vocational Identity. *Measurement and Evaluation in Counseling and Development, 22*, 117-125.
LEWALLEN, W. C. (1995). Students decided and undecided about career choice: A comparison of college achievement and student involvement. *NACADA Journal, 15*, 22-30.
LEWICKA, M. (1997). Rational or uncommitted? Depression and indecisiveness in interpersonal decision making. *Scandinavian Journal of Psychology, 38*, 227-236.
LEWIS, D. M., & SAVICKAS, M. L. (1995). Validity of the Career Factors Inventory. *Journal of Career Assessment, 3*, 44-56.
LEWIS, J. (2001). Career and personal counseling: Comparing process and outcome. *Journal of Employment Counseling, 38*, 82-90.
LEWIS, R. A., & GILHOUSEN, M. R. (1981). Myths of career development: A cognitive approach to vocational counseling. *Personnel and Guidance Journal, 59*, 296-299.
LEWKO, J. H. (1994). The evaluation of career indecision in career development. *Canadian Journal of Counselling, 28*, 281-289.
LOCASCIO, R. (1964). Delayed and impaired vocational development: A neglected aspect of vocational development theory. *Personnel and Guidance Journal, 42*, 885-887.
LOPEZ, F. G. (1983). A paradoxical approach to vocational indecision. *Personnel and Guidance Journal, 61*, 410-412.
LOPEZ, F. G. (1989). Current family dynamics, trait anxiety, and academic adjustment: Test of a family-based model of vocational identity. *Journal of Vocational Behavior, 35*, 76-87.
LOPEZ, F. G. (1992). Family dynamics and late adolescent identity development. In Steven D. Brown & Robert W. Lent (Eds.), *Handbook of counseling psychology* (2nd ed.) (pp. 251-283). New York: Wiley.
LOPEZ, F. G., & ANDREWS, S. (1987). Career indecision: A family systems perspective. *Journal of Counseling and Development, 65*, 304-307.
LOWE, B. (1981). The relationship between vocational interest differentiation and career undecideness. *Journal of Vocational Behavior, 19*, 346-349.
LUCAS, M. S. (1993a). A validation of types of career indecision at a counseling center. *Journal of Counseling Psychology, 40*, 440-446.
LUCAS, M. S. (1993b). Personal aspects of career counseling: Three examples. *Career Development Quarterly, 42*, 161-166.
LUCAS, M. S., & EPPERSON, D. L. (1988). Personality types in vocationally undecided students. *Journal of College Student Development, 29*, 460-466.
LUCAS, M. S., & EPPERSON, D. L. (1990). Types of vocational undecidedness: A replication and refinement. *Journal of Counseling Psychology, 37*, 382-388.
LUCAS, J. L., & WANBERG, C. R. (1995). Personality correlates of Jones's three-dimensional model of career indecision. *Journal of Career Assessment, 3*, 315-329.

LUNNEBORG, P. W. (1975). Interest differentiation in high school and vocational indecision in college. *Journal of Vocational Behavior, 7,* 297-303.
LUNNEBORG, P. W. (1976). Vocational indecision in college graduates. *Journal of Counseling Psychology, 23,* 402-404.
LUZZO, D. A. (1993). Reliability and validity testing of the Career Decision-making Self-efficacy Scale. *Measurement and Evaluation in Counseling and Development, 26,* 137-142.
LYDDON, W. J. (1990). First and second order change: Implications for rationalist and constructivist cognitive therapies. *Journal of Counseling and Development, 69,* 122--127.
LYOTARD, J. F. (1989). *A condição pós-moderna.* Lisboa: Gradiva. (Trabalho publicado originalmente em 1979)
MACHADO, A., LOURENÇO, O., & SILVA, F. J. (2000). Facts, concepts, and theories: The shape of psychology's epistemic triangle. *Behavior and Philosophy, 28,* 1-40.
MACHADO, P. P. (1996). Investigação em psicoterapia: Respostas para algumas questões e algumas questões sem resposta. *Psicologia: Teoria, Investigação e Prática, 1,* 97--116.
MAGNUSON, S., & SHAW, H. E. (2003). Adaptations of the multifaceted genogram in counselling, training, and supervision. *The Family Journal: Counseling and Therapy for Couples and Families, 11,* 45-54.
MAIER, D., & HERMAN, A. (1974). The relationship of vocational decidedness and satisfaction with dogmatism and self-esteem. *Journal of Vocational Behavior, 5,* 95--102.
MAIR, M. (1988). Psychology as storytelling. *International Journal of Personal Construct Psychology, 1,* 125-137.
MALOT, K. M., & MAGNUSON, S. (2004). Using genograms to facilitate undergraduate student's career development: A group model. *The Career Development Quarterly, 53,* 178-186.
MANCINI, F., D'OLIMPIO, F., DEL GÉNIO, M. DIDONNA, F., & PRUNETTI, E. (2002). Obsessions and compulsions and intolerance in a non-clinical sample. *Journal of Anxiety Disorders, 16,* 401-411.
MANN, L. (1982). *Decisional procrastination scale.* Inventário não publicado. Flinders University of South Austrália.
MANUELE, C. (1992). Career counseling is personal counseling. *Career Development Quarterly, 40,* 313-323.
MARCIA, J. E. (1966). Development and validation of ego identity status. *Journal of Personality and Social Psychology, 3,* 551-558.
MARCIA, J. E. (1980). Identity in adolescence. In J. Adelson (Ed.), *Handbook of adolescent psychology* (pp. 159-187). New York: Wiley.
MARCIA, J. E. (1986). Clinical implications of the identity status approach within psychosocial developmental theory. *Cadernos de Consulta Psicológica, 2,* 23-34
MARCIA, J. E. (1987). The identity status approach to the study of ego identity development. In Terry Honess & Krysia Yardley (Eds.), *Self and identity* (pp. 161-171). New York: Routledge & Kegan.

Marco, C. D., Hartung, P. J., Newman, I., & Parr, P. (2003). Validity of the Decisional Process Inventory. *Journal of Vocational Behavior, 63,* 1-19.

Martens, M. P. (2005). The use of structural equation modeling in counseling psychology research. *The Counseling Psychologist, 33,* 269-298.

Martin, F., Sabourin, S., Laplante, B., & Coallier, J. C. (1991). Diffusion, support, approach, and external barriers as distinct theoretical dimensions of the Career Decision Scale: Disconfirming evidence? *Journal of Vocational Behavior, 38,* 187-197.

Marsh, H. W., & Richards, G. E. (1987). The multidimensionality of the Rotter I-E Scale and its higher-order structure: An application of confirmatory factor analysis. *Multivariate Behavioral Research, 22,* 39-69.

Maruyama, G. M. (1998). *Basics of structural equation modeling.* Thousand Oaks: Sage.

Mason-Schrock, D. (1996). Transsexuals' narrative construction of the "true self". *Social Psychology Quarterly, 59,* 176-192.

Matre, G. V., & Cooper, S. (1984). Concurrent evaluation of career indecision and indecisiveness. *Personnel and Guidance Journal, 62,* 637-639.

Mau, W. (2001). Assessing career decision-making difficulties: A cross-cultural study. *Journal of Career Assessment, 9,* 353-364.

Mau, W. (2004). Cultural dimensions of career decision-making difficulties. *The Career Development Quarterly, 53,* 67-77.

Maynard, P. E., & Olson, D. H. (1987). Circumplex model of family systems: A treatment tool in family counseling. *Journal of Counseling and Development, 65,* 502-504.

McAuliffe, G. J. (1993). Constructive development and career transition: Implications for counseling. *Journal of Counseling and Development, 72,* 23-28.

McCurdy, B. A., & Kelly, D. B. (1997). Correlations of the MMPI-2 Low Self-esteem Scale with two self-esteem measures. *Psychological Reports, 81,* 826.

McGoldrick, M., & Carter, B. (2001). Advances in coaching: Family therapy with one person. *Journal of Marital and Family Therapy, 27,* 281-300.

McGoldrick, M., & Gerson, R. (1985). Constructing genograms. In M. McGoldrick & R. Gerson (Eds.), *Genograms in family assessment* (pp. 9-38). New York: Norton.

McGowan, A. S. (1977). Vocational maturity and anxiety among vocationally undecided and indecisive students. *Journal of Vocational Behavior, 10,* 196-204.

McLeod, J. (1996). The emerging narrative approach to counselling and psychotherapy. *British Journal of Guidance and Counselling, 24,* 173-184.

McLeod, J. (1997). *Narrative and psychotherapy.* London: Sage.

McLeod, J. (2003). *An introduction to counseling* (3rd ed.). Maidenhead: Open University Press.

McMahon, M., & Patton, W. (2002). Using qualitative assessment in career counseling. *International Journal for Educational and Vocational Guidance, 2,* 51-66.

Melgosa, J. (1987). Development and validation of the Occupational Identity Scale. *Journal of Adolescence, 10,* 385-397.

Mendes, M., & Pala, A. (2004). Evaluation of four tests when normality and homogeneity of variance assumptions are violated. *Journal of Applied Sciences, 4,* 38-42.

Mendonca, J. D., & Siess, T. F. (1976). Counseling for indecisiveness: Problem-solving and anxiety-management training. *Journal of Counseling Psychology, 23,* 339-347.

MEIJERS, F. (1998). The development of a career identity. *International Journal for the Advancement of Counseling, 20*, 191-207.
MEIJERS, F. (2002). Career learning in a changing world: The role of emotions. *International Journal for the Advancement of Counseling, 24*, 149-167.
MEYER, B. W., & WINER, J. L. (1993). The Career Decision Scale and neuroticism. *Journal of Career Assessment, 2*, 171-180.
MIGUENS, S. (2004). *Racionalidade*. Porto: Campo das Letras.
MILGRAM, N., & TENNE, R. (2000). Personality correlates of decisional and task avoidant procrastination. *European Journal of Personality, 14*, 141-156.
MILLARD, R. J., HABLER, B. L., & LIST, J. (1984). Sex-role orientation and career indecision. *The Journal of Psychology, 117*, 217-220.
MILLER, M. J. (1993). A career counseling diagnostic model: How to assess and counsel career-concerned clients. *Journal of Employment Counseling, 30*, 35-43.
MITCHELL, K., LEVIN, A., & KRUMBOLTZ, J. D. (1999). Planned happenstance: Constructing unexpected career opportunities. *Journal of Counseling and Development, 77*, 115--124.
MOON, S. M., COLEMAN, V. D., MCCOLLUM, E. E., NELSON, T. S., & JENSEN-SCOTT, R. L. (1993). Using the genogram to facilitate career decisions: A case study. *Journal of Family Psychotherapy, 4*, 45-56.
MOORE, M. A., & NEIMEYER, G. J. (1992). Using occupational information to increase vocational differentiation. *Journal of Career Development, 19*, 3-12.
MOORE, M. A., NEIMEYER, G. J., & MARMAROSH, C. (1992). Effects of informational valence and occupational favorability on vocational differentiation: A test of the disconfirmation hypothesis. *Journal of Counseling Psychology, 39*, 335-341.
MULTON, K. D., HEPPNER, M. J., & LAPAN, R. T. (1995). An empirical derivation of career decision subtypes in a high school sample. *Journal of Vocational Behavior, 47*, 76-92.
MUNLEY, P. H. (1975). Erikson's theory of psychosocial development and vocational behavior. *Journal of Counseling Psychology, 22*, 314-319.
MUNLEY, P. H. (1977). Erikson's theory of psychosocial development and career development. *Journal of Career Development, 10*, 261-269.
MUUSS, R. E. (1996). *Theories of adolescence* (6th ed.). New York: McGraw-Hill.
NASCIMENTO, I., & COIMBRA, J. L. (2003). De pais para filhos: O sentido do trabalho como herança. In IEFP (Ed.), *Integração das políticas e sistemas de educação e formação: Perspectivas e desafios – Actas do IV Congresso de Formação Norte de Portugal/ /Galiza* (pp. 423-428). Porto: IEFP.
NASCIMENTO, I., & COIMBRA, J. L. (2001/2002). As lições da experiência: A relação pais-filhos e a transmissão intergeracional do significado do trabalho e da parentalidade. *Cadernos de Consulta Psicológica, 17-18*, 95-107.
NEGREIROS, JORGE (1998). *Prevenção do abuso do álcool e drogas nos jovens* (2.ª edição). Porto: Radicário.
NEICE, D. E., & BRADLEY, R. W. (1979). Relationship of age, sex, and educational groups to career decisiveness. *Journal of Vocational Behavior, 14*, 271-278.
NEIMEYER, G. J. (1988). Cognitive integration and differentiation in vocational behavior. *The Counseling Psychologist, 16*, 440-475.

NEIMEYER, G. J. (1989). Personal construct systems in vocational development and information-processing. *Journal of Career Development, 16*, 83-96.
NEIMEYER, G. J. (1992). Personal constructs and vocational structure: A critique of poor reason. In R. A. Neimeyer & G. J. Neimeyer (Eds.), *Advances in personal construct psychology* (pp. 91-120). Greenwich, CT: JAI Press.
NEIMEYER, G. J., & LESO, J. F. (1992). Effects of occupational information on personal versus provided constructs: A second look. *Journal of Counseling Psychology, 39*, 331--334.
NEIMEYER, G. J., LESO, J. F., MARMAROSH, C., PRICHARD, S., & MOORE, M. (1992). The role of construct type in vocational differentiation: Use of elicited versus provided dimensions. *Journal of Counseling Psychology, 39*, 121-128.
NEIMEYER, G. J., & METZLER, A. (1987). The development of vocational schemas. *Journal of Vocational Behavior, 30*, 16-32.
NEIMEYER, G. J., PRICHARD, S., BERZONSKY, M. D., & METZLER, A. (1991). Vocational hypothesis testing: The role of occupational relevance and identity orientation. *Journal of Vocational Behavior, 38*, 318-332.
NEVO, O. (1987). Irrational expectations in career counseling and their confronting arguments. *The Career Development Quarterly, 35*, 239-250.
NEWMAN, J. L., FUQUA, D. R., & MINGER, C. (1990). Further evidence for the use of career subtypes in defining career status. *The Career Development Quarterly, 39*, 178-188.
NEWMAN, J. L., FUQUA, D. R., & SEAWORTH, T. B. (1989). The relationship of career indecision and anxiety: A multivariate examination. *Journal of Vocational Behavior, 3*, 221-231.
NEWMAN, J. L., GRAY, E. A., & FUQUA, D. R. (1999). The relation of career indecision to personality dimensions of the California Psychological Inventory. *Journal of Vocational Behavior, 54*, 174-187.
NICHOLAS, L., & PRETORIUS, T. B. (1994). Assessing the vocational identity of black South African university students: Psychometric and normative data on the Vocational Identity Scale of the My Vocational Situation. *Measurement and Evaluation in Counseling and Development, 27*, 85-92.
NICHOLS, M. P., & SCHWARTZ, R. C. (2004). *Family therapy: Concepts and methods* (6th ed.). Boston: Allyn and Bacon.
NILSSON, J. E., SCHMIDT, C. K., & MEEK, W. (2002). Reliability generalization: An examination of the Career Decision-making Self-efficacy Scale. *Educational and Psychological Measurement, 62*, 647-658.
O'BRIAN, K., FRIEDMAN, S. M., TIPTON, L. C., & LINN, S. G. (2000). Attachment, separation, and women's vocational development: A longitudinal analysis. *Journal of Counseling Psychology, 47*, 301-315.
O'BRIEN, E. J. (1985). Global self-esteem scales: Unidimensional or multidimensional? *Psychological Reports, 57*, 383-389.
O'HARE, M. M., & BEUTELL, N. J. (1987). Sex differences in coping with career decision making. *Journal of Vocational Behavior, 31*, 174-181.
OKIISHI, R. W. (1987). The genogram as a tool in career counseling. *Journal of Counseling and Development, 66*, 139-143.

OKWUMABUA, J. O., WONG, S. P., & DURYEA, E. J. (2003). Depressive symptoms and decision making among African American Youth. *Journal of Adolescent Research, 18,* 436-453.
OLIVER, L. W., & SPOKANE, A. R. (1988). Career-intervention outcome: What contributes to client gain? *Journal of Counseling Psychology, 35,* 447-462.
*OLSON, D. H., SPRENKLE, D. H., & RUSSEL, C. S. (1979). Circumplex model of marital and family systems: I. Cohesion and adaptability dimensions of family types and clinical applications. *Family Process, 18,* 3-28.
ORELLANA-DAMACELA, L. E., TINDALE, R. S., & SUÁREZ-BALCÁZAR, Y. (2000). Decisional and behavioral procrastination: How they relate to self-discrepancies. *Journal of Social Behavior and Personality, 15,* 225-238.
OSIPOW, S. H. (1987). *Manual for the Career Decision Scale* (edição revista). Odessa, FL: Psychological Assessment Resources.
OSIPOW, S. H. (1991a). Response to Vondracek, Dorn, and Hackett. *Journal of Counseling and Development, 70,* 332-333.
OSIPOW, S. H. (1991b). Developing instruments for use in counseling. *Journal of Counseling and Development, 70,* 322-326.
OSIPOW, S. H. (1994). The Career Decision Scale: How good does it have to be? *Journal of Career Assessment, 2,* 15-18.
OSIPOW, S. H. (1999). Assessing career indecision. *Journal of Vocational Behavior, 55,* 147-154.
OSIPOW, S. H., CARNEY, C. G., & BARAK, A. (1976). A scale of educational-vocational undecidedness: A typological approach. *Journal of Vocational Behavior, 9,* 233-243.
OSIPOW, S. H., & FITZGERALD, L. F. (1996). *Theories of career development* (4th ed.). Boston: Allyn and Bacon.
OSIPOW, S. H., & GATI, I. (1998). Construct and concurrent validity of the Career Decision-Making Difficulties Questionnaire. *Journal of Career Assessment, 6,* 347-364.
OSIPOW, S. H., & REED, R. (1985). Decision making style and career indecision in college students. *Journal of Vocational Behavior, 27,* 368-373.
OSIPOW, S. H., & SCHWEIKERT, D. (1981). The Career Decision Scale: A test of concurrent validity. *Psychological Reports, 48,* 759-761.
OSIPOW, S. H., & TEMPLE, R. D. (1996). Development and use of the Task Specific Occupational Self-efficacy Scale. *Journal of Career Assessment, 4,* 445-456.
OSIPOW, S. H., & WINER, J. L. (1996). The use of the Career Decision Scale in career assessment. *Journal of Career Assessment, 4,* 117-130.
OTTO, L. B., & CALL, V. A. R. (1985). Parental influence on young people's career development. *Journal of Career Development, 12,* 65-69.
PAIS, J. M. (2001). *Ganchos, tachos e biscates: Jovens, trabalho e futuro.* Porto: Âmbar.
PALMER, S., & COCHRAN, L. (1988). Parents as agents of career development. *Journal of Counseling Psychology, 35,* 71-76.
PARADA, F., & COIMBRA, J. L. (1999). O trabalho como dimensão de construção da cidadania: Reflexões sobre o papel da escola no processo de formação do indivíduo cidadão/trabalhador. *Inovação, 12,* 93-107.
*PARSONS, F. (1909). *Choosing a vocation.* Boston, MA: Houghton Mifflin.

PASK-MCCARTNEY, C., & SALOMONE, P. R. (1988). Difficult cases in career counseling: III – The multipotentialed client. *The Career Development Quarterly, 36*, 231-240.
PATTON, W., & CREED, P. A. (2001). Developmental issues in career maturity and career decision status. *The Career Development Quarterly, 49*, 336-351.
PEAVY, R. V. (1991). *Constructivism and the practice of storied counselling*. Comunicação apresentada na IAEVG Conference, Lisboa, 9-13 de Setembro de 1991.
PEAVY, R. V. (1993). Envisioning the future: Worklife and counselling. *Canadian Journal of Counselling, 27*, 123-139.
PEAVY, R. V. (1994). A constructivist perspective for counseling. *Educational and Vocational Bulletin, 55*, 31-37.
PEAVY, R. V. (1995). *Constructivist career counseling* (ERIC Document Reproduction Service N.º ED 401504).
PEAVY, R. V. (1996). Counselling as a culture of healing. *British Journal of Guidance and Counselling, 24*, 141-150.
PEAVY, R. V. (1997a). *Socio-Dynamic counseling*. Victoria, BC: Trafford.
PEAVY, R. V. (1997b). A constructive framework for career counseling. In Thomas L. Sexton & Barbara L. Griffin (Eds.), *Constructive thinking in counseling practice, research, and training* (pp. 122-140). New York: Teachers College Press.
PEAVY, R. V. (2000). *New visions for counseling in the 21th century: SocioDynamic counseling*. Comunicação apresentada na IAEVG Conference, Berlim, 30 de Agosto – 1 de Setembro de 2000.
PEDERSON, S. (2003). Effect sizes and "what if" analysis as supplements to statistical significance tests. *Journal of Early Intervention, 25*, 310-319.
PENICK, N. I., & JEPSEN, D. A. (1992). Family functioning and adolescent career development. *The Career Development Quarterly, 40*, 208-222.
PEROSA, L. M., & PEROSA, S. L. (1990). Convergent and discriminant validity for family self-report measures. *Educational and Psychological Measurement, 50*, 855-868.
PERRY, W. (1970). *Forms of intellectual and ethical development in the college years*. New York: Holt, Rinehart & Winston.
PESTANA, M. H., & GAGEIRO, J. N. (2003). *Análise de dados para as ciências sociais: A complementaridade do SPSS* (3.ª edição). Lisboa: Sílabo.
PETERSON, L., & MCDONOUGH, E. (1985). Developmental advising of undeclared students using an integrated model of student growth. *NACADA Journal, 5*, 61-69.
PETERSON, S. L., & DELMAS, R. C. (1998). The component structure of career decision-making self-efficacy for underprepared college students. *Journal of Career Development, 24*, 209-225
PETITPAS, A. (1978). Identity foreclosure: A unique challenge. *Personnel and Guidance Journal, 56*, 558-561.
PETROCELLI, J. (2003). Hierarchical multiple regression in counseling research: Common problems and possible remedies. *Measurement and Evaluation in Counseling and Development, 36*, 9-22.
PHILLIPS, S. D. (1992). Career counseling: Choice and implementation. In Steven D. Brown & Robert W. Lent (Eds.), *Handbook of counseling psychology* (2nd ed.) (pp. 513--547). New York: Wiley.

PHILLIPS, S. D. (1993). *On the rationality of career decision making*. Trabalho não publicado, University at Albany, State University of New York.
PHILLIPS, S. D. (1997). Toward an expanded definition of adaptive decision making. *Career Development Quarterly, 45,* 275-287.
PHILLIPS, S. D., & BRUCH, M. A. (1988). Shyness and dysfunction in career development. *Journal of Counseling Psychology, 35,* 159-165.
PHILLIPS, S. D., CHRISTOPHER-SISK, E. K., & GRAVINO, K. L. (2001). Making career decisions in a relational context. *The Counseling Psychologist, 29,* 193-213.
PHILLIPS, S. D., & PAZIENZA, N. J. (1988). History and theory of the assessment of career development and decision making. In W. B. Walsh & S. H. Osipow (Eds.), *Career decision making* (pp. 1-31). Hillsdale, NJ: Lawrence Erlbaum.
POLKINGHORNE, D. E. (1995). Narrative configuration in qualitative analysis. *Qualitative Studies in Education, 8,* 5-23.
POREH, A. M., & SCHULLEN, C. (1999). Vocational interests and career indecision among psychosis-prone college students. *Psychological Reports, 83,* 599-607.
PRETORIUS, T. B. (1991). Normative and comparative data on the Career Decision Scale: An initial study with a sample of South Africans students. *Educational and Psychological Measurement, 51,* 359-363.
PREZZA, M., TROMBACCIA, F. R., & ARMENTO, L. (1997). La scala dell'autostima di Rosenberg: Traduzione e validazione italiana. *Bollettino di Psicologia Applicata, 223,* 35--44.
PRIDEAUX, L. A., & CREED, P. A. (2001). Career maturity, career decision-making self-efficacy and career indecision: A review of the accrued evidence. *Australian Journal of Career Development, 10,* 7-12.
PULLMANN, H., & ALLIK, J. (2000). The Rosenberg Self-esteem Scale: Its dimensionality, stability and personality correlates in Estonian. *Personality and Individual Differences, 28,* 701-715.
RASKIN, P. M. (1985). Identity and vocational development. In A. S. Waterman (Ed.), *Identity in adolescence: Processes and contents* (pp. 25-42). San Francisco: Jossey-Bass.
RASKIN, P. M. (1989). Identity status research: Implications for career counseling. *Journal of Adolescence, 12,* 375-388.
RASKIN, P. M. (1994). Identity and the career counseling of adolescents: The development of vocational identity. In S. L. Archer (Ed.), *Interventions for adolescent identity development* (pp. 155-173). Thousand Oaks, CA: Sage.
RASSIN, E., & MURIS, P. (2005). To be or not to be indecisive: Gender differences, correlations with obsessive-compulsive complaints, and behavioural manifestation. *Personality and Individual Differences, 38,* 1175-1181.
REICH, R. B. (1996). *O trabalho das nações* (2.ª ed.). Lisboa: Quetzal. (Trabalho publicado originalmente em 1991)
REICH, R. B. (2004). *O futuro do sucesso*. Lisboa: Terramar. (Trabalho publicado originalmente em 2000)
RELVAS, A. P. (2003). *Por detrás do espelho: Da teoria à prática com a família* (2.ª ed.). Coimbra: Quarteto.
RESCHKE, W., & KNIERIM, K. (1987). How parents influence career choice. *Journal of Career Planning and Employment, XLVII,* 54-60.

Rice, K. G. (1990). Attachment in adolescence: A narrative and meta-analytical review. *Journal of Youth and Adolescence, 19,* 511-538.

Richardson, J. T. (1996). Measures of effect size. *Behavior Research Methods, Instruments, & Computers, 28,* 12-22.

Richardson, M. S. (1996). From career counseling to counseling/psychotherapy and work, jobs, and career. In Mark L. Savickas & W. Bruce Walsh (Eds.), *Handbook of career counseling theory and practice* (pp. 347-360). Davies-Black: Palo Alto.

Roberts, K. (1997). Prolonged transitions to uncertain destinations: The implications for careers guidance. *British Journal of Guidance and Counselling, 25,* 345-360.

Roe, A. (1957). Early determinants of vocational choice. *Journal of Counseling Psychology, 4,* 212-217.

Rogers, W., Jr., & Westbrook, B. W. (1983). Measuring career indecision among college students: Toward a valid approach for counseling practitioners and researchers. *Measurement and Evaluation in Guidance, 16,* 78-85.

Roisman, G. I., Bahadur, M. A., & Oster, H. (2000). Infant attachment security as a discriminant predictor of career development in late adolescence. *Journal of Adolescence Research, 15,* 531-545.

Rojewski, J. W. (1994). Career indecision types for rural adolescents from disadvantaged and non disadvantaged backgrounds. *Journal of Counseling Psychology, 41,* 356-363.

Rojewski, J. W. (1997). Characteristics of students who express stable or undecided occupational expectations during early adolescence. *Journal of Career Assessment, 5,* 1-20.

Rooney, R. A., & Osipow, S. H. (1992). Task-specific Occupational Self-efficacy Scale: The development and validation of a prototype. Journal *of Vocational Behavior, 40,* 14-32.

Rosenbaum, R., & Dyckman, J. (1995). Integrating self and system: An empty intersection? *Family Process, 34,* 21-44.

Rosenberg, M. (1965). *Society and the adolescent self-image.* Princeton: Princeton University Press.

Rotter, J. B. (1966). Generalized expectancies for internal versus external control of reinforcement. *Psychological Monographs, 80,* 1-28.

Rotter, J. B. (1990). Internal versus external control of reinforcement: A case history of a variable. *American Psychologist, 45,* 489-493.

Rounds, J. B., & Tinsley, H. E. (1984). Diagnosis and treatment of vocational problems. In S. D. Brown & R. W. Lent (Eds.), *Handbook of counseling psychology* (pp. 137--177). New York: John Wiley.

Rysiew, K. J., Shore, B. M., & Leeb, R. T. (1999). Multipotentiality, giftedness, and career choice: A review. *Journal of Counseling and Development, 77,* 423-430.

Sabatelli, R. M., & Mazor, A. (1985). Differentiation, individuation, and identity formation: The integration of family system and individual development perspectives. *Adolescence, 20,* 619-633.

Sabini, J., & Schulkin, J. (1994). Biological realism and social constructivism. *Journal for the Theory of Social Behaviour, 24,* 207-217.

SABOURIN, S., & COALLIER, J. C. (1991). The relationship between response style and reports of career indecision. *Measurement and Evaluation in Counseling and Development, 24,* 69-79.

SAGIV, L. (1999). Searching for tools versus asking for answers: A taxonomy of counselee behavioral styles during career counseling. *Journal of Career Assessment, 7,* 19-34.

SAJJADI, S. H., REJSKIND, F. G., & SHORE, B. M. (2001). Is multipotentiality a problem or not? A new look at the data. *High Ability Studies, 12,* 27-43.

SALOMONE, P. R. (1982). Difficult cases in career counseling: II – The indecisive client. *Personnel and Guidance Journal, 60,* 496-500.

SALOMONE, P. R. (1996). Tracing Super's theory of vocational development: A 40-year retrospective. *Journal of Career Development, 22,* 167-184.

SALOMONE, P. R., & MANGICARO, L. L. (1991). Difficult cases in career counseling: IV – Floundering and occupational moratorium. *The Career Development Quarterly, 39,* 325-336.

SAMPAIO, D., & GAMEIRO, J. (1985). *Terapia familiar* (2.ª edição). Porto: Afrontamento.

*SAMPSON, J. P. JR., PETERSON, G. W., LENZ, J. G., REARDON, R. C., & SAUNDERS, D. E. (1996). *Career Thoughts Inventory – Professional manual.* Odessa, FL: Psychological Assessment Resources.

SANTOS, P. J. (1997). *Adolescência e indecisão vocacional.* Dissertação de Mestrado não publicada. Faculdade de Psicologia e de Ciências da Educação da Universidade do Porto, Porto.

SANTOS, P. J. (2000). Indecisão generalizada: Um desafio para a orientação escolar e profissional. *Psicologia: Teoria, Investigação e Prática, 8,* 183-196.

SANTOS, P. J. (2001). Predictors of generalized indecision among Portuguese secondary school students. *Journal of Career Assessment, 9,* 381-396.

SANTOS, P. J. (2002a). *Validação da Rosenberg Self-esteem Scale com uma amostra de estudantes do ensino superior.* Trabalho não publicado, Faculdade de Letras, Universidade do Porto.

SANTOS, P. J. (2002b). *Identidade vocacional em estudantes do ensino superior: Validação da Vocational Identity Scale.* Trabalho não publicado, Faculdade de Letras, Universidade do Porto.

SANTOS, P. J. (2003a). Goal instability, self-esteem, and vocational identity of high school Portuguese students. *Análise Psicológica, 2, XXI,* 229-238.

SANTOS, P. J. (2003b). *Indecisão generalizada em estudantes do ensino superior: Validação da Frost Indecisiveness Scale.* Trabalho não publicado, Faculdade de Letras, Universidade do Porto.

SANTOS, P. J., CASILLAS, A., & ROBBINS, S. B. (2004). Motivational determinants of Portuguese high schooler's vocational identity: Cultural validation of the Goal Instability Scale. *Journal of Career Assessment, 12,* 17-32.

SANTOS, P. J., & COIMBRA, J. L. (2000). Psychological separation and dimensions of career indecision in secondary school students. *Journal of Vocational Behavior, 56,* 346--362.

SANTOS, P. J., & FERREIRA, J. A. (2004). Resultados preliminares da adaptação da *Vocational Identity Scale.* In Carla Machado, Leandro S. Almeida, Miguel Gonçalves &

Vera Ramalho (Organizadores), *Avaliação psicológica: Formas e contextos* (Vol. X) (pp. 287-293). Braga: Psiquilíbrios.

SANTOS, P. J., & MAIA, J. (2003). Análise factorial confirmatória e validação preliminar de uma versão portuguesa da Escala de Auto-Estima de Rosenberg. *Psicologia: Teoria, Investigação e Prática, 8,* 253-268.

SANTOS, S. F., & SILVA, D. R. (1997). Adaptação do *State-Trait Anxiety Inventory (STAI) – Form Y* para a população portuguesa: Primeiros dados. *Revista Portuguesa de Psicologia, 32,* 85-98.

SARAIVA, J. A. (2003). *Confissões de um director de jornal* (2.ª edição). Lisboa: D. Quixote.

SAUNDERS, D. E., PETERSON, G. W., SAMPSON, J. P., JR., & REARDON, R. C. (2000). Relation of depression and dysfunctional career thinking to career indecision. *Journal of Vocational Behavior, 56,* 288-298.

SAVICKAS, M. L. (1985). Identity in vocational development. *Journal of Vocational Behavior, 27,* 329-337.

SAVICKAS, M. L. (1989). Career-style assessment and counseling. In T. Sweeney (Ed.), *Adlerian counseling: A practical approach for a new decade* (3rd ed.) (pp. 289-320). Muncie, IN: Accelerated Development.

SAVICKAS, M. L. (1990). The use of career choice process scales in counseling practice. In E. Watkins & V. Campbell (Eds.), *Testing in counseling practice* (pp. 373-417). Hillsdale, NJ: Lawrence Erlbaum.

SAVICKAS, M. L. (1992). New directions in career assessment. In D. H. Montross & C. J. Shinkman (Eds.), *Career development: Theory and practice* (pp. 336-355). Springfield, IL: Charles C. Thomas.

SAVICKAS, M. L. (1993). Career counseling in the postmodern era. *Journal of Cognitive Psychotherapy: An International Quarterly, 7,* 205-215.

SAVICKAS, M. L. (1994). Vocational psychology in the postmodern era: Comment on Richardson (1993). *Journal of Counseling Psychology, 41,* 1-3.

SAVICKAS, M. L. (1995a). Constructivist counseling for career indecision. *Career Development Quarterly, 43,* 363-373.

SAVICKAS, M. L. (1995b). Examining the personal meaning of inventoried interests during career counseling. *Journal of Career Assessment, 3,* 188-201.

SAVICKAS, M. L. (1995c). *Uma nova epistemologia para a psicologia vocacional.* Lisboa: Edições Universitárias Lusófonas.

SAVICKAS, M. L. (1996). A framework for linking theory and practice. In Mark L. Savickas & W. Bruce Walsh (Eds.), *Handbook of career counseling theory and practice* (pp. 191-208). Davies-Black: Palo Alto.

SAVICKAS, M. L. (1997a). Adaptability: An integrative construct for life-span, life-space. *The Career Development Quarterly, 45,* 247-259.

SAVICKAS, M. L. (1997b). Constructivist career counselling: Models and methods. In R. Neimeyer & G. Neimeyer (Eds.), *Advances in personal construct psychology,* (Vol. 4) (pp. 149-182). Greenwich, CT: JAI Press.

SAVICKAS, M. L. (2000). Renovating the psychology of careers for the twenty-first century. In A. Collin & R. Young (Eds.), *The future of career* (pp. 53-68). Cambridge, UK: Cambridge University Press.

SAVICKAS, M. L. (2002). A developmental theory of vocational behavior. In D. Brown, L. Brooks and Associates (Eds.), *Career choice and development* (4th ed.) (pp. 149--205). San Francisco: Jossey Bass.
SAVICKAS, M. L. (2005). The theory and practice of career construction. In S. D. Brown & R. W. Lent (Eds.), *Career development and counseling: Putting theory and research to work* (pp. 42-70). Hoboken, NJ: John Wiley & Sons.
SAVICKAS, M. L., CARDEN, A. D., TOMAN, S., & JARJOURA, D. (1992). Dimensions of career decidedness. *Measurement and Evaluation in Counseling and Development, 25,* 102-112.
SAVICKAS, M. L., & JARJOURA, D. (1991). The Career Decision Scale as a type indicator. *Journal of Counseling Psychology, 38,* 85-90.
SCABINI, E., & GALIMBERTI, C. (1995). Adolescents and young adults: A transition in the family. *Journal of Adolescence, 18,* 593-606.
SCHRADER, C. H. (1970). *Vocational choice problems: Indecision vs. indecisiveness.* Tese de doutoramento não publicada. University of Iowa, Iowa City.
SCHULENBERG, J. E., SHIMIZU, K., VONDRACEK, F. W., & HOSTETLER, M. (1988). Factorial invariance of career indecision dimensions across junior high and high school males and females. *Journal of Vocational Behavior, 33,* 63-81.
SCHULENBERG, J. E., VONDRACEK, F. W., & CROUTER, A. C. (1984). The influence of the family on vocational development. *Journal of Marriage and the Family, 46,* 129--143.
SCHULENBERG, J. E., VONDRACEK, F. W., & SHIMIZU, K. (1994). Convergence and obfuscation: A rejoinder to Osipow and to Laplante, Coallier, Sabourin, and Martin. *Journal of Career Assessment, 2,* 29-39.
SCHULTHEISS, D. E. P. (2003). A relational approach to career counseling: Theoretical integration and practical application. *Journal of Counseling and Development, 81,* 301--310.
SCHUMACKER, R. E., & LOMAX, R. G. (1996). *A beginner's guide to structural equation modeling.* Mahwah, NJ: LEA.
SCHWARZ, N. (2000). Emotion, cognition, and decision making. *Cognition and Emotion, 14,* 433-440.
SCHWARTZ, B. (2000). Self-determination: The tyranny of freedom. *American Psychologist, 55,* 79-88.
SCHWARTZ, B. (2004). *The paradox of choice.* New York: HarperCollins.
SCOTT, D. J., & CHURCH, T. (2001). Separation/attachment theory and career decidedness and commitment: Effects of parental divorce. *Journal of Vocational Behavior, 58,* 328-347.
SCOTT, D. P., & SEVERENCE, L. J. (1975). Relationships between the CPI, MMPI, and Locus of control in a non-academic environment. *Journal of Personality Assessment, 39,* 141-145.
SENNETT, R. (2001). *A corrosão do carácter: As consequências pessoais do trabalho no novo capitalismo.* Lisboa: Terramar. (Trabalho publicado originalmente em 1998)
SEPICH, R. T. (1987). A review of the correlates and measurements of career indecision. *Journal of Career Development, 14,* 8-23.

SERLIN, R. C. (1987). Hypothesis testing, theory building, and the philosophy of science. *Journal of Counseling Psychology, 34*, 365-371.
SERLING, D. A., & BETZ, N. E. (1990). Development and evaluation of a measure of fear of commitment. *Journal of Counseling Psychology, 37*, 91-97.
SEXTON, T. L. (1994). Systemic thinking in a linear world. Issues in the application of interactional counseling. *Journal of Counseling and Development, 72*, 249-258.
SHAFIR, E., & LEBOEUF, R. A. (2002). Rationality. *Annual Review of Psychology, 53*, 491--517.
SHAPURIAN, R., MOHAMMADREZA, H., & NAYERAHMADI, H. (1987). Psychometric characteristics and dimensionality of a Persian version of Rosenberg Self-esteem Scale. *Perceptual and Motor Skills, 65*, 27-34.
SHIMIZU, K., VONDRACEK, F. W., & SCHULENBERG, J. E. (1994). Unidimensionality versus multidimensionality of the Career Decision Scale: A critique of Martin, Sabourin, Laplante, and Coallier. *Journal of Career Assessment, 2*, 1-14.
SHIMIZU, K., VONDRACEK, F.W., SCHULENBERG, J. E., & HOSTETLER, M. (1988). The factor structure of the Career Decision Scale: Similarities across studies. *Journal of Vocational Behavior, 32*, 213-225.
SILBER, E., & TIPPET, J. S. (1965). Self-esteem: Clinical assessment and measurement validation. *Psychological Reports, 16*, 1017-1071.
SIMPSON, C. K., & BOYLE, D. (1975). Esteem construct generality and academic performance. *Educational and Psychological Measurement, 35*, 897-904.
SILVA, D. R. (2003). O inventário de Estado-Traço de Ansiedade (STAI). In Miguel M. Gonçalves, Mário R. Simões, Leandro S. Almeida e Carla Machado (Coords.), *Avaliação psicológica: Instrumentos validados para a população portuguesa* (Vol. 1) (pp. 47-63). Coimbra: Quarteto.
SILVA, D. R., & CAMPOS, R. (1998). Alguns dados normativos do Inventário de Estado--Traço de Ansiedade – Forma Y (STAI-Y), de Spielberger, para a população portuguesa. *Revista Portuguesa de Psicologia, 33*, 71-89.
SILVA, D. R., SILVA, J. A., RODRIGUES, A., & LUÍS, R. (1999/2000). Estudo de adaptação e estabelecimento de normas do Inventário de Estado-Traço de Ansiedade (STAI) – Forma Y, de Spielberger, para a população militar portuguesa. *Revista de Psicologia Militar, 12*, 8-26.
SILVA, J. M. T. (1995). *Psychometric analysis of the Portuguese version of the Career Decision Scale*. Poster apresentado no IV European Congress of Psychology, Atenas, Grécia, 2-7 de Julho.
SILVA, J. M. T. (1997). *Dimensões da indecisão da carreira: Investigação com adolescentes*. Tese de doutoramento não publicada. Faculdade de Psicologia e de Ciências da Educação da Universidade de Coimbra, Coimbra.
SILVA, J. M. T. (2004a). Avaliação da indecisão vocacional. In Lígia Mexia Leitão (Coordenação), *Avaliação psicológica em orientação escolar e profissional* (pp. 347-386). Coimbra: Quarteto.
SILVA, J. M. T. (2004b). A eficácia da intervenção vocacional em análise: Implicações para a prática psicológica. In Maria do Céu Taveira, Helena Coelho, Helena Oliveira, & Joana Leonardo (Coordenação), *Desenvolvimento vocacional ao longo da vida: Fundamentos, princípios e orientações* (pp. 95-124). Coimbra: Almedina.

SIMON, M. A., & TOVAR, E. (2004). Confirmatory factor analysis of the Career Factors Inventory on a community college sample. *Journal of Career Assessment, 12,* 255-269.
SKORIKOV, V. B., & VONDRACEK, F. W. (1998). Vocational identity development: Relationship to other identity domains and to overall identity development. *Journal of Career Assessment, 6,* 13-36.
SLANEY, R. B. (1980). Expressed vocational choice and vocational indecision. *Journal of Counseling Psychology, 27,* 122-129.
SLANEY, R. B. (1988). The assessment of career decision making. In W. B. Walsh & S. H. Osipow (Eds.), *Career decision making* (pp. 33-76). Hillsdale, NJ: Lawrence Erlbaum.
SLANEY, R. B., PALKO-NONEMAKER, D., & ALEXANDER, R. (1981). An investigation of two measures of career indecision. *Journal of Vocational Behavior, 18,* 92-103.
SMART, R., & PETERSON, C. (1997). Super's career stages and the decision to change careers. *Journal of Vocational Behavior, 51,* 358-374.
SMITHSON, J., LEWIS, S., & GUERREIRO, M. D. (1998). Percepções dos jovens sobre a insegurança no emprego e as suas implicações no trabalho e na vida familiar. *Sociologia: Problemas e Práticas, 27,* 97-113.
SOARES, I. (1996). *Representação da vinculação na idade adulta e na adolescência.* Braga: Instituto de Educação e Psicologia, Universidade do Minho.
SOARES, I., & CAMPOS, B. P. (1988). Vinculação e autonomia na relação do adolescente com os pais. *Cadernos de Consulta Psicológica, 4,* 57-64.
SPECTER, M. H., & FERRARI, J. R. (2000). Time orientation of procrastinators: Focusing on the past, present, or future. *Journal of Social Behavior and Personality, 15,* 185-196.
*SPIELBERGER, C. D., GORSUCH, R. L., & LUSHENE, R. E. (1970). *STAI manual for the State-Trait Anxiety Inventory.* Palo Alto: Consulting Psychologists Press.
SPIELBERGER, C. D., GORSUCH, R.L., LUSHENE, R. E., VAGG, P. R., & JACOBS, G. A. (1983). *Manual for the State-Trait Anxiety Inventory (Form Y).* Palo Alto: Consulting Psychologists Press.
SPLETE, H., & FREEMAN-GEORGE, A. (1985). Family influences on the career development of young adults. *Journal of Career Development, 12,* 55-64.
SPOKANE, A. R., & JACOB, E. J. (1996). Career and vocational assessment 1993-1994: A biennial review. *Journal of Career Assessment, 4,* 1-32.
SPOKANE, A. R., & METZLER, A. E. (1993). Two stones in a single quarry? The interface of career and personal counseling. *Counseling and Human Development, 25,* 1-7.
SPRINTHALL, N. A., & COLLINS, W. A. (1994). *Psicologia do adolescente: Uma abordagem desenvolvimentista.* Lisboa: Fundação Calouste Gulbenkian. (Trabalho publicado originalmente em 1988)
SPRINTHALL, N. A., & SPRINTHALL, R. C. (1993). *Psicologia educacional.* Lisboa: McGraw-Hill. (Trabalho publicado originalmente em 1990)
STANTON, J. M. (2000). Empirical distributions of correlations as a tool for scale reduction. *Behavior Research Methods, Instruments & Computers, 32,* 403-406.
STEAD, G. B., & WATSON, M. B. (1993). How similar are the factor structures of the Career Decision Scale, the Career Decision Profile, and the Career Factors Inventory? *Educational and Psychological Measurement, 53,* 281-290.

STEAD, G. B., WATSON, M. B., & FOXCROFT, C. D. (1993). The relation between career indecision and irrational beliefs among university students. *Journal of Vocational Behavior, 42,* 155-169.

STEKETEE, G., FROST, R. O., & KYRIOS, M. (2003). Cognitive aspects of compulsive hoarding. *Cognitive Therapy and Research, 27,* 463-479.

SULLIVAN, S. E. (1999). The changing nature of careers: A review and research agenda. *Journal of Management, 25,* 457-484.

SUND, A. M., LARSON, B., & WICHSTRØM, L. (2001). Depressive symptoms among Norwegian adolescents as measured by the Mood and Feelings Questionnaire (MFQ). *European Child & Adolescent Psychiatry, 10,* 222-229.

SUPER, D. E. (1953). A theory of vocational development. *American Psychologist, 8,* 185-190.

SUPER, D. E. (1957). *The psychology of careers.* New York: Harper & Row.

SUPER, D. E. (1980). A life-span, life-space approach to career development. *Journal of Vocational Behavior, 16,* 282-298.

SUPER, D. E. (1982). Comments on Herr, Good, McCloskey, and Weltz: "Career Behavior". *Journal of Vocational Behavior, 21,* 254-256.

SUPER, D. E. (1984). Career and life development. In D. Brown, L. Brooks and Associates (Eds.), *Career choice and development* (pp. 192-234). San Francisco: Jossey Bass.

SUPER, D. E. (1993). The two faces of counseling: Or is it three? *Career Development Quarterly, 42,* 132-136.

SUPER, D. E., SAVICKAS, M. L., & SUPER, C. M. (1996). The life-span, life-space approach to careers. In D. Brown, L. Brooks and Associates (Eds.), *Career choice and development* (3 rd ed.) (pp. 121-178). San Francisco: Jossey Bass.

*SUPER, D. E., ZELKOWITZ, R. S., & THOMPSON, A. S. (1975). *Manual for the Career Development Inventory: Adult form II.* New York: Teachers College, Columbia University.

SWEENEY, M. L., & SCHILL, T. R. (1998). The association between self-defeating personality, career indecision, and vocational identity. *Journal of Career Assessment, 6,* 69-81.

SYMES, B. A., & STEWART, J. B. (1999). The relationship between metacognition and vocational indecision. *Canadian Journal of Counseling, 33,* 195-211.

TAVEIRA, M. C. (2000). *Exploração e desenvolvimento vocacional de jovens.* Braga: Universidade do Minho, Instituto de Educação e Psicologia.

TAVEIRA, M. C., & CAMPOS, B. P. (1987). Identidade vocacional de jovens: Adaptação de uma escala (DISO-O). *Cadernos de Consulta Psicológica, 3,* 55-67.

TAVEIRA, M. C., & MORENO, M. L. R. (2003). Guidance theory and practice: The status of career exploration. *British Journal of Guidance and Counselling, 31,* 189-207.

TAYLOR, K. F. (1994). Whatever happened to vocational guidance? *British Journal of Guidance and Counselling, 22,* 447-455.

TAYLOR, K. M. (1982). An investigation of vocational indecision in college students: Correlates and moderators. *Journal of Vocational Behavior, 21,* 318-329.

TAYLOR, K. M., & BETZ, N. E. (1983). Applications of self-efficacy theory to the understanding and treatment of career indecision. *Journal of Vocational Behavior, 22,* 63-81.

TAYLOR, K. M., & POPMA, J. (1990). An examination of the relationships among career decision-making self-efficacy, career salience, locus of control, and vocational indecision. *Journal of Vocational Behavior, 37,* 17-31.

TEDESCO, J. C. (1999). *O novo pacto educativo: Educação, competitividade e cidadania na sociedade moderna.* Vila Nova de Gaia: Fundação Manuel Leão. (Trabalho publicado originalmente em 1995)

TEMPLE, R. D., & OSIPOW, S. H. (1994). The relationship between task-specific self-efficacy egalitarianism and career indecision for females. *Journal of Career Assessment, 2,* 82-90.

THOMAS, V., & OLSON, D. H. (1993). Problem families and the circumplex model: Observational assessment using the Clinical Rating Scale (CRS). *Journal of Marital and Family Therapy, 19,* 159-175.

THOMPSON, B. (1988). A note about significance testing [Editorial]. *Measurement and Evaluation in Counseling and Development, 20,* 146-148.

THOMPSON, B. (1989). Asking "what if" questions about significance tests [Editorial]. *Measurement and Evaluation in Counseling and Development, 22,* 66-68.

THOMPSON, B. (2002). "Statistical", "practical", and "clinical": How many kinds of significance do counselors need to consider? *Journal of Counseling and Development, 80,* 64-71.

THOMPSON, B., & VACHA-HAASE, T. (2000). Psychometrics *is* datametrics: The test is not reliable. *Educational and Psychological Measurement, 60,* 174-195.

THORNGREN, J. M., & FEIT, S. S. (2001). The Career-O-Gram: A postmodern career intervention. *The Career Development Quarterly, 49,* 291-303.

TIEDEMAN, D. V. (1961). Decision and vocational development: A paradigm and its implications. *Personnel and Guidance Journal, 40,* 15-20.

*TIEDEMAN, D., & O'HARA, R. (1963). *Career development: Choice and adjustment.* New York: College Entrance Examination Board.

TIEN, H. S. (2005). The validation of the Career Decision-Making Difficulties Scale in a Chinese culture. *Journal of Career Assessment, 13,* 114-127.

TINSLEY, H. E. A. (1992). Career decision making and career indecision [Editorial]. *Journal of Vocational Behavior, 41,* 209-211.

TINSLEY, H. E. A., BOWMAN, S. L., & YORK, D. C. (1989). Career Decision Scale, My Vocational Situation, Vocational Rating Scale, and Decisional Rating Scale: Do they measure the same constructs? *Journal of Counseling Psychology, 36,* 115-120.

TINSLEY, H. E. A., & BROWN, S. D. (2000). Multivariate statistics and mathematical modeling. In H. E. A. Tinsley & S. D. Brown (Eds.), *Handbook of multivariate statistics and mathematical modeling* (pp. 3-36). San Diego: Academic Press.

TINSLEY, H.E.A., & TINSLEY, D.J. (1987). Uses of factor analysis in counseling psychology research. *Journal of Counseling Psychology, 34,* 414-424.

TITLEY, R. W., & TITLEY, B. S. (1980). Initial choice of college major: Are only the "undecided" undecided? *Journal of College Student Personnel, 8,* 293-298.

TITLEY, R. W., & TITLEY, B. S. (1985). Initial choice of college major and attrition: The "decided" and "undecided" after 6 years. *Journal of College Student Personnel, 26,* 465-467.

TOKAR, D. M., FISCHER, A. R., & SUBICH, L. M. (1998). Personality and vocational behavior: A selective review of the literature, 1993-1997. *Journal of Vocational Behavior, 53,* 115-153.
TOKAR, D. M., WITHROW, J. R., HALL, R. J., & MORADI, B. (2003). Psychological separation, attachment security, vocational self-concept crystallization, and career indecision: A structural equation analysis. *Journal of Counseling Psychology, 50,* 3-19.
TOLSMA, R. (1993). "Career or noncareer?" That is the issue: Case examples. *Career Development Quarterly, 42,* 167-173.
TOMAN, S., & KURTZ, R. (1992). *Integration of the family systems perspective and career counseling.* Comunicação apresentada na Convenção Anual da American Association for Counseling and Development, Baltimore, Maryland, 27-30 de Março de 2002.
TRACTENBERG, L., STREUMER, J., & ZOLINGEN, S. (2002). Career counseling in the emerging post-industrial society. *International Journal for Educational and Vocational Guidance, 2,* 85-99.
TRUSTY, J., THOMPSON, B., & PETROCELLI, J. V. (2004). Practical guide for reporting effect size in quantitative research in the Journal of Counseling and Development. *Journal of Counseling and Development, 82,* 107-110.
TYLER, L. E. (1969). *The work of the counselor* (3th ed.). Englewood Cliffs, N.J.: Prentice--Hall.
VACHA-HAASE, T. (2001). Statistical significance should not be considered one of life's guarantees: Effect sizes are needed. *Educational and Psychological Measurement, 61,* 219-224.
VACHA-HAASE, T., & NILSSON, J. E. (1998). Statistical significance reporting: Current trends and uses in MECD. *Measurement and Evaluation in Counseling and Development, 31,* 46-57.
VACHA-HAASE, T., & THOMPSON, B. (1998). Further comments on statistical significance tests. *Measurement and Evaluation in Counseling and Development, 31,* 63-67.
VÄHÄMÖTTÖNEN, T. T. E., KESKINEN, P. A., & PARRILA, R. K. (1994). A conceptual framework for developing an activity-based approach to career counselling. *International Journal for the Advancement of Counselling, 17,* 19-34.
VALLIERES, E. F., & VALLERAND, R. J. (1990). Traduction et validation canadienne--francaise de L'Échelle de L'Estime de Soi de Rosenberg. *International Journal of Psychology, 25,* 305-316.
VAZ SERRA, A. (1986). O Inventário Clínico de Auto-Conceito. *Psiquiatria Clínica, 7,* 67-84.
VENTER, A., & MAXWELL, S. C. (2000). Issues in the use and application of multiple regression analysis. In Howard E. A. Tinsley & Steven D. Brown (Eds.), *Handbook of applied multivariate statistics and mathematical modeling* (pp. 151-182). San Diego: Academic Press.
VIDAL-BROWN, S. A., & THOMPSON, B. (2001). The Career Assessment Diagnostic Inventory: A new career indecision assessment tool. *Journal of Career Assessment, 9,* 185--202.
VONDRACEK, F. W. (1992). The construct of identity and its use in career theory and research. *The Career Development Quarterly, 41,* 130-144.

VONDRACEK, F. W. (1994). Vocational identity development in adolescence. In Rainer K. Silbereisen and Eberhard Todt (Eds.), *Adolescence in context: The interplay of family, school, peers, and work in adjustment* (pp. 284-303). New York: Springer.

VONDRACEK, F. W. (2001). The development perspective in vocational psychology. *Journal of Vocational Behavior, 59*, 252-261.

VONDRACEK, F. W., HOSTETLER, M., SCHULENBERG, J. E., & SHIMIZU, K. (1990). Dimensions of career indecision. *Journal of Counseling Psychology, 37*, 98-106.

VONDRACEK, F. W., LERNER, R.M., & SCHULENBERG, J. E. (1983). The concept of development in vocational theory and intervention. *Journal of Vocational Behavior, 23*, 179--202.

VONDRACEK, F. W., LERNER, R. M., & SCHULENBERG, J. E. (1986). *Career development: A life-span developmental approach*. London: Lawrence Erlbaum.

VONDRACEK, F. W., SCHULENBERG, J., SKORIKOV, V., GILLESPIE, L. K., & WAHLEIM, C. (1995). The relationship of identity status to career indecision during adolescence. *Journal of Adolescence, 18*, 17-29.

WALKER, M., & BAKER, M. (1993). The relationship between sex-role orientation and vocational undecidedness: An exploratory study. *British Journal of Guidance and Counselling, 21*, 290-299.

WALSH, W. B., & LEWIS, R. O. (1972). Consistent, inconsistent and undecided career preferences and personality. *Journal of Vocational Behavior, 2*, 309-316.

WAMPOLD, B. E., & FREUND, R. D. (1987). Use of multiple regression in counseling psychology research: A flexible data-analytic strategy. *Journal of Counseling Psychology, 34*, 372-382.

WANBERG, C. R., & MUCHINSKY, P. M. (1992). A typology of career decision status: Validity extension of the vocational decision status model. *Journal of Counseling Psychology, 39*, 71-80.

WATERMAN, A. S. (1999). Identity, the identity statuses, and identity status development: A comparative statement [Commentary]. *Development Review, 19*, 591-621.

WATKINS, C. E., BRADFORD, B. D., LEW, D.E., & HIMMELL, C.D. (1986). Major contributors and major contributions to the vocational behavior literature. *Journal of Vocational Behavior, 28*, 42-47.

WATSON, M. B., CREED, P. A., & PATTON, W. (2003). Career decisional states of Australian and South African high school students. *International Journal for Educational and Vocational Guidance, 3*, 3-19.

WATSON, M. B., FOXCROFT, C., & STEAD, G. (1991). Factor analysis of the Career Decision Scale on South African high school students. *Psychological Reports, 69*, 1083-1088.

WATSON, M. B., & STEAD, G. B. (1994). A longitudinal study of career decidedness among white South African high school students. *Journal of Vocational Behavior, 45*, 261--269.

WEBB, W. B. (1949). Occupational indecision among college students. *Occupations, 27*, 331-332.

WEINFURT, K. P. (1995). Multivariate analysis of variance. In Laurence G. Grimm & Paul R. Yarnold (Eds.), *Reading and understanding multivariate statistics* (pp. 245-276). Washington: American Psychological Association.

WELFEL, E. R. (1982). The development of reflective judgment: Implications for career counseling of college students. *Personnel and Guidance Journal, 61*, 17-21.

WEYHING, R. S., BARTLETT, W. E., & HOWARD, G. S. (1984). Career indecision and identity development. *Journal of Psychology and Christianity, 3*, 74-78.

WHISTON, S. C. (1996). The relationship among family interactions patterns and career indecision and career indecision-making self-efficacy. *Journal of Career Development, 23*, 137-149.

WHISTON, S. C. (2002). Application of the principles: Career counseling and interventions. *The Counseling Psychologist, 30*, 218-237.

WHISTON, S. C., & BRECHEISEN, B. K. (2002). Practice and research in career counseling and development – 2001. *The Career Development Quarterly, 51*, 98-154.

WHISTON, S. C., & KELLER, B. K. (2004). The influences of the family of origin on career development: A review and analysis. *The Counseling Psychologist, 32*, 493-568.

WHISTON, S. C., SEXTON, T. L., & LASOFF, D. L. (1998). Career intervention outcome: A replication and extension. *Journal of Counseling Psychology, 45*, 150-165.

WHITE, M., & EPSTON, D. (1990). *Narrative means to therapeutic ends*. New York: Norton.

WIJERS, G. A., & MEIJERS, F. (1996). Careers guidance in the knowledge society. *British Journal of Guidance and Counselling, 24*, 185-198.

WILKINSON, L., & APA TASK FORCE ON STATISTICAL INFERENCE (1999). Statistical methods in psychology journals: Guidelines and explanations. *American Psychologist, 54*, 594-604.

*WILLIAMSON, D. S., BRAY, J. H., & MALONE, P. E. (1982). *Personal authority in the family system questionnaire*. Houston: Houston Family Institute.

WINER, J. L. (1992). The early history of the Career Decision Scale. *Career Development Quarterly, 40*, 369-375.

WITTGENSTEIN, L. (1995). *Tratado lógico-filosófico – Investigações filosóficas* (2.ª ed.). Lisboa: Fundação Calouste Gulbenkian. (Investigações Filosóficas foi originalmente publicado em 1953)

WOLFE, J. B., & BETZ, N. E. (2004). The relationship of attachment variables to career decision-making self-efficacy and fear of commitment. *Career Development Quarterly, 52*, 363-369.

WOODHILL, B. M., & SAMUELS, C. A. (2003). Positive and negative androgyny and their relationship with psychological health and well-being. *Sex Roles, 48*, 555-565.

WULFF, M. B., & STEITZ, J. A. (1999). A path model of the relationship between career indecision, androgyny, self-efficacy, and self-esteem. *Perceptual and Motor Skills, 88*, 935-940.

WYLIE, R. C. (1989). *Measures of self-concept*. Lincoln: University of Nebraska Press.

YOUNG, R. A. (1983). Career development of adolescents: An ecological perspective. *Journal of Youth and Adolescence, 12*, 401-417.

YOUNG, R. A. (1994). Helping adolescents with career development: The active role of parents. *The Career Development Quarterly, 42*, 195-203.

YOUNG, R. A. (2001/2002). The joint projects of parents and adolescents in health and career: Conceptual, methodological and practical applications. *Cadernos de Consulta Psicológica, 17-18*, 5-13.

YOUNG, R. A., & FRIESEN, J. D. (1990). Parental influences on career development: A research perspective. In Richard A. Young & William A. Borgen (Eds.), *Methodological approaches to the study of career* (pp. 147-162). New York: Praeger.

YOUNG, R. A., & FRIESEN, J. D. (1992). The intentions of parents in influencing the career development of their children. *The Career Development Quarterly, 40,* 198-207.

YOUNG, R. A., FRIESEN, J. D., & BORYCKI, B. (1994). Narrative structure and parental influence in career development. *Journal of Adolescence, 17,* 173-191.

YOUNG, R. A., PASELUIKHO, M. A., & VALACH, L. (1997). The role of emotion in the construction of career in parent-adolescent conversations. *Journal of Counseling and Development, 76,* 36-76.

YOUNG, R. A., VALACH, L., BALL, J., PASELUIKHO, M. A., WONG, Y. S., DEVRIES, R. J., MCLEAN, H., & TURKEL, H. (2001). Career development in adolescence as a family project. *Journal of Counseling Psychology, 48,* 190-202.

YOUNISS, J. (1989). Parent-adolescent relationships. In W. Damon (Ed.), *Child development today and tomorrow* (pp. 379-392). San Francisco: Jossey-Bass.

YOUNISS, J., & SMOLLAR, J. (1990). Self through relationship development. In Harke Bosma & Sandy Jackson (Eds.), *Coping and self-concept in adolescence* (pp. 129--148). Berlin: Springer-Verlag.

ZEY, M. (1992). Criticisms of rational choice models. In Mary Zey (Ed.), *Decision making alternatives to rational choice models* (pp. 9-31). Newbury Park: Sage.

ZILLER, R. C. (1957). Vocational choice and utility for risk. *Journal of Counseling Psychology, 4,* 61-64.

ZINGARO, J. C. (1983). A family systems approach for the career counselor. *Personnel and Guidance Journal, 62,* 24-27.

ÍNDICE

PARTE I

CAPÍTULO 1
Desenvolvimento e escolha de carreira:
A emergência do constructo da indecisão vocacional

1. **Psicologia vocacional e processo de escolha** 11
   1.1. Desenvolvimento e decisão vocacionais 15
   1.2. Modelos de decisão vocacional 16
   1.3. Variáveis individuais e processo de decisão vocacional 19
2. **A indecisão vocacional** 20
3. **Síntese e conclusões** 22

CAPÍTULO 2
A abordagem diferencial da indecisão vocacional

1. **Investigações realizadas com um elevado número de variáveis** 25
   1.1. Apreciação crítica das investigações realizadas com um elevado número de variáveis 30
2. **Investigações realizadas com um reduzido número de variáveis** 31
   2.1. Variáveis vocacionais 31
      2.1.1. Interesses vocacionais 31
      2.1.2. Estilos de decisão vocacional 34
      2.1.3. Informação vocacional 35
      2.1.4. Saliência e valores vocacionais 36
   2.2. Aptidão e realização académica 37
   2.3. Personalidade 38

  2.3.1. Ansiedade e indecisão vocacional.. 43
  2.4. Variáveis cognitivas.. 46
3. Síntese e conclusões.. 52

CAPÍTULO 3
A abordagem desenvolvimentista

1. **Indecisão vocacional e desenvolvimento psicológico**.. 63
2. **Desenvolvimento e indecisão vocacionais**... 66
  2.1. A teoria vocacional desenvolvimentista de Donald Super 66
    2.1.1. Estudos empíricos 70
  2.2. Desenvolvimento psicossocial e indecisão vocacional............................. 73
    2.2.1. Estudos empíricos 77
  2.3. Outras teorias desenvolvimentistas.. 81
3. **Síntese e conclusões**.. 82

CAPÍTULO 4
A abordagem multidimensional da indecisão vocacional

1. **A análise factorial** 90
  1.1. A análise factorial da *Career Decision Scale* 90
  1.2. A análise factorial com vários instrumentos de avaliação........................ 95
2. **A análise de *clusters*** 99
  2.1. Apreciação crítica das investigações que recorreram à análise de *clusters*. 108
3. **A análise discriminante** 112
4. **Investigações que combinam várias metodologias de análise estatística** 113
5. **Modelos multidimensionais**... 114
6. **A avaliação multidimensional da indecisão vocacional** 118
7. **Síntese e conclusões**.. 122

CAPÍTULO 5
A abordagem sistémica da indecisão vocacional

1. **Desenvolvimento vocacional e teorias familiares e sistémicas**....................... 131
2. **Análise sistémica e processo de decisão vocacional**.. 136

3. Indecisão vocacional e análise sistémica 140
4. Revisão da investigação sobre factores familiares sistémicos e indecisão vocacional 142
5. Apreciação crítica sobre os estudos empíricos 148
6. Síntese e conclusões 152

CAPÍTULO 6
A abordagem construtivista da indecisão vocacional

1. A análise construtivista de Mark Savickas 159
2. Construtivismo e psicologia vocacional narrativa 162
3. Psicologia vocacional narrativa e escolhas vocacionais 171
4. Síntese e conclusões 176

CAPÍTULO 7
A indecisão generalizada

1. A evolução histórica do constructo da indecisão generalizada 185
2. A avaliação da indecisão generalizada 197
3. Características da indecisão generalizada 205
   3.1. Características da personalidade e indecisão generalizada 205
   3.2. Indecisão generalizada e psicopatologia 209
   3.3. Indecisão generalizada e género 210
   3.4. Consulta psicológica e indecisão generalizada 211
4. A procrastinação decisional 214
5. Síntese e conclusões 218

PARTE II

CAPÍTULO 8
Objectivos, metodologia e resultados do estudo

1. Objectivos 223
2. Metodologia 229

    2.1. Amostra e plano de observação 229
    2.2. Instrumentos 231
        2.2.1. Ficha de caracterização 231
        2.2.2. *Indecisiveness Scale* 232
        2.2.3. *Rosenberg Self-esteem Scale* 233
        2.2.4. *Vocacional Identity Scale* 235
        2.2.5. *Internal-external Locus of Control Scale* 237
        2.2.6. *State-Trait Anxiety Inventory* 239
        2.2.7. *Escala de certeza vocacional* 240

3. **Procedimento** 240

4. **Resultados** 241

5. **Discussão dos resultados** 253

Conclusão 261

Referências 267